宋朝大觀

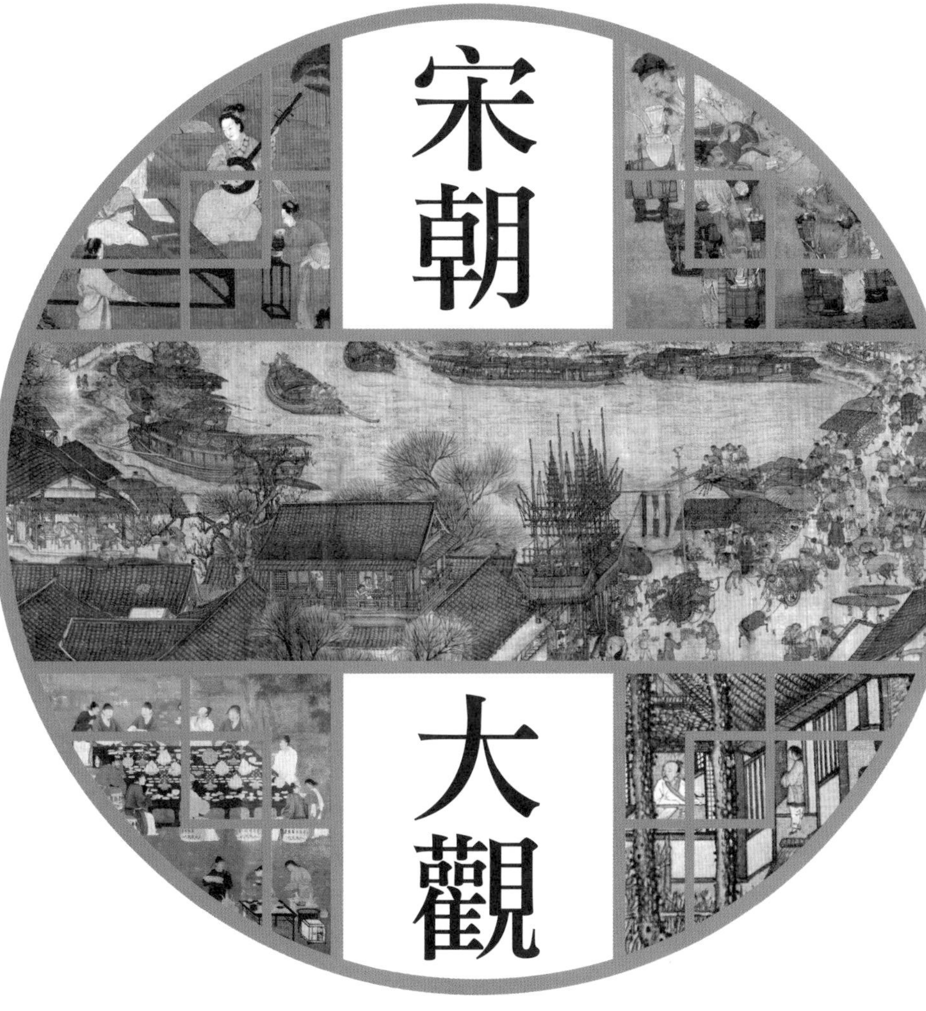

圖說宋朝三百年衣食住行盛世生活

徐吉軍・著

目次

行

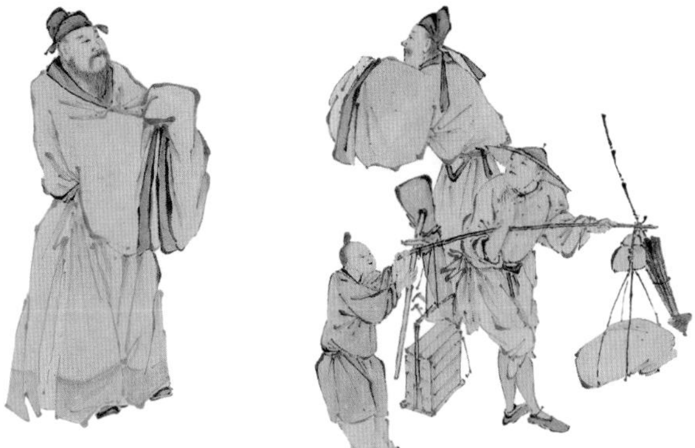

緒言

宋朝自九六〇年趙匡胤建立北宋開始，至一二七九年南宋滅亡，共存世三百餘年。鑑於唐末農民起義的教訓，以及為避免唐末五代以來長期軍閥割據局面的重現，宋代統治者在統一全國後不久，便採取了一系列加強中央集權的措施，「興文教，抑武事。」（李燾《續資治通鑑長編》卷十八，太平興國二年正月丙寅紀事，中華書局，二〇〇〇年版，頁三九四）就是其中一條重要政策。

「抑武事」首先從禁軍入手。九六一年，趙匡胤精心策劃了「杯酒釋兵權」：他對石守信、王審琦等將領勸諭說：「人生如白駒過隙耳，所謂富貴者，不過欲多積金錢，厚自娛樂，使子孫顯榮耳。汝曹何不釋去兵權，擇便好田宅市之，為子孫立永久之業，多置歌兒舞女，日飲食相歡以終天命。君臣之間兩無猜嫌，上下相安，不亦善乎！」（邵伯溫《邵氏聞見錄》卷一）在他的威脅利誘下，石守信等人的兵權順利解除了。接著，宋太祖又利用同樣的方法解除了五代以來一直盤踞一方的節度使的兵權。對方鎮節度使的其他權力，朝廷也極力加以限制，如司法治安權、經濟財賦權等。

在抑武事的同時，宋太祖實行興文政策。史載趙匡胤想改年號，他讓宰相趙普擬定一個以前沒有使用過的年號，大臣們討論後，最終由趙普確定了用「乾德」年號。乾德三年（九六五），宋朝大軍已經攻滅了後蜀，一些後蜀宮人被擄入大宋宮廷。某一天，宋太祖在宮室之中偶然發現一塊鏡子的背面竟然刻有「乾德四年鑄」的字樣。他看到後吃驚不小，趕緊把這面鏡子拿給趙普看，並生氣地問道：現在是乾德三年，怎麼會出現一塊刻著「乾德四年鑄」的鏡子呢？面對這塊詭異的鏡子，當時胸無點墨的宰相趙普自然是無法回答。後來趙匡胤為了解開這個謎，找到了知識淵博的儒生竇儀。竇儀聽後解釋說：這塊鏡子應該是從蜀地來的。前蜀最後一個君主王衍，用過「乾德」這個年號，鏡子應該是那個時候鑄的。原來「乾德」這個年號已經被人用過，而且還是個亡國之君用過的年號。太祖趙匡胤在感到情何以堪的同時，感歎說：「宰相須用讀書人啊！」*從此以後，宋太祖喜好讀書，優待士人。太宗皇帝繼承並發展了太祖的重文政策，崇尚儒術，採取了擴大科舉取士，發展教育，加強包括大力編纂、刻印、收集圖書在內的文化基礎設施建設，及推進文

＊但據葉夢得《石林燕語》卷七記載，指出「乾德」為王衍年號的不是竇儀，而是盧多遜。「上（宋太祖）初改元『乾德』，因言此號從古未有。韓王（趙普）從旁稱讚。盧（多遜）曰：『此偽蜀時號也。』帝大驚，遂命檢史，視之果然。遂怒，以筆抹韓王面，言曰：『汝爭（怎）得如他多識！』韓王經宿不敢洗面。翌日奏對，帝方命洗去。」

化學術事業繁榮等一系列措施。他本人更好讀書，雖然政務繁忙，但常看書到深夜乃睡，並規定每天讀書要達到一定的卷數。他身邊還置翰林侍讀學士，以備顧問。由於長期堅持讀書學習，太宗具有較高的文化修養，能詩文，善書法。此後的宋代各朝皇帝也都如此，不管他們的政績如何，但都好學重教，重視文化學術事業，具有較高的文化素養，有的如宋徽宗趙佶、宋高宗趙構等還在宋代文化藝術史，乃至整個中國古代文化藝術史上有較高的地位和影響。

宋代的重文政策，最主要的內容是完善科舉制、厚待文人士大夫。《宋史》卷一五五〈藝文志二〉載：「時取才唯進士，諸科為最廣，名卿巨公，皆由此選。」例如北宋宰相共有七十一人，其中六十四人出身進士。像范仲淹、王安石、寇準、晏殊、韓琦、歐陽修等，都是通過科舉考試湧現出來的一代名相。不但宰執侍從大臣是進士出身，其他中下層官員也是如此：「大臣，文士也；近侍之臣，文士也；錢谷之司，文士也；邊防大帥，文士也；天下轉運使，文士也；知州郡，文士也。雖有武臣，蓋僅有也。」（蔡襄《蔡襄集》卷二二，上海古籍出版社，一九九六年版，頁三八四）從而形成了「滿朝朱紫貴，盡是讀書人。」（張端義《貴耳集》卷下）的局面。同時，宋朝統治者實行厚待文人士大夫的國策。如宋代凡有官職的官員，在經濟上除了有充裕的「公用錢之外，又有職田。」（趙翼《廿二史劄記》卷二五〈宋制祿之厚〉）之利，還有冬春服裝、祭祀經費及各種名目的賞賜。文人士大夫俸祿之厚、政治地位之高，在歷代皇朝中是鮮有可比的。

為了從制度上保障這一政策的執行，據說宋太祖在建國之初曾立下「戒碑」，發誓「不得殺士大夫及上書言事人」，並告誡子孫「有渝此誓者，天必殛之。」（陸游《避暑漫抄》）這條「不殺士大夫」規定至關重要，它使得士大夫們的政治人格得到了尊重，政治理性獲得了相對自由的張揚，士人的風骨、學問和能力得到全方位淋漓盡致地展示，由此，趙宋這個由武夫開創的皇朝，達到了後人豔稱的「文治巔峰」。

與此同時，宋代的社會經濟也是高度繁榮。漆俠先生在其所著的《宋代經濟史》一書中認為：「唐末農民戰爭後兩宋統治的三百年間，是我國經濟和文化取得極大發展的時期。雖然在宋代統治的邊緣地區、山區以及少數民族所居住的地方，還停滯在刀耕火種的原始農業階段，但是在廣大地區，農業生產都有所發展，產量一般穩定在兩石上下（這是唐代的最高產量）；而在以太湖流域為中心的兩浙地區，如前面提到的，產量高達六七石，是全國生產最發達的地區。桑、茶、甘蔗等種植面積擴大了，棉花的種植也逐漸由南到北擴展起來，至遲南宋末已經到達兩浙一帶。經濟作物、商業性農業都有了發展。農業勞動生產率超越了以前的任何歷史時期。」「宋代官、私手工業，特別是私人手工業有了很大的發展，遠遠超過了前代。火藥、羅盤、活字印刷術以及膽銅法、火柴等等，大都是在十世紀末到十一世紀發明創造的。這些發明創造，是宋代手工業生產發展極為顯著的標誌。手工業生產不論是規模上、分工上、技術上，從事生產的手工匠人的數量上，各類產品的數量和品質上，都超越了前代。」「在農業和手工業生產發展的基礎上，宋代城市經濟也有了顯著的發展。城市人口增加了，前代坊市的格局被打破了，到處可以設店肆和作坊，商務工作場所擴大了。東晉南朝以來的草市或墟市在各地普遍發展，其中有一些形成為繁榮的小鎮市。大小城市、鎮市和草市，織成了地方商業之網，與廣闊的農村有了較為密切的聯繫，在生產最發達的兩浙地區更加如此，可以說區域性市場在宋代明顯地發展起來了。」（漆俠〈關於中國封建經濟制度發展的階段問題（代緒論）〉，《宋代經濟史》，上海人民出版社，一九八七年版，頁二六—二八）。

商品經濟的發展和繁榮，為人們的社會生活提供了豐厚的物質條件，形成了「風尚奢靡」的社會消費意識，出現了一股去樸從豔、好新慕異的風氣。人們的衣食住行、婚喪嫁娶和宴會社交、文化娛樂等生活方式各個方面，都發生了深刻的變化。有鑑於此，近人嚴復認為：「若研究人心政俗之變，則趙宋一代歷史最宜究心。中國所以成為今日現象者，為善為惡，姑不具論，而為宋人之所造就，什八九可斷言也。」（嚴復《嚴復集》，中華書局，一九八六年版，第三冊，頁六六八）史學大師陳寅恪先生也認為：「華夏民族之文化，歷數千載之演進，造極於趙宋之世。」（陳寅恪《金明館叢稿二編》，《陳寅恪先生文集》第二卷，上海古籍出版社，一九八〇年版，頁二四五）他們的觀點也得到了海內外學者的認同，如英國著名科技史學家李約瑟說：「談到十一世紀，我們猶如來到最偉大的時期。」他認為這一時期中國的文化和科學「都達到了前所未有的高峰」（李約瑟《李約瑟文集》，遼寧科技出版社，一九八六年版，頁一一五；《中國科學技術史》第一卷第一冊，科學出版社，一九七五年版，頁二八四）。

正由於宋代處在中國歷史上承前啟後、繼往開來的時期，因此這一時期的社會生活也呈現出有別於前面時期的特點，且對後世產生了極其深遠的影響。法國著名漢學家賈克·謝和耐教授在所著《南宋社會生活史》一書中認為：「中國史並不是靜止的一成不變的，卻是一連串激烈的變革衝擊和動盪。從六世紀直到十世紀，中國歷經了一個使得它變得全然不可辨認的時期。」特別是在「蒙人入侵前夕，中國文明在許多方面正達燦爛的巔峰。」「其現代化的程度是令人吃驚的：它獨特的貨幣經濟、紙鈔、流通票據，高度發展的茶、鹽企業……在人民日常生活方面，藝術、娛樂、制度、工藝技術各方面，中國是當時世界上首屈一指的國家，其自豪足以認為世界其他各地皆為化外之邦。」（賈克·謝和耐《南宋社會生活史》，馬德程譯，中國文化大學出版部，一九八二年，頁五）。

衣

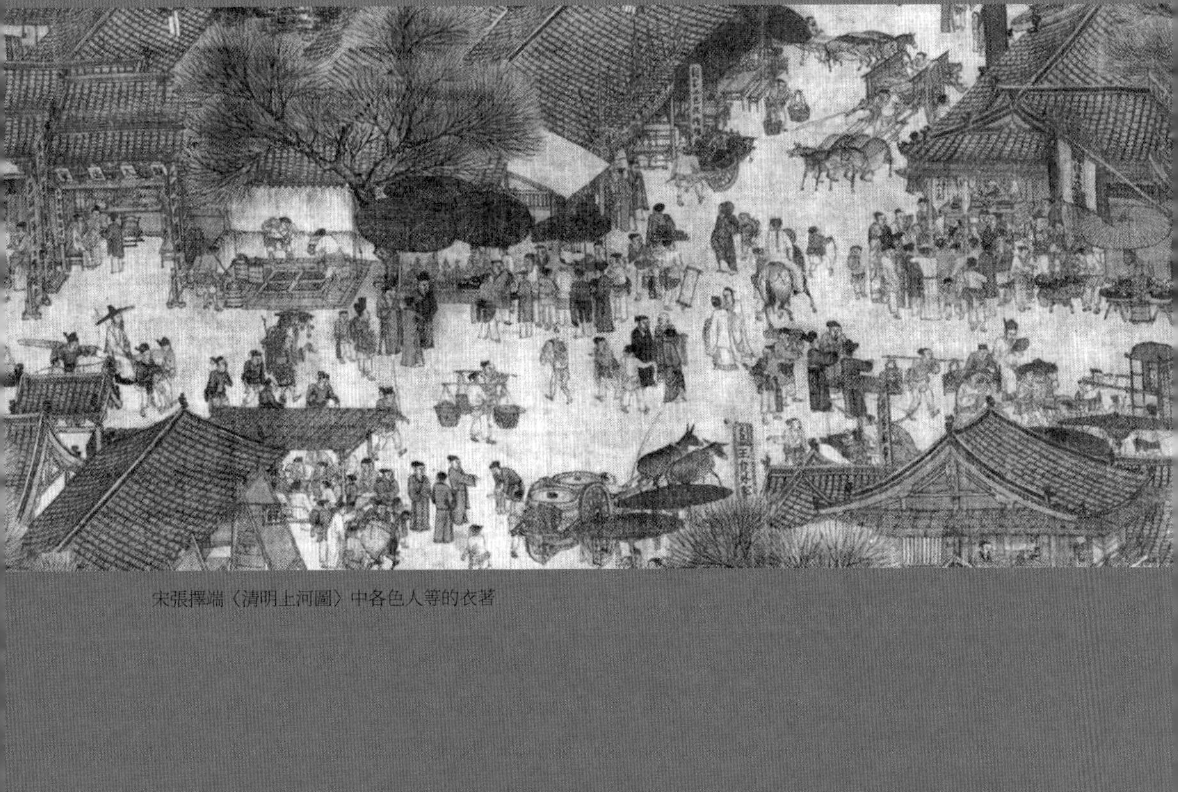

宋張擇端〈清明上河圖〉中各色人等的衣著

一　「貴賤有級」的服飾制度

服飾是人們日常生活的主要內容之一。在階級社會中，它不僅是為滿足人類的本能禦寒暑，滿足人類本能的裝飾欲望，而且是作為等級的標誌而出現。中國歷代社會都十分重視冠服之制，並用禮法加以約束，「貴賤有級，服位有等。」（賈誼《新書》卷一〈服疑〉）因此，服飾的變動一般都不大，除非外族入侵，用屠刀逼迫人們改衣胡服。但即使是改了朝換了代，服飾也僅是稍有異同。這正如清葉夢珠在《閱世編．冠服》中所說：「一代之興，必有一代冠服之制，其時尚隨時變更，要不過與世遷流，一新一時耳目，其大端大體終莫敢易也。」

▲ 宋太祖趙匡胤畫像

▲重慶南川南宋石室墓出土的荔枝紋金帶具

◀江西上饒茶山寺出土的南宋浮雕人物白玉帶板

與其他皇朝一樣，宋代統治者為了維持尊卑貴賤的等級關係和長上尊嚴的目的，在服飾上也有嚴格的等級之分。太平興國七年（九八二）正月九日，宋太宗針對近年以來的逾僭之風，要求「士庶之間，車服之制，至於喪葬，各有等差」。他命令翰林學士承旨李昉制定服飾的等級制度。李昉等奉詔制定服飾制度，說：「今後富商大賈乘馬，漆素鞍者勿禁。近年品官綠袍及舉子白襴下皆服紫色，亦請禁之。其私第便服，許紫皂衣、白袍。」又請從三品以上服玉帶，四品以上服金帶，以下升朝官、雖未

▲江西遂川出土北宋鍍金荔枝紋銀帶板

升朝已賜紫緋、內職諸軍將校，並服紅鞓金塗銀排方。雖升朝著綠者，公服上不得繫銀帶，餘官服黑銀方團胯及犀角帶。貢士及胥吏、工商、庶人服鐵角帶，恩賜者不用此制。荔枝帶本是內出以賜將相，望非恩賜者，官至三品才能穿戴。端拱二年（九八九）十一月九日，詔令禁止民間服紫：「縣鎮場務諸色公人並庶人、商賈、伎術、不繫官伶人，只許服皂、白衣、鐵角帶，不得服紫。文武升朝官及諸司副使、禁軍指揮使、廂軍都虞候之家子弟，不拘此限。幞頭巾子，自今高不得過二寸五分。婦人假髻並宜禁斷，仍不得作高髻及高冠。其銷金、泥金、真珠裝綴衣服，除命婦許服外，餘人並禁。」但士人服紫之俗在當時非常盛行，犯禁者頗為普遍，故宋朝統治者在至道元年（九九五）六月只得開禁。不久，又允許工商階層服紫（《宋史·輿服志五》）。神宗時，因鑑於社會上服飾侈靡，遂於大中祥符元年（一〇〇八）二月下詔：「金箔、金銀線、貼金、銷金、間金、蹙金線，裝貼什器土木玩之物，並行禁斷。非命婦*不得以金為首飾。許人糾告，並以違制論。」（王栐《燕翼詒謀錄》卷二）七年，禁民間服銷金及鈸遮那纈。八年五月又下詔：「內庭自中宮以下，並不得銷金、貼金、間金、戧金、圈金、解金、剔金、陷金、明金、泥金、榜金、背影金、盤金、織金、金線撚絲，裝著衣服，並不得以金為飾。其外庭臣庶家，悉皆禁斷。……違者，犯人及工匠皆坐。」這一年，又禁民間服皂班纈衣。仁宗即位後，仍以「儉樸躬行」，並於天聖三年（一〇二五）下令：

▲宋佚名〈維摩圖〉中的貴婦服飾

＊命婦：古代受封號的婦女，多指官員的母、妻，俗稱誥命夫人。

▲南宋銀鎏金花卉紋鉗鐲（王宣艷主編《中興紀勝》，頁306）

「在京士庶不得衣黑褐地白花衣服並藍、黃、紫地撮暈花樣，婦女不得將白色、褐色毛段並淡褐色匹帛製造衣服，令開封府限十日斷絕。婦女出入乘騎，在路披毛褐以禦風塵者，不在禁限。」景祐元年（一〇三四），詔禁錦背、繡背、遍地密花透背綵緞。二年，下詔禁止市肆製作縷金為婦人首飾等物。三年（一〇三六），又對官服、民服等作了具體的規定：「臣庶之家，毋得採捕鹿胎製造冠子。……凡命婦許以金為首飾，及為小兒鈐鋜、釵篸、釧纏、珥環之屬；仍毋得為牙魚、飛魚、奇巧飛動若龍形者。非命婦之家，毋得以真珠裝綴首飾、衣服，及項珠、纓絡、耳墜、頭䰎、抹子之類。」（引自《宋史．輿服志五》）慶曆二年（一〇四二）五月，再次申嚴其禁，要求上自宮中做起，全部屏絕。如果有臣庶之家犯禁者，一定依法處理（王林《燕翼詒謀錄》卷二）。皇祐七年（一〇五五），因官員和百姓紛紛仿效宮中皇親及內臣色衣，遂下令禁天下穿「墨紫」顏色的衣服。嘉祐七年（一〇六二）十月，再次禁天下穿「墨紫」顏色的衣服。神宗熙寧九年（一〇七六），禁朝服紫色近黑者。政和八年（一一一八）十二月，統治者還對

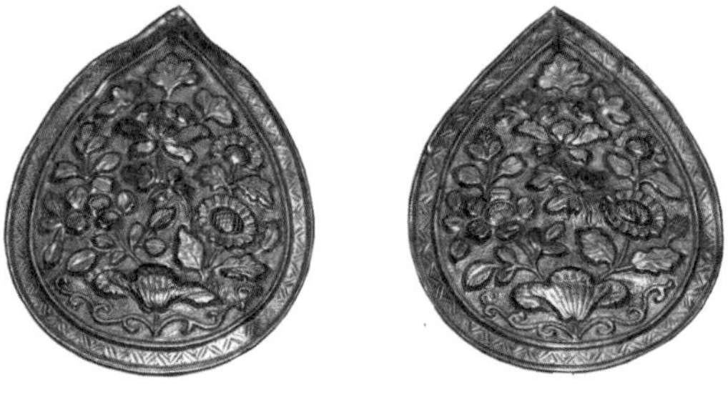

▲ 浙江湖州三天門南宋墓出土的金帔墜

履的制度進行了討論，「欲用黑革為之」（吳曾《能改齋漫錄》卷一三）。

南宋高宗、孝宗、寧宗諸朝也都申令服制等級，並要求天下「務從省約」，嚴禁華麗逾越。紹興五年（一一三五），高宗對身邊的大臣說：「金翠為婦人服飾，不惟靡貨害物，而侈靡之習，實關風化。已戒中外，及下令不許入宮門，今無一人犯者。尚恐士民之家未能盡革，宜申嚴禁，仍定銷金及採捕金翠罪賞格。」禁止用黃金和翠毛為婦人服飾。淳熙中，又將朱熹所定的祭祀、冠婚之服頒行天下。要求凡是士大夫家祭祀、冠婚，則要具盛服。有官者襆頭、帶、靴、笏，進士則襆頭、襴衫、帶，處士則襆頭、皂衫、帶，無官者通用帽子、衫、帶。如果因家庭財力所限，無法具備上述服飾，則可改穿深衣或涼衫。有官者亦通用帽子以下，但不為盛服。婦人則假髻、大衣、長裙。女子在室者冠子、背子。眾妾則假紒、背子（《宋史·輿服志五》）。由此可見，統治者在服裝式樣、服裝色彩及製作材料等方面，對臣民的服飾作了嚴格的規定。

二 日新月異的服飾風尚

宋朝統治者雖然對社會各階層的服飾作了極其嚴格而具體的法律規定，然而這樣一個僵滯不變的服飾制度，經常在同私人財產的衝突中遭到破壞，服飾成為人們體現自己意趣、財富和身分地位及價值觀念最直接、最普遍的自我表現。生活於南宋前期的周煇就說：「煇自孩提見婦女裝束，數歲即一變，況乎數十百年前樣制，自應不同。如高冠長梳，猶及見之，當時名『大梳裹』，非盛禮不用。若施於今日，未必不誇為新奇，但非時所尚而不售。大抵前輩治器物，蓋屋宇，皆務高大，後漸從狹小，首飾亦然。」（周

▲宋佚名〈千手觀音圖〉中盛裝打扮的貴婦命服

煇《清波雜志》卷八〈垂肩冠〉）這種日新月異的服飾風尚，以至突破貴賤等級的階級堤防，波及宋代社會的各個階層。

「風俗典禮，四方仰之為師。」（耐得翁《都城紀勝．序》）的北宋都城開封和南宋都城臨安，是宋代服飾風尚體現得最為顯著、最為突出、最具歷史意義的地區。在這裡，官方的法律規定在商品經濟的衝擊下，直接或間接地遭到破壞，市民們不僅公然穿著違禁衣物在大街上昂首闊步，而且還在市場上公開銷售違禁衣飾，甚至還列為婚嫁時必具的彩禮之一。城中富人，大多穿著貴重舒適的絲綢服裝，遍體錦繡；婦人們施粉黛花鈿，著華麗衣裳，梳裹打扮，時稱為「修容」（佚名《釋常談》卷中〈修容〉）。即使是生活於社會最底層的妓女，在北宋都城開封，也是不服寬褲與襜，製旋裙，必前後開勝，以方便乘驢。在她們的帶動下，城中婦女乃至士大夫家競相仿效。這種現象即使在農村也是如此，陸游《劍南詩稿》卷三〈岳池農家〉「誰言農家不入時，小姑畫得城中眉。」詩句，就有力地說明了這一點。由此，理宗朝有人發出了「飲食、衣服，今皆變古。」的歎息（史繩祖《學齋占畢》卷二）。

▲南宋金腰帶

從時代來看，宋代的服飾風尚經歷了簡樸、奢侈、再簡

▲宋佚名〈宋仁宗皇后像〉中戴花冠、畫倒暈眉的宮女

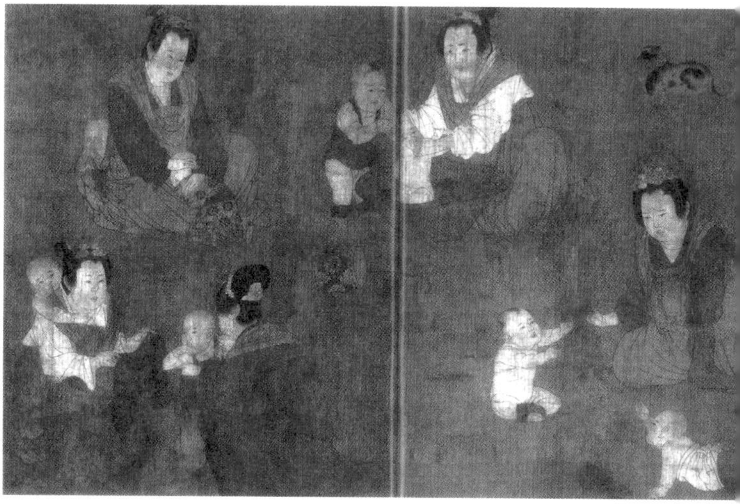

▲宋佚名〈宮女浴嬰圖〉

樸、再奢侈的過程。

北宋初年的服飾風尚崇尚儉樸。當時由於統一戰爭剛剛結束，政權初建，百廢待興，因此一切比較簡樸。據《宋史．太祖本紀三》載，宋太祖趙匡胤「孝友節儉，質任自然，不事矯飾。」他在服飾上常常穿著洗濯再三的舊衣服，且多為素色。不僅如此，他還要求朝中官員及家屬奉行儉樸。有一次，當他看到女兒穿著華貴、以翡翠羽毛裝飾成的衣服時，立即要求她將此衣服脫去，告誡她以後再也不要穿了。

大約到太宗朝時，社會上的服飾風尚已經趨於奢侈。故太宗詔中有「近年以來，頗感逾僭。」的話，並命令翰林學士承旨李昉等制定服飾制度。

至真宗朝，服飾的奢侈風尚更甚於前

代。當時的統治者「粉飾太平，服用浸侈，不惟士大夫家崇尚不已，市井閭里以華靡相勝。」（王栐《燕翼詒謀錄》卷二）衣飾等由貴近之家仿效宮禁，以至流傳民間。鬻簪珥者，必言內樣（《宋史．輿服志五》）。

仁宗時，社會上奇裝異服紛紛出現，婦人「冠服塗飾，損益用舍，蓋不可名記。」如宮中婦人尚白角冠梳，民間也是極力仿效，稱為「內樣」。黝紫色的服裝風靡一時。有鑑於此，當時的大臣張方平曾給皇帝上奏說：「巾履靴笏，自公卿大臣以為朝服，而卒校胥史，為制一等，其羅縠、綺紈、織文、絺繡，自人君至於庶人，同施均用。」（張方平〈車服論〉，《歷代名臣奏議》卷一一九）天聖三年（一〇二五），仁宗令開封府限期禁止婦女穿奇裝異服，詔令說：「在京士庶，不得衣黑褐地白花衣服，並藍黃紫地撮暈花樣。婦女不得將白色褐色毛段，並淡褐色匹帛製造衣服。令開封府限十日斷絕。婦女出入乘騎在路披毛褐以禦風塵者，不在禁限。」（《宋史．輿服志五》）到慶曆年間，服飾奢侈之風已蔓延到軍隊中。諸軍帥從卒，一例新紫羅衫、紅羅抱肚、白綾褲、絲

▲河南白沙宋墓壁畫〈梳粧圖〉

▲宋劉宗古〈瑤臺步月圖〉中穿背子的婦女

鞋，戴青紗帽，拖長紳帶，鮮華爛然。一頂青紗帽，市估千錢。至於衫褲，其一身之服不啻萬錢（《續資治通鑑長編》卷一六三）。嘉祐七年（一〇六二），司馬光說：「是以內自京師士大夫，外及遠方之人，下及軍中士伍、畎畝農民，其服器用比於數十年之前，皆華靡而不實矣。」（《續資治通鑑長編》卷一五九）當時士庶中，又有仿效皇親國戚和內臣穿黑紫服裝的現象，為此，統治者同樣以奇裝異服加以禁止。既然黑紫有禁，於是油紫又應時而行。《宋人軼事彙編》卷二載：「仁宗晚年，京師染紫變其色加重，先染作青，徐以紫草加染，謂之油紫。」不僅如此，慶曆期間，京城士庶更是掀起了一股仿效「胡服」的風尚，「裹番樣頭巾，著青綠及乘騎番鞍轡。婦人多以銅綠兔褐之類為衣。」從而引起了統治者的不安，於是限令開封府在一個月內禁絕。如有違犯，要求從重處理（《宋會要輯稿‧輿服》四之七）。

神宗時，社會上的服裝奢侈風尚更盛。如在元祐年間，「冠不特白角，又易以魚枕；

梳不特白色，又易以象牙、玳瑁矣。」（李廌《師友談記》）大臣文彥博指出：「數十年風俗僭侈，車服器玩多逾制度。」（李燾《續資治通鑑長編》卷三六九，元祐二年三月）其後的張耒更是一針見血地指出：「自陛下即位以至於今……衣冠車服之制獨未為之別，以明辨上下等威而消去天下奢侈僭上之心。」（張耒《柯山集拾遺》卷九〈衣冠篇〉）

徽宗時的社會「奉身之欲，奢蕩靡極。」（《宋史．輿服志一》）服飾亦不例外，出現了許多新的風尚。如宣和年間的婦女妝束，流行髮髻高聳、衣衫寬博，時稱「宣和妝」。

▲宋劉松年〈宮女圖〉

這種服飾風尚始自宮中，後來逐漸流傳到民間。劉克莊〈北來人〉詩：「淒涼舊京女，粧髻尚宣和。」又劉昌詩〈念奴嬌〉詞：「疏眉秀目，向尊前依舊，宣和裝束。」此外，又有腰上黃、遍地桃、並桃、不制衿等名目。李濂《汴京遺跡志》卷一三載：「宣和五六年間，上方織綾，謂之遍地桃，又名急地綾；漆冠子作二桃樣，謂之並桃，天下效之。」岳珂《桯史》卷五〈宣和服妖〉也載：「宣和之季，京師士庶競以鵝黃為腹圍，謂之腰

▲宋佚名〈招涼仕女圖〉中頭戴重樓子花冠、插鳳頭簪及釵子，身著小袖對襟旋襖、長裙，手執團扇的貴婦

上黃；婦人便服不施衿紐，束身短制，謂之不制衿。始自宮掖，未幾而通國皆服之。」陸游《老學庵筆記》卷一載：「國初士大夫戲作語云：『眼前何日赤，腰下幾時黃？』謂朱衣吏及金帶也。宣和間，親王公主及他近屬戚里*，入宮輒得金帶關子。得者旋填姓名賣之，價五百千。雖卒伍屠酤，自一命以上皆可得。方臘破錢唐時，朔日，太守客次有服金帶者數十人，皆朱勔家奴也。時諺曰：『金腰帶，銀腰帶，趙家世界朱家壞。』」「錯到底」也是宣和末年出現的一種新式女鞋，陸游《老學庵筆記》卷三載：「宣和末，婦人鞋底尖，以二色合成，名『錯到底』。竹骨扇以木為柄，舊矣，忽變為短柄，止插至扇半，名『不徹頭』，皆服妖也。」此外，社會上戴氈笠子、著戰袍、繫番束帶之類著胡服的現象越來越普遍，徽宗不得不多次下詔嚴禁（吳曾《能改齋漫錄》卷一三〈詔禁外制衣裝〉；《宋

▲宋佚名〈四美圖〉中濃妝豔抹的貴婦

史・輿服志五》）但社會上依然如故，且有愈演愈烈之勢。當時袁裪為教坊判官制撰文字，曾有「淺淡梳妝，愛學女真梳掠。」之語（朱弁《續骫骳說》）另據袁褧《楓窗小牘》卷上所載，當時婦女所用的「瑩面丸」、「遍體香」等用品，也都是「自北傳南者」。女真人服裝中盛行的「茶褐、黑綠諸品間色」，也在此時傳入汴京。於是在政和七年（一一一七），徽宗再次嚴禁百姓穿戴契丹服飾。宣和元年（一一一九）正月五日，第三次下詔嚴禁（周煇《清波雜志》卷八；周密《癸辛雜識・別集》卷上）。

欽宗在位雖然不到一年就被金人趕下臺，但其統治期間的服飾侈靡風尚仍不遜於前朝。史書上所說的「一年景」（又稱「靖康一年景」），就是北宋靖康年間東京織物或服飾

＊戚里，帝王外戚居住的地方。

上的一種流行圖案。陸游《老學庵筆記》卷二說：「靖康初，京師織帛及婦人首飾衣服，皆備四時。如節物則春旛、燈毬、競渡、艾虎、雲月之類，花則桃、杏、荷花、菊花、梅花，皆併為一景，謂之一年景。」時人認為，靖康紀元一年而止，蓋因此服圖案不祥之兆，所以這種服飾乃是一種妖服。

南宋初年的服飾風尚與北宋初年一樣，也是以儉樸為主，其原因同樣是由於政權初建，國家剛從宋金戰爭中解脫出來，耗費了大量的錢財，民力困竭。但一旦國家穩定，經濟有了一定程度的恢復，奢侈的苗頭就馬上出來了。如《宋史·五行志三》載：「紹興二十一年，行都豪貴競為小青蓋，飾赤油火珠於蓋之頂，出都門外，傳呼於道。珠者，乘輿服御飾升龍焉，臣庶以加於小蓋，近服妖，亦僭咎也。二十三年，士庶家競以胎鹿皮製婦人冠，山民採捕胎鹿無遺。時去宣和未遠，婦人服飾猶集翠羽為之，近服妖也。」過去嚴禁的黲紫，又成為人們服裝的流行色。但這一服飾上的奢侈風尚只局限於京城一些地區，南宋絕大多數地區仍保持著儉樸的風氣。如宋孝宗時的梁克家便說道：「三十年前，自縉紳而下，士人、富民、胥吏、商賈、皂隸衣服遞有等級，不敢略相陵躐。士人冠帶或弱籠衫，富民、胥吏皂衫，販下戶白布襴衫，婦人非命婦不敢用霞帔，非大姓不敢戴冠用背子。」（梁克家《淳熙三山志》卷四十〈歲時·序拜〉）。

但至孝宗時，服裝上的奢侈風氣迅速在全國興起。當時官員李椿曾上奏說：「自軍興以來，士大夫服紫衫以便戎事，不為過也，而四方皂吏士庶服之，不復有上下之別。且一衫之費，貧者亦難辦。甲服而乙不服，人情所恥，故雖欲從儉，不可得也。」（李椿〈論非命官軍兵朝省人不得服紫衫〉，《歷代名臣奏議》卷一一七）同一時期的梁克家亦說：「三十年來漸失等威，近歲尤甚，農販細民至用道服、背子、紫衫者，其婦女至用背子、霞帔。」（梁克家《淳熙三山志》卷四十〈歲時．序拜〉）朱熹也有同感，認為「今衣服無章，上下混淆。」（《朱子語類》卷九一〈禮八．雜儀〉）如當時的秦檜子秦熺就曾穿「黃葛衫」，並說這是「貴賤所通用」的（葉紹翁《四朝聞見錄》乙集〈秦小相黃葛衫〉）。社會上服用胡服的現象，在紹興年間偃息一段時間後再度興起。袁說友《論衣冠服制》說：「今來都下年來衣冠服制，習為虜俗。官民士庶浸相效習……姑以最甚者言之：紫袍紫衫必欲為紅赤紫色，謂之順聖紫。靴鞋常履必欲前尖後高，用皂草，謂之不到頭。巾制則辮髮低髻，為短統塌頂巾。棹篦則雖武夫力士皆插巾側。如此等

▲宋佚名〈女孝經圖卷〉中的夫婦

▲宋佚名《女孝經圖卷》中的皇后

類，不一而足。」更有甚者，「身披虜服而敢執事禁庭」。有鑑於此，朱熹慨然歎道：「今世之服，大抵皆胡服，如上領衫、靴鞋之類。先王冠服，掃地盡矣。」（《朱子語類》卷九一〈禮八・雜儀〉）此風對南宋後期的服飾風尚也深有影響，時人說：「今之茶褐墨綠等服，皆出塞外，自開燕山，始有至東都者，深歎習俗之變也。」（樓鑰《攻媿集》卷八五〈亡妣安康郡太夫人行狀〉）。

到了南宋末年，這種服飾上的奢侈風尚愈來愈烈。如當時的都城臨安衣冠更易極快，「自淳祐年來，衣冠更易，有一等晚年後生，不體舊規，裹奇巾異服，三五為群，鬥美誇麗，殊令人厭見，非復舊時淳樸矣。」（吳自牧《夢粱錄》卷十八〈民俗〉）當時宮妃繫前後掩裙而長窣地，名「趕上裙」；梳高髻於頂，曰「不走落」；束足纖直，名「快上馬」。針對統治者禁止百姓佩戴珠翠的政策，喜愛美麗的都城婦女便以琉璃代替。《宋史・五行志三》載：「咸淳五年，都人以碾玉為首飾。有詩云：『京師禁珠翠，天下盡琉璃。』」琉璃首飾因與「流離」兩字偕音，同樣被一些文人看成是亡國之兆。

三　帝后服飾

帝后服飾，是宋代品級最高的服飾，代表著宋代服飾的最高製作水準，服飾材料至高無上，製作精緻，色彩華麗。從其所穿者的身分來看，可以分為天子服飾和皇后后妃服飾兩種。

▲宋太祖畫像。頭戴硬翅襆頭，身穿絳紗袍，佩帶用金或玉雕版作裝飾的金玉帶銙，腳穿黑麻絲靴

天子之服，據《宋史·輿服志三》載：「天子之服，一曰大裘冕；二曰袞冕；三曰通天冠、絳紗袍；四曰履袍；五曰衫袍；六曰窄袍，天子祀

▲宋高宗趙構坐像。頭戴展腳襆頭，穿圓領大袖袍，粉底靴

▲宋佚名〈宋理宗坐像〉局部

▲宋李公麟《孝經圖卷》第十六章〈應感〉中的皇帝冠服

享、朝會、親耕及視事、燕居之服也；七日御閱服，天子之戎服也，中興之後則有之。」

大裘冕，是天子祭祀天地時所穿的禮服，用黑羔皮做裘，以黑繒為領袖及裡、襟緣，袂廣可運肘，長可蔽膝。冕廣八寸，長一尺六寸，前圓後方，前低寸二分，玄表朱裡，以繒製作。當時的大裘，下配朱襪、朱舄。起初以最好的「關西羊羔」為材料，因其用量實在太大，每件要多至百隻羊羔，供不應求，後來只好改用黑繒。

袞冕，為天子所穿的袞衣和冠冕的合稱，是在舉行祭祀宗廟、受冊封、冊皇太子、元旦大朝會、冬至、聖節等禮儀時所穿最尊貴的禮服之一。據《宋史．輿服志三》所載，袞冕的制度，在宋初是沿襲五代的制度，天子的服裝有袞冕，廣一尺二寸，長二尺四寸，前後十二旒，二纊，並貫真珠。又有翠旒十二，碧鳳銜之，在珠旒外。冕版以龍鱗

◀宋佚名《女孝經圖卷》中戴通天冠的皇帝

錦表，上面綴玉為七星，旁邊施琥珀瓶、犀瓶各二十四隻，周綴金絲網，鈿以真珠、雜寶玉，加紫雲白鶴錦裡。四柱飾以七寶，紅綾裡。金飾玉簪導，紅絲絛組帶。這種冕，文獻上也稱之為「平天冠」。如《東京夢華錄》卷十〈駕詣郊壇行禮〉載：「更換祭服，平天冠二十四旒，青袞龍服，中單、朱舄，純玉佩，二中貴扶侍，行至壇前。」平天冠延板前低後高，象徵至高至尊的皇帝有向下的志向；冕有垂旒以蔽明，表示王者不視邪、不視非之意。兩邊珠玉，表示以充耳，象徵皇帝不聽讒言的意思。總之，是希望皇帝不尊大、不視邪、不聽讒、求大德等美意。

▲頭戴朝天襆頭、身穿袍服的宋高宗

▶ 宋李公麟《孝經圖卷》中的官員晉見皇帝情景

天子的袞服為青色，上面繪與繡有日、月、星辰、山、龍、雉、虎、蜼七章及紅裙、藻、火、粉米、黼黻五章，共十二種圖案。十二團龍左右兩肩各一、前後身各三、左右兩側各二。日、月亦分佈在兩肩，星辰、山分佈於後，華蟲飾於兩袖，宗彝、藻、火、粉米、黼黻分別飾於前後襟的團龍兩側。這十二種圖案，其含義各不相同。日、月、星辰，古人認為三者發光，有照臨光明之意。龍，象徵有天之靈的人君之意。山，巍然而立，表示王者鎮重安靜四方之意。華蟲，雉屬，有文采，表示王者有文章之德。宗彝，為宗廟中

▲ 宋李公麟《孝經圖卷》中身著宮內便服的皇帝與宮女

▲宋佚名〈宋仁宗皇后像〉中身穿盛裝的皇后和宮女。皇后頭戴九龍等肩花冠，兩博鬢，面貼珠鈿，翟衣帶綬，佩環，衣襟、領、襈織金雲龍紋，翟紋十二等，間以輪花。旁邊的兩位宮女，戴花冠

▲宋佚名〈宋寧宗楊皇后坐像〉。頭戴龍鳳珠翠冠，三博鬢。身穿褘衣，以深青色織成，列五彩翟雉，其中衣領、褾、襈、裾為紅色雲龍紋，與深青中單，深青蔽膝、青襪青舄相配，佩玉雙佩、玉綬環

的禮器，以蜼為孝為智的意思。藻，水草，象徵水清玉潔。火，火焰向上而明，象徵四方之民歸土上命之意。米粉，潔白而養人，表示有濟養之德。黼與斧音近，金斧能斫斷。黻，為兩己相背，君臣相濟，見惡改善或背惡向善之意（參見楊渭生等著《兩宋文化史》，浙江大學出版社，二〇〇八年版）。

通天冠、絳紗袍，是宋代皇帝祭拜天地、正旦、冬至大朝會、大冊命時所穿的禮服。通天冠自秦代以來一直為皇帝的禮冠，常用於郊祭、朝賀和宴會。《宋史．輿服志三》載：「通天冠，二十四梁，加金博山，附蟬十二，高廣各一尺。

▲宋佚名〈宮沼納涼圖〉中身穿短襦、長袍的后妃或公主

▲傳宋蕭照〈瑞應圖〉「四聖護佑」中的后妃

青表朱裏，首施珠翠，黑介幘，組纓翠緌，玉犀簪導。」仁宗天聖二年（一〇二四）為避諱，通天冠改名為承天冠，但其形制未變。又因其冠式較高，並且形似卷雲，故又名「卷雲冠」。《夢粱錄》卷五〈駕回太廟宿奉神主出室〉載：「上御冠服，如圖畫星官之狀，其通天冠俱用北珠卷結，又名卷雲冠。」據此可知通天冠用北珠卷結於冠上，有二十四梁，冠前有金博山加蟬作裝飾。與織成雲龍紋絳色紗袍、方心曲領、絳紗裙相配，腰束金玉帶。絳紗袍以織成雲

龍紅金條紗為之，紅裡，皂褾、襈、裾。絳紗裙，蔽膝如袍飾，並皂褾、襈。

履袍，宋代皇帝祭祀用黑革履（單底）和絳羅袍作禮服，稱「履袍」。袍以絳羅為材料，折上巾。通犀金玉帶，繫履，故名。

衫袍，為宋代皇帝出席大宴時的禮服，又名常服。此服的服制是沿襲隋唐之制，有赭黃、淡黃袍衫，玉裝紅束帶，皂文靴。又有赭黃、淡黃袍、紅衫袍，常服則服之。

▲南宋皇后像

▲宋佚名《女孝經圖卷》中頭戴龍鳳花釵冠的皇后

窄袍，為宋代皇帝平時便坐視事時所穿的服裝，因其袍身狹小、兩袖緊窄而名。此袍又有多種名稱，如果繫履，則曰履袍；服靴，則曰靴袍。履、靴皆用黑革。

宋代皇后的服飾，沿襲唐代，分為禕衣、鞠衣、青服和朱服四等。

禕衣是宋代皇后最高形制的禮服，既是祭祀先祖時的禮服，也是朝服和冊封、婚禮的吉服。據《宋史・輿服志三》所載，禕衣，深青織成，上面繪飾有五彩翬雉（野雞）形象十二個。裡面襯以青紗製成的單及，衣領為朱紅色，上有「斧」形紋飾。羅縠製成袖端（褾）、底邊（襈）。蔽膝隨裳之色，以色（黑中帶紅）為領緣，蔽膝上有長尾雉紋飾，三層。大帶也是依據衣服的顏色而定，朱裡；帶的外表，飾有兩道緄邊，上為朱錦，下為綠錦，鑲以青色的緣邊。革帶以青衣之，白玉雙佩，黑組，雙大綬，小綬三，間施玉環三。足著青色的襪子和舄，舄加金飾。

鞠衣，為宋代皇后的禮服之一，在每年三月春時禱告桑事時穿戴。此服自古以來為王后六服之一，九嬪及卿妻亦服之。《周禮．天官．內司服》「掌王后之六服」，漢鄭玄注：「鞠衣，黃桑服也，色如鞠塵，象桑葉始生。」其衣式採用袍制，用黃色的羅為面料，顏色淺黃，像桑葉初生之色，以求福祥之意。織成領袖，小花十二樹。

朱衣，以大紅色羅為材料製成的衣服，形制與襢衣大同小異，是皇后朝見天子的禮服。蔽膝、革帶、大帶、佩綬、襪、金飾履等，均隨衣色而定。

禮衣，為皇后宴見賓客時所穿戴的禮服。形制

▲宋佚名《女孝經圖卷》中的后妃與宮女

▲宋佚名《女孝經圖卷》中的后妃與女官

與禕衣相同，釵鈿十二，雙佩小綬。

需要說明的是，南宋時在宮中，后妃們還盛行穿戴霞帔。如《宋史·輿服志三》載，孝宗乾道七年（一一七一），詔命「其常服，后妃大袖，生色領，長裙，霞帔，玉墜子。」《西湖老人繁勝錄》載：「諸殿閤分：皇后、貴妃、淑妃、美人、才人、婉容、婕妤、國夫人、郡夫人，紫霞帔、紅霞帔。」

鳳冠、九龍花釵冠、儀天冠和雲月冠，都是宋代后妃所戴的禮冠。鳳冠是后妃們在受冊封、大朝會、祭祖、朝謁景靈宮等隆重場合時所戴的禮冠，在諸種禮冠中最為貴重。其形制有數種，一種是真珠九翬四鳳冠：「花九株，小花同，並兩博鬢，冠飾以九翬、四鳳。」（《宋史·輿服志三》）另一種為龍鳳花釵冠，其制「大小花二十四株，應乘輿冠梁之數，博鬢，冠飾同皇太后，皇后服之，紹興九年所定也。」（《宋史·輿服志三》）。九龍花釵冠和儀天冠，為宋代皇太后祭祀宗廟時所戴的一種禮冠。《宋史·后妃列傳上》載：「明道元年冬至……太后亦謁太廟，乘玉輅，服禕衣、九龍花釵冠，齋於廟。質明，服袞衣，十章，減宗彝、藻，去劍，冠儀天，前後垂珠翠十旒。」雲月冠的形制在李廌《師友談記》中有載：「太妃暨中宮皆縷金雲月冠，前後亦白玉龍簪，而飾以北珠，珠甚大，衣紅背子，皆用珠為飾。」

四 百官朝服和公服

▲ 宋佚名《書畫孝經》圖中官員晉見皇帝的情景

與宋代皇帝和后妃的服飾一樣，宋代文武百官的衣冠服飾，也基本上繼承了唐代的服飾制度。直到新制頒佈後，才逐漸將服飾分為朝服、常服、祭服和時服四大類。但是服飾制度卻明確規定：不同的場合要穿不同的服飾，不同的等級也有不同的服飾要求。最典型的當屬官員的朝服和公服。

朝服是文武百官朝會時所穿的官服，視官員職別的高低而不同。《宋史・輿服志四》有詳細記載：

朝服：一曰進賢冠，二曰貂蟬冠，三曰獬豸冠，皆朱衣朱裳。

宋初之制，進賢五梁冠：塗金銀花額，犀、玳瑁簪導，立筆。緋羅袍，白花羅中單，緋羅裙，緋羅蔽膝，並皂縹襈，白羅大帶，白羅方心曲領，玉劍、佩、銀革帶，暈錦綬，二玉環，白綾襪，皂皮履。一品、二品侍祠、朝會則服之，中書門下則冠加籠巾貂蟬。

三梁冠：犀角簪導，無中單，銀劍、佩、獅子錦綬，銀環，餘同五梁冠。諸司三品，御史臺四品，兩省五品侍祠、朝會則服之。御史大夫、中丞則冠有獬豸角，衣有中單。

兩梁冠：犀角簪導，銅劍、佩，練鵲錦綬，銅環，餘同三梁冠。四品、五品侍祠、朝會則服之。

六品以下無中單，無劍、佩、綬。御史則冠有獬豸角，衣有中單。

袴褶紫、緋、綠，各從本服色，白綾中單，白綾袴，白羅方心曲領，本品官導駕，則騎而服之。

從上述的記載中我們可以得知，宋初百官的服飾依職務的高低，可以粗分為三大類：第一類為五梁冠，僅限於一、二品官員穿戴，地位相當於正副宰相；第二類為三梁冠，為

▲宋佚名〈折檻圖〉中大臣向皇帝進奏的情景。其中官員頭戴進賢冠，身穿朝服，佩革帶

▲傳宋蕭照〈瑞應圖〉「四聖護佑」中宋高宗上馬出行的情景

三、四、五品官員穿戴；第三類為兩梁冠，一般為六品以下官員穿戴。

在宋代官員的冠帽中，貂蟬冠最為尊貴。貂蟬冠簡稱為貂冠，為朝冠。所謂貂蟬，是指侍臣及大臣禮冠上所插的貂尾和金蟬兩種飾物。此冠用藤絲織成，外面塗漆，其形正方，左右有用細藤絲編成如蟬翼般的二片，飾以銀，前面有銀花，上綴有黃金附蟬。南宋以後改為玳瑁附蟬，左右兩側各為三枚白玉小蟬，並有玉鼻在左旁插以貂尾，所以稱為貂冠籠巾，為三公、親王等達官貴顯所戴的冠帽。如宋敏求《春明退朝錄》卷下載：「丁

▲宋佚名〈菩薩立像〉中穿官服的男子

▲宋佚名〈卻坐圖〉中頭戴進賢冠、身穿朝服的官員

▲寧波東錢湖南宋墓前文臣石像

晉公、馮魏公位三公、侍中，而未嘗冠貂蟬。」

進賢冠早在漢代便已流行於世，至宋代仍然盛行，但其形制與漢、唐兩代相比，已經發生了不少變化。宋代的進賢冠用漆布為主材做成，冠額上有鏤金塗銀的額花，冠後有「納言」，用羅為冠纓，垂於頷下而結之。再用玳瑁、犀牛角或其他角製的簪導橫貫冠中。冠上有銀地塗金的冠梁。其梁數在宋代多有變化，宋初分為五梁、三梁、二梁三種；至元豐後，又分為七梁、六梁、五梁、四梁、三梁、二梁七等。其中，第一等七梁，加貂蟬籠巾、貂鼠尾、立筆；第二等無貂蟬籠巾；第三等六梁；第四等五梁；第五等四梁；第六等三梁；第七等二梁（《宋史·輿服志四》）。

▲宋代文臣畫像

▲宋歐陽修官服畫像

▲宋范仲淹畫像

獬豸冠，因冠梁上有象徵獬豸角的裝飾而得名。獬豸，是古代傳說中的一種獨角神獸，似羊非羊，似鹿非鹿。相傳，獬豸頭上有一角，性忠，能辨曲直，見人相鬥，則以角觸邪惡無理的人。所以，楚文王制定冠制時，將象徵獬豸角的裝飾綴於冠上，估計是希望戴冠者能像獬豸神獸一樣，明辨是非、忠貞不渝。由於這種冠是御史等執法官吏所戴，冠上通常以鐵製成冠柱，寓意戴冠的執法者堅定不移、威武不屈，所以也被稱為法冠、鐵冠。它的梁數、獬豸角，同樣按其本官的品級而定。御史大夫用金，侍御史用犀牛角，侍御史以下用羚羊角。

除朝服外，宋代官員平常所穿的服飾，叫常服，又稱為省服、公服。其樣式也是承襲唐代而來，一般是曲領（圓領）、大袖，下裾加一橫襴，腰間束以革帶，頭上戴襆頭，腳上穿靴或用黑革而仿履制加以靴統的革履。其服色，也以不同顏色區分品官的高低。

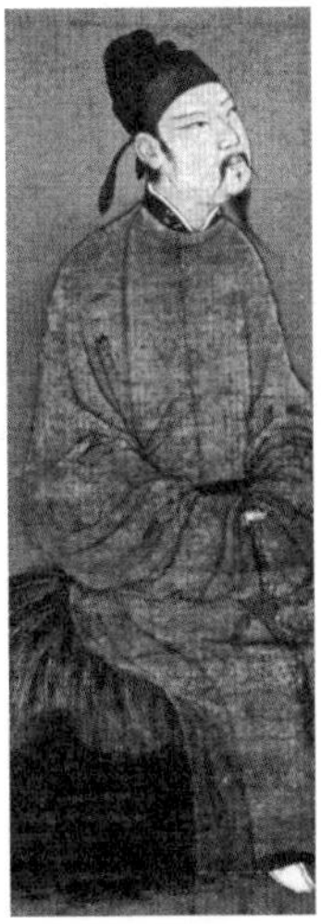
▲宋趙佶〈聽琴圖〉中戴軟腳襆頭、身穿便服的文官

▲宋趙佶〈聽琴圖〉中頭戴軟腳襆頭、身穿便服的文官

▲宋劉松年〈十八學士圖卷〉中的文官服飾

三品官以上為紫色，五品官以上為朱色，七品官以上為綠色，九品官以下為青色。如三品以上官員所穿的「紫褶」，就是一種紫色的袍服。司馬光《溫公日記》載：「英宗之喪，歐陽公（修）於衰絰之下服紫地皂花緊絲袍以入臨。」到了元豐年間，服色略有更改，四品以上紫色，六品以上緋色，九品以上綠色。

宋代的襆頭是由頭巾發展而來，是當時朝服中最有特色、最有創新的首服。上自帝王，下至文武百官，除了參加重大的祭祀典禮及朝會的時候需要戴冕冠之外，一般都戴襆頭。起初以藤或草編成的巾子為裡，外面用紗，塗以漆，後來人們覺得漆紗過硬，遂去掉裡面的藤，前為一折，平施兩腳，以鐵為之。種類甚多，分為直腳、局腳、交腳、朝天、順風五等。襆頭的名稱很多，北宋時有軟腳襆頭、花腳襆頭、天角襆頭、高腳襆頭、卷腳襆頭、弓腳襆頭、展腳襆頭、交腳襆頭、曲腳襆頭、宮花襆頭、牛耳襆頭、玉梅雪柳鬧鵝襆頭等。至南宋時，又出現了新形式的簪戴襆頭，即在襆頭上簪以金銀、羅絹等花。

襆頭又稱為「折上巾」、「折上巾子」、「四腳」等。據《宋史．輿服志三》載：襆

▲宋劉松年〈十八學士圖卷〉中文官所戴的軟腳襆頭

▲司馬光畫像

▲蘇軾畫像：頭戴巾（似為高桶帽），身穿大袖寬身、直領的鶴氅

頭的形制早在隋唐時期便已經出現。隋大業中，牛洪請著巾子，用桐木製成，內外皆漆。唐武德初，置平頭小樣巾子，開始以羅代繒，武后賜百僚絲葛巾子，中宗賜宰相內樣巾子，這些巾子都是「裹頭帛下著巾子耳」。至後周，則流行折上巾，即以餘帛折之而上繫，宋代人稱其為「襆頭小腳」，然止以軟帛垂腳。而所謂「四腳」，即指其有四帶。其中二帶繫腦後垂之，二帶反繫頭上，令曲折附頂，故此又稱為「折上巾」。因其所垂兩腳稍屈而上，人稱「朝天巾」；後來人們又稱兩闊腳短而銳的巾子為「牛耳襆頭」，即唐代人所謂的「軟裹」。到了後來逐漸演變為展腳襆頭，特別是直腳襆頭的兩腳在宋代中期以後越伸直長。其制度不一，完全是出於人的喜好而已。當然有時也有政治的需要（沈括《夢溪筆談》卷一；王得臣《麈史》卷上〈禮儀〉）。據說，之所以這樣做，主要是防止大臣在朝儀上竊竊私語。但至南宋時，襆頭的展腳

▲宋佚名〈睢陽五老圖〉中頭戴角巾、身穿白色內衣和玄色廣袖袍服的畢世長像

▲宋代官員服飾

▲ 宋佚名〈十八學士圖〉中的官員服飾

▲ 宋佚名〈十八學士圖〉中戴軟腳襆頭的文官

已開始短起來了，因此陳叔方《潁川語小》卷下說：「襆頭式範，與淳熙以前微有不同，祕閣奉藏藝祖御容，襆頭展腳，倍今之長，其制所未詳也。」

此外，宋代依照前代的制度，還有時服。所謂時服，即官員按照季節穿戴的服飾。時服分夏服、冬服兩種。在宋代，朝廷按慣例，在每年的端午節和十月一日兩天，或遇有皇帝的五聖節時，分別賜百官過夏、過冬的衣服。起初是只賜將相、學士、禁軍大校等，後在建隆三年遍賜文武百官及將校。所賜的衣服有袍、襖、衫、抱肚、勒帛、褌等。這種賜服大多是以各式有鳥獸紋樣的錦紋衣料製成的。近臣軍校增給錦襯袍，中書、門下、樞密院、宣徽院、節度使及侍衛步軍都虞候以上，皇親大將軍以上，為天下樂暈錦；三司使、學士、中丞、內客、省使、駙馬、留後觀察、皇親將軍、諸司使、廂主以上，為簇

▲ 宋李公麟《孝經圖卷》第十六章〈應感〉中的官員服飾

▲ 宋李公麟《孝經圖卷》第十五章〈諫諍〉中的文官服飾

四盤雕細錦；三司副使官觀判官，為黃獅子大錦；防禦使團練使、刺史、皇親諸司副使，為翠毛細錦；權中丞、知開封府、銀臺司審刑院及待制以上、知檢院鼓院、同三司副使、六統軍、金吾大將軍，為紅錦。諸班及諸軍將校亦賜窄錦袍，內又分翠毛、宜男、雲雁細錦、獅子、練鵲、寶照大錦、寶照中錦七等。應給錦袍的官員，都是五件公服，即錦寬袍、綾、絹汗衫、褲、勒帛。丞郎、給舍、大卿監以上不給錦袍者，加以黃綾繡袍肚。其次四件，無錦袍係大將軍及少卿監郎卿以上等官。其次三件，無褲，係將軍知雜御史至大理正等官。其次二件，無勒帛，係通事舍人、承制崇班等官，小內職汗衫以綾，小文臣以絹。閤門祗候、內供奉官至殿直京官、編修、校勘，止給公服，端午亦給應給錦袍者，汗衫以黃穀，別加繡袍肚、小扇。誕聖節所給，如時服，京師禁廂軍校衛士、內諸司胥吏及工巧等人，並皆給時服有差。朝官京官內職出為外任通判監押巡檢以上者、大藩府監務者，亦或給之。

質地輕薄的紗羅製成的紗袍，又稱為紗公服，其服式有圓領大襟、斜領大襟等數種，一般在炎熱的夏季穿著。因其有傷觀瞻，曾受到正統理學家的非議，並一度被統治者禁止。但由於其具有穿戴方便、輕薄涼爽等優點，仍在社會上有一定的市場。

時服中的「抱肚」，一稱為「包肚」或「袍肚」、「裹肚」，為包裹在腰部的一種服飾。通常以納帛、彩帛為材料製成，制為闊幅，四角圓裁，考究者施以彩繡，周圍鑲有邊飾。使用時加在袍衫之外，由身後繞至身前，用革帶、勒帛等繫束。初施於武士，後文武官員通用。其中官吏所用者通常由朝廷頒賜，但色彩及紋樣有專門的規定。如《宣和遺事》：「是時底王孫公子，才子佳人，男子漢都是子頂背，帶頭巾，窣地長背子，寬口袴，側面絲鞋、吳綾襪，銷金裹肚，妝著神仙。」陳元靚《歲時廣記》卷十二：「升朝官已上賜公服襯衫，大夫已上加袴，從官又加黃繡裹肚，執政又加紅繡裹肚三襜。」

隨著服式的豐富，宋代官服上的配飾也是越來越多了，腰帶和魚袋就是其中的典型代表，且有明確的等級之分。腰帶是腰佩的主要組成部分。腰帶可以分成兩類：一類是以皮革為之，稱革帶，帶首綴以鉤鐍，尾端垂頭，帶身飾以金、銀、玉、犀角、銅、鐵、石、

◀ 宋金處士〈十王圖軸〉之轉火輪中的下層官員服飾

▲ 宋金處士〈十王圖軸〉之閻羅王中的宋代官吏服飾

墨玉之類材料製成的牌飾，並以帶「銙」質料、形狀及數量區別等級，為官僚的專用品。如王得臣《麈史》卷上〈禮儀〉載：「古以韋為帶，反插垂頭，至秦乃名腰帶。唐高祖令下插垂頭，今謂之『撻尾』是也。今帶止用九胯，四方五圓，乃九環之遺制。胯且留一眼，號曰『古眼』，古環象也，通以黑韋為之。常服者，金、玉、犀則用紅韋，著令品制有差，豪貴侈僭，雖非經賜，亦多自服。至和、皇祐間為方胯，無古眼，其稀者目曰『稀方』，密者目曰『排方』，始於常服之。比年士大夫朝服亦服撻尾，始甚短，後稍長，浸有垂至膝者，今則參用，出於人之所好而已。」據王栐《燕翼詒謀錄》卷一所載，宋初士庶所服的革帶未有定制，大抵是貴者用金，賤者用銀，富者尚侈，貧者尚儉。到了太平興國七年正月壬寅，詔三品以上銙以玉，四品以金，五品、六品銀銙金塗，七品以上並未常

▲宋金處士〈十王圖軸〉之轉火輪中的官員服飾

▲宋金處士〈十王圖軸〉中的官員服飾

參官並內職武官以銀；如果是皇帝所特賜，則不拘此令。八品、九品用黑銀，即時人所謂的「藥點烏銀」。流外官、工商、士人、庶人，則用鐵、角二色。岳珂《愧郯錄》卷十二〈文武服帶之制〉則詳細記載了文武官員的服帶制度：「國朝服帶之制，乘輿、東宮以玉，大臣以金，親王、勳舊間賜以玉，其次則犀、則角，此不易之制。考之典故，玉帶、乘輿以排方，東宮不佩魚，親王佩玉魚，大臣、勳舊佩金魚。金帶有六種：毬路、御仙花、荔枝、師蠻、海捷、寶藏。金塗帶有九種：天王、八仙、犀牛、寶缾、師蠻、海捷、雙鹿、行虎、窪面。金束帶有八種：荔枝、師蠻、戲童、海捷、犀牛、胡荽、鳳子、寶相花。金塗束帶有四種：犀牛、雙鹿、野馬、胡荽。犀帶有二種，以牯、牸為別。自金帶而下，凡為種二十有七，朝章之辨盡於此矣。祖宗時，凡新除恩慶，宰臣、樞密使、知樞密院事、參知政事、樞密副使、同知樞密院、簽書同簽書樞密院事，賜金笏頭二十五兩帶，副以魚袋，武臣御仙花帶，無魚袋。使相、節度使、宮觀使、觀文殿大學士，曾任宰相者即賜金笏頭二十五兩帶，副以魚袋；餘只賜御仙花帶，無魚袋。三司使（權及權使公事同）、觀文殿學士、資政殿大學士、翰林學士承旨、翰林學士、資政殿、端明殿、翰林侍讀侍講、龍圖、天章、寶文閣、樞密直學士、龍圖、天章、寶文閣直學士、御史中丞（兼、守並同），並賜金御仙花二十兩帶。知制誥賜牯犀帶，副以金魚。凡出使，見任中書、樞密使，曾任宰相，并使相、節度使，賜金御仙花二十五兩束帶。宣徽使、曾任中書樞密院、充諸路都總管、安撫使，賜金御仙花二十兩束帶。節度觀察留後、觀察使，賜金御仙花二十兩束帶。正任防禦使至刺史、內客省使至閤門使、延福宮使至昭宣使，充諸路路分、一州總管、鈐轄、沿邊知州軍、安撫，賜金御仙花二十兩束帶，諸司使充者十五兩。客省、引進、閤門副使、諸司副使、內侍省內侍押班充諸路沿邊路分鈐轄，賜金御仙花十五兩束帶。文臣換武臣，並賜塗金銀寶餅十五兩帶。御前軍班換前班，並賜塗金銀帶。諸司使，寶餅二十兩。副使至崇班，寶餅十五兩。供奉官至殿直，荔枝十兩。奉職、借職，雙鹿八兩。堂後官新除，賜塗金銀寶餅十五兩帶。伎術官雖服紫、綠，皆給銀帶。」從上面的記載中可以看出，宋代腰帶的製作非常講究。腰帶的顏色更是豐富多彩，有紅、黃、紫、鵝黃等。

▲宋金處士〈十王圖軸〉之轉世為牲畜中的官員服飾

▲宋金處士〈十王圖軸〉之普通官員服飾

凡服色用紫色或緋色者，都加佩魚袋，魚袋是宋代公服上的一種佩飾。如明沈德符《萬曆野獲編》卷一三說：「唐宋士人，腰帶之外，又懸魚袋，為金為銀，以別等威。」又趙升《朝野類要》卷三〈賜借緋紫〉載：「本朝之制，文臣自入仕著綠，滿二十年，換賜緋銀魚袋。又滿二十年，換賜紫金魚袋。又有雖未及年，而推恩特賜者，又有未及，而所任職不宜緋綠，而借紫借緋者，即無魚袋也。若三公三少，則玉帶金魚矣，惟東宮魚亦玉為之。」

宋代文武官員的靴、履、舄制，初期同樣沿襲前代。在朝會時用靴，稱朝靴。至政和年間更定禮制，改靴用履。至乾道七年，復改用靴。但靴制則參用履制，用黑的皮革製作，大抵參用履制，唯加以靴統，裡面襯以氈，高八寸。因以皮革製成，故又名「皮鞋」。但據趙彥衛《雲麓漫鈔》卷三記載，宋代的皮鞋不用帶線。貴族及文武大臣在受朝、拜陵及禮見時則要著黑色的皮履，時人稱為「皂皮履」。但依各官職所穿的服色，如服綠者用綠色，服緋色者用緋色，服紫者用紫色，來飾其邊縫滾條。複底而有用木者稱為舄，則在祭服時穿用。其鞋式有雲頭鞋、梟舄等。

五 軍戎服飾

宋代的軍戎服飾是在五代的基礎上經過改變而形成的。從其使用上來說，可以分為兩種：一種是用之於實戰的，另一種則是用於鹵簿儀衛方面的。用於實戰的軍服，又可分為以下數種：一種是頭上戴的叫做盔，也稱兜鍪；二是身上披掛的鎧（或稱甲）；三是平常所穿的袍衫。

盔和甲主要是用金屬和皮革製成，其中用鐵做的首盔和鎧甲叫鐵盔、鐵鎧或金甲、鐵甲、鋼甲。這種鎧甲在宋代軍服中頗為普遍和常見，如宋帝賜吳越國王錢俶騎軍鋼甲二百、步軍甲五千等。又如，宋初平定江南的宋將曹翰曾賦詩說：「曾為國難披金甲。」因金屬屬冷性物質，故在冬天，特別是在寒風徹骨的北方邊疆，將士穿上鐵甲，猶如身上披掛上冰塊，冷得要命。北宋歐陽修詩中所說的「須憐鐵甲冷徹骨，四十餘萬屯邊兵。」之句，便指此。皮做成的盔和甲，分別叫做皮笠子、皮甲。皮甲是一種以皮革作甲片，上附薄銅或鐵片製成的重量較輕的軟甲。這種皮甲在考古資料中也可見到，如上海博物館收

▲宋代武士復原圖（劉永華《中國古代軍戎服飾》）

▲宋李公麟〈免冑圖〉（局部）

藏的一座真人大小的石刻天王像，其身上的鎧甲，披膊用的山紋鐵甲片，身甲的大部分可能是皮革所製（胸、腹部的圓護甲外）。束甲仍是使用唐代時那種縱橫十字形的方法，帶為雙帶扣雙尾革帶。以皮製作兜鍪在宋代也頗為常見，如《夢粱錄》卷五〈駕詣景靈宮儀仗〉：「鹵簿儀仗……介胄跨馬之士……或以皮為兜鍪者。」敦煌宋代石窟壁畫武士頭上所戴的飄帶，乃是藝術上的加工。此外，也有用黃金、銅和紙等材料製成的盔甲。黃金製的盔甲主要供帝王使用，其象徵意義大於實用價值。如宋神宗率軍征討契丹時就穿了黃金甲。又《武林舊事》卷二〈御教〉載：「上御金裝甲胄，登將壇幄殿，鳴角戒嚴。」除了用金屬和皮革製作盔甲外，還有一種用極其柔韌的紙做的甲，稱紙甲。如仁宗康定元年

（一〇四〇），宋帝詔江南、淮南州軍造紙甲三萬副。做法是用極柔的紙加工錘軟，疊厚三寸，在方寸之間布以四個釘，如遇雨水漫濕，則銃箭不能穿透。除了這種全身披掛的鎖甲外，另有一種只掩前胸和後背的叫做襠甲。

宋代鎧甲的種類較多，根據《宋史・兵志》等記載，主要有金裝甲、長齊頭甲、短齊頭甲、金脊鐵甲、連鎖甲、鎖子甲、黑漆順水山字鐵甲、光明細鋼甲等多種，其中連鎖甲與鎖子甲相類。《宋史・兵志》記載：「至道二年，詔先造光明細鋼甲以給士卒。」，「南

▲宋李公麟〈免胄圖〉（局部）

▲宋李公麟〈免胄圖〉（局部）

◀浙江寧波東錢湖南宋墓前盔甲武士石像

北作院歲造塗金背鐵甲等三萬二千，皇祐元年，知澧州供備庫副使宋守信獻黑漆順水山字鐵甲。」岳飛有鎖子甲、兜鍪。此外，宋代文獻中又有重甲、輕甲、硬甲、軟甲等之分。關於其形制，曾公亮等編的《武經總要》就載有五領鎧甲的插圖，於此可見當時鎧甲之一斑。在這五領甲胄中，第一領當為將帥所用，另外四領為普通軍官和士兵所用。從圖上可以清楚地看出，宋代甲胄的胸、腹甲和腿裙、鶻尾連成一體，展開時形成一個平面；背甲分成左右兩片段，在中間用紐扣或布帶束扣。胸甲上緣有兩根肩帶以連接背甲，這是五代以來的兩件套鎧甲、披膊和護肩作為另一件的形象在這裡表現得更為清楚和容易理解（參見劉永華《中國古代軍戎服飾》，上海古籍出版社，一九九五年版，頁一〇二）。

宋代首盔的種類也較多，見於文獻記載的有猊鍪等。如南宋抗金名將韓世忠製連

▲浙江寧波東錢湖南宋墓前武士石像。兜鍪、披膊、胸甲、甲身

鎖甲、狻猊鍪。他同金人在建康（今江蘇南京）作戰時，其部下都是金裝，戰馬皆鐵面皮甲。

宋代盔甲的形制與前代基本相同。據《宋史・兵志》記載，是時全副盔甲共有一八二五片甲葉，其結構分為披膊、甲身、腿裙、鶻尾、兜鍪和兜鍪簾、杯子、眉子等，均用皮線穿聯。由於結構複雜，故一副鐵鎧甲有重至四十九斤左右的。鎧甲的製作技術也不斷提高，宋初所製的鎧甲尚無襯裡，容易磨傷肌體，後來工匠在製作時襯以紬作為裡子，這樣就比過去改進了一步。又如自渡江以後，南宋將臂肘間轉伸處的鐵葉改用皮製，以便於

▲宋劉松年〈中興四將圖〉（局部）

▲宋劉松年〈中興四將圖〉中將士的便服。居左者為戴四帶巾、穿圓領窄袖袍、腰束銙帶的韓世忠。旁邊為佩劍、弓箭的武官，腰部有捍腰

▲宋劉松年〈中興四將圖〉中佩劍、弓箭的侍衛官

▲宋劉松年〈中興四將圖〉中的侍衛官

▲宋劉松年〈中興四將圖〉中的侍衛官：外繫繡抱肚、革帶

▲傳宋〈瑞應圖〉「四聖護佑」中的宮中侍衛

▲宋佚名〈卻坐圖〉中的宮廷侍衛

▲宋李公麟《孝經圖卷》第十五章〈諫諍〉中的宮中侍衛：戴襆頭，身穿窄袖長衫

屈伸。鑑於過去的盔甲較重，畢再遇創製了一種輕甲，長不過膝，披不過肘，同時亦將兜鍪減輕。

在作戰、日常巡邏及儀仗出行時，也有穿用比較輕捷靈便的軍士裝束，如戰襖、戰袍等。如《宣和遺事．前集》載：「急點手下巡兵二百餘人，人人勇健，個個威風，腿繫著粗布行纏，身穿著鴉青衲襖，輕弓短箭，手持著悶棍，腰胯著環刀。」

袍和襖只是長短的不同，都是一種緊身窄袖而比較短的、便於行動的裝束。宋太祖戒禁兵的衣長不得過膝，宋人「山僧見我衣裳窄，知道新從戰事來。」詩句，便指此。也有在袍、襖上加上抱肚或裲襠甲的（參見周錫保《中國古代服飾史》，中國戲劇出版社，一九八四年版，頁三一五）。

宋代的軍戎服飾，儀仗的甲冑又稱為「五色介冑」，是一種裝飾非常華麗的甲冑。這種「五色介冑」的製作，據《宋史．儀衛志六》記載：「甲以布為裏，黃絁表之，青綠畫為甲文，紅錦緣，青絁為下群，絳韋為絡，金銅鈌，長短至膝。前膺為人面二，自背連膺，纏以錦騰蛇。」由此可見，宋代儀衛中軍士們所穿的甲冑，形式上是仿軍士的，只是用黃絁（即粗帛）為面和以布做裡子，以青綠畫成甲葉的紋樣，並加紅錦緣邊，以青絁為下裙，紅皮為絡帶，長短至膝，前胸繪有人面二眼，自背後至前胸纏以錦帶，並且有五色彩裝。毫無疑義，這種裝束華麗的甲冑只能用於儀衛，而無實用的價值。

▲宋劉松年〈中興四將圖〉中的岳飛

▲宋劉松年〈中興四將圖〉中的張俊

▲宋劉松年〈中興四將圖〉中的劉光世

此外，儀仗衛士或武士則流行穿各種繡花袍，著大口褲、練褲，《宋史．儀衛志六》載：「大駕鹵簿巾服之制……朱雀隊執旗及執牙門旗，執絳引幡、黃麾幡者，並服緋繡衫、抹額、大口袴、銀帶……執龍旗及前馬隊內執旗人，服五色繡袍，銀帶、行縢、大口袴。執弓箭、執龍旗副竿人，服錦帽、五色繡袍、大口袴、銀帶。」又《宋史．禮志二十五》：「挽郎服白練寬衫、練裙、勒帛、絹幘。」

宋代的軍戎裝束，除上述的甲冑和兜鍪外，軍隊中的武官仍沿襲舊制，著一種專用的武冠。而武士或儀衛則流行抹額。所謂抹額，就是將不同顏色的布帛剪成條狀，然後繫在額間以作標誌。

褌褶冠為北宋末年鼓吹令、丞所戴的一種冠。《宋史．儀衛志六》載：「宣和元年，禮制局言：『鼓吹令、丞冠，又名袴褶冠。今鹵簿既除袴褶，冠名不當仍舊，請依舊記如《三禮圖》委貌冠制。』從之。」

錦帽、花帽、素帽、纈帽、帖金帽、鵝帽，則用於宮中儀衛。如《宋史．儀衛志一》載：「執銆人並錦帽。」花帽由花羅、綵錦等製成，如周密《武林舊事》卷三〈西湖遊幸〉云：「內有曾經宣喚者，則錦衣花帽，以自別於眾。」素帽、纈帽分別以白色素羅、纈帛製成，故名。《宋史．儀衛志一》載：「小行旗三百人，素帽……五色小氅三百人，儀鍠四十人，皆纈帽。」貼金帽、鵝帽則分別以貼金工藝和鵝毛裝飾帽頂，故名。

六　一般男子服飾

除了上述官定的帝王和官員在朝會、祭祀等重大典禮上穿戴的正式官服外，他們在平時或私下的場合所穿的服飾，致仕告老還鄉後所穿的服飾，以及一般平民百姓所常穿戴的服飾，都屬於一般服飾的範疇。

宋代男子最流行的服裝是衫，有帽衫、涼衫、紫衫、襯衫、襴衫五種。

帽衫是北宋文人士大夫交際時所穿的一種服裝，由烏紗帽、皂羅衫、角帶等組成。南渡後因一變為紫衫，再變為涼衫，從此以後穿著帽衫的人比較少見，唯士大夫家冠婚、祭祀猶有人穿著。如果是國子生，則常穿戴之。

涼衫是北宋中期都城中內臣或班行，為方便騎馬出行，製褐袖為涼衫，

▲宋代加彩男俑。頭戴方形黑帽，身著長袍，腰繫玉帶，足穿翹尖黑鞋

蒙在朝服外，以防止灰塵的襲擊。涼衫以褐綢為材料製成，以代氅袍。這種涼衫的顏色一般為素白，故時人又稱為白衫或白涼衫。後來這種服裝漸及士大夫，不久，兩府的官員亦仿效，甚至正郎署中免靴者服之尤眾。沈括《夢溪筆談》卷二〈故事二〉認為，「近歲京師士人朝服乘馬，以黲衣蒙之，謂之『涼衫』，亦古之遺法也。」南宋以後，涼衫極為普遍。李心傳《建炎以來朝野雜記．甲集》卷九〈紫衫〉便載：「自軍興，士大夫始衣紫窄衫，上下如一。紹興九年八月甲子，詔公卿、長吏毋得以戎服臨民，復用冠帶。然迄不行。秦檜之死，魏道弼秉政，復舉行之。論者以為擾，士人貧者尤患苦之。未幾，道弼為臺諫所攻，遂罷。攻章中數事，此其一也。於是紫衫既廢，士大夫皆服涼衫。」《朱子語類》卷九一〈禮八〉也載：「宣和末，京師士人行道間，猶著衫帽。至渡江戎馬中，乃變為白涼衫。紹興二十年間，士人猶是白涼衫，至後來軍興又變為紫衫，皆戎服也。」

與涼衫相配的帽子，稱為「衫帽」，是宋代士大夫出行時所用的首服。張端義《貴耳集》卷上載：「自渡江以前，無今之轎，只是乘馬，所以有修帽護塵之服。士皆服衫帽涼衫為禮。」由此可見，其制是從過去的帷帽發展而來，流行於宋代。

涼衫之後，紫衫又成為下吏之服。如袁文《甕牖閑評》卷六說：「今之紫衫，下吏之服也。自南渡以前，士大夫燕服止是冠帶，惟下吏便於趨走，則服紫衫。既而金人南下，兵革擾攘，以冠帶不甚輕便，士大夫亦服紫衫，且欲便事，不以為非也。迨紹興末，有臣僚上言：『今天下承平，而百官如擾攘時常服紫衫，不稱。』於是朝廷之上、郡縣之間，悉改服涼衫純白之衣，未幾顯仁升遐，亦其驗已。又有臣僚上言：『涼衫近喪服，不可用，仍合只用紫衫。』故至今皆服而不疑。天下事固有循習之久而不可改者，如本朝衣制，亦嘗屢更矣。獨恨前後臣僚既言紫衫、涼衫不可用，而略無一言仍用冠帶，坐使承平之風，不復見於後世，豈不重可歎哉！」由此可見，紫衫原用於軍校之服，南宋初年因戰爭頻繁，文人士大夫因其輕便，也紛紛仿效，一時蔚然成風，號為穿衫、尺巾。公卿皂隸，下至閭閻賤夫，皆一律如此。紹興年間，統治者覺得紫衫有「以戎服臨民」之嫌，一度加以禁止。至乾道初，禮部侍郎王曮奏：「竊見近日士大夫皆服涼衫，甚非美觀，而以交際、居官、臨民，純素可憎，有似凶服。陛下方奉兩宮，所宜革之。且紫衫之設以從戎，故為之禁，而人情趨簡便，靡而至此。文武並用，本不偏廢，朝章之外，宜有便衣，仍存紫衫，未害大體。」（《宋史．輿服志五》）於是又廢除此禁，將紫衫用作士人便服。

毛衫在北宋都城開封的士大夫中盛行一時。宋葉寘所撰的《愛日齋叢鈔》卷五就記載了這樣一個故事：徐鉉隨後主歸附宋朝，在京城開封見士大夫寒日多披毛衫，覺得怪異，大笑，並對旁邊的人說：「中朝自兵亂之後，其風未改荷氈被毳，實繁有徒，深可駭也。」有一天他入朝，遠遠看見其女婿吳淑亦披著毛裘歸家，遂把他招到面前，責備他說：你是來自吳地的讀書人，怎麼也像他們一樣披著毛裘？吳淑回答說：早晨這裡天氣實在寒冷，

▲宋佚名〈會昌九老圖〉中宋代野老閒居時的服式：戴高裝巾子，穿右衽廣袖袍

▲宋佚名《女孝經圖卷》中穿寬大褐衣的男子

▲宋佚名《女孝經圖卷》中穿寬大褐衣的男子

▲宋佚名〈松蔭論道圖〉中的儒生

▲宋劉松年〈圍爐圖〉中著皂衫的文人

▲宋張激〈白蓮社圖〉中穿褐衣的士人

有點吃不消，加上朝中官員大多是披著毛裘抗冷的。徐鉉聽後，嚴肅地對女婿說：讀書人只要有操守的一定不會披服，你有點強詞奪理。後來徐鉉到新平，這裡的天氣比京城開封更加寒冽，恰好門人鄭文寶在這裡擔任轉運使之職，鄭文寶聽說老師來了，便早早到半途去迎。見到老師徐鉉衣服單薄，他連忙把身上所披的褐裘脫下來，遞給徐鉉，但徐鉉客氣地謝絕了，最後為寒氣所傷，下痢而死。這種以毛織物製成的衣服，又稱為「蒙衫」、「氁衫」。如俞琰《席上腐談》卷上載：「今之蒙衫，即古之毳衣，蒙謂毛之細軟貌，如《詩》所謂『狐裘蒙茸』之蒙，俗作氁，其實即是毛衫，毛訛為蒙，蒙又轉而為氁。」

襴衫同樣是士人的禮服，其制據《宋史．輿服志五》載，以白細布為材料製作而成，圓領大袖，下施橫襴為裳，腰間有襞積（打裥）。進士及國子生、州縣生，穿戴此服。其色有白襴等種。白襴為舉子所創，龐元英《文昌雜錄》卷五載：「令緋士淝等數人應進士舉，取解別試，所衣白襴，一時新事也。」王禹偁〈寄碭山主簿朱九齡〉詩：「利市襴衫拋白紵，風流名紙寫紅箋。」（王禹偁《小畜集》卷七）太平興國七年（九八二），李昉奏請皇上加以禁止。

宋代文人致仕閒居時還喜歡穿野服。所謂野服是一種有別於禮服的服裝。張世南《遊宦紀聞》卷八載：「朱文公晚年居考亭，便於野服。」朱熹穿野服是因為「近緣久病，艱於動作，詘伸俯仰，皆不自由，遂不免遵用舊京故俗，輒以野服從事。」然而「上衣

▲宋李公麟〈維摩演教圖〉中的文人服飾：戴東坡巾，巾下戴小冠，身著道衣，腰束以條

▲宋李公麟〈維摩演教圖〉中裹巾的居士

▲宋張激〈白蓮社圖〉中的士人服飾：身穿上衣下裳，前垂大帶或縚

下裳，大帶方履，比之涼衫，自不為簡。其所便者，但取束帶足以為禮，解帶可以燕居，免有拘絆纏繞之患、脫著疼痛之苦而已。」又費袞《梁谿漫志》卷四〈毗陵東坡祠堂記〉載：「於士夫家廣摹畫像，或朝服，或野服，列於壁間。」羅大經《鶴林玉露．乙編》卷二曾載野服的樣式：我曾於趙季仁家中，見其服上衣下裳。衣服的顏色用黃、白、青都可以，直領，兩帶結之，緣以皂，像道服一樣，長與膝齊。裳必用黃，中及兩旁皆四幅，不相屬，頭帶皆用一色，取黃裳之義。別以白絹為大帶，兩旁以青或皂緣之。見儕輩則繫帶，見卑者則否。時人稱為野服，又稱為便服。

深衣為一種衣裳合在一起、前後深長的衣服，始行於先秦士人，但後來曾一度不流行。至宋代時，深衣又開始在士大夫中流行起來。

▲宋張激〈白蓮社圖〉中的士人服飾

▲宋佚名〈維摩圖〉中的居士服飾

如北宋司馬光曾依《禮記》做深衣自穿，為此邵雍非常反感，認為「某為今人，當服今時之衣。」（邵伯溫《邵氏聞見錄》卷一九）此後，南宋著名理學家朱熹亦作深衣之制，用白細布，度用指尺，衣全四幅，其長過脅，與下面的裳連在一起，「圓袂方領，曲裾黑緣。」於冠婚、祭祀、宴居、交際時穿著，一時深受士大夫的喜愛。慶元年間，朱熹受到排擠，這種服裝也被反對派指斥為「妖服」，穿著的人迅速減少，趨於式微，故宋末理學家金履祥再一次力倡恢復，並親自寫了一篇《深衣小傳》，認為其制符合《周禮》「規矩準繩」之義（《仁山文集》卷二）。

另外，道服也是士庶人喜歡穿的便服。這種服裝的形制如長袍，因領袖等處緣以黑邊，與道袍相似，故名。《宣和遺事・亨集》載：

▲宋姜夔坐像

▲宋李公麟〈維摩詰演教圖〉中的居士服飾

▲宋李公麟〈蓮社圖卷〉中戴東坡巾、穿褐衣的文人

「徽宗聞言大喜，即時易了衣服，將龍袍卸卻，把一領皂褙穿著，上面著一領紫道服，繫一條紅絲呂公絛。」

綿裘則是冬天流行的一種服裝。因衣內納有絮綿，故名。如周煇《清波雜志》卷五〈朔庭苦寒〉載：「使虜者，冬月耳白即凍墮，急以衣袖摩之令熱，以手摩即觸破。煇出疆時，以二月旦過淮，雖辦綿裘之屬，俱置不用。」

布袍為平民百姓及隱士所穿，而下層勞動人民一般穿皂衣、布衫等。白皂衫紗帽被時人視為下人的服裝，士大夫中如有人穿著這種衣服，必要遭到同行的譏諷和呵斥。張舜民《畫墁錄》記其兄弟穿「皂衫紗帽」時，范鼎臣就曾嚴厲訓斥：「汝為舉子，安得為此下人之服？當為白苧襴衫繫裡織帶也。」布衫是一種粗布上衣，闊袖，其與貴族和官僚華麗精緻的絲綢服裝形成了鮮明

▲宋劉松年〈羅漢圖軸〉信士問道圖中的信士服飾

▲宋張激〈白蓮社圖〉中送茶水的侍者

的對比。蓑衣則一般為勞動人民的穿著，又因這種蓑衣多由莎草製作而成，故又名莎衣。

背子是從北宋後期流行起來的一種服裝。自其興起後，社會各個階層都以此服為便。哲宗、徽宗都曾披服黃背子，北宋末年的宰臣也是「衣盤領紫背子，至宣和猶不變。」（陸游《老學庵筆記》卷二）程大昌《演繁露》卷三載：「今人服公裳，必衷以背子。背子者，狀如單襦，袷襖，特其裙加長直垂至足焉耳。」其制根據袖子可以分為以下三種形式：一是長袖；二是短袖；三是無袖。長袖背子又可分為兩種，一種袖長而大，前襟平行而不縫合，兩腋以下開衩；另

◀宋李唐〈村醫圖〉中的村人服飾

▲宋趙伯驌〈番騎獵歸圖〉（局部）

▲重慶大足南宋石刻沽酒男女

▲宋李唐〈村醫圖〉中裹巾的村醫

▲宋蘇漢臣〈貨郎圖〉

一種是在兩腋和背後都垂有帶子，腰間以勒帛束縛。如程大昌《演繁露》卷八〈褐裘背子道服襦裙〉載：「今長背既與裘制大同小異，而與古中單又大相似，殆加減其制而為之耳。中單腋下縫合，而背子則離異其裾。中單兩腋各有帶穴，其腋而互穿之，以約定裏衣。至背子，則既悉去其帶。惟此為異也。」又說：「今世好古而存舊者，縫兩帶綴背子腋下垂而不用蓋，放中單之交帶也。雖不以束衣而遂舒垂之，欲存古也。」短袖背子又稱半臂，高承《事物紀原》卷三引《實錄》載：「隋大業中，內官多服半臂除，即長袖也。唐高宗減其袖，謂之半臂，今背子也。」葉夢得《石林燕語》卷十載：「背子，本半臂，武士服，何取於禮乎？或云，勒帛不便於搢笏，故稍易背子，然須用上襟，掖下與背皆垂帶。余大觀間見宰執接堂吏，押文書，猶冠帽用背子，今亦廢矣。而背子又引為長袖，與半臂制亦不同。」周煇《清波雜志》卷三載：「東坡自海外歸毗陵，病暑，著小冠，披半臂坐船中。」無袖子者時人稱為背心，施德操《北窗炙輠錄》卷下載：「王沂公……在太學讀書時，至貧，冬月止單衣，無綿背心。」

與衣相比，宋代男子的裳則要簡單得多。貴族男子盛行穿戴綢、絹等製成的膝褲、紅裙等。如《宋史·禮志五》載：「紫衣紅裳，乘象輅，小會宴饗，餞送諸侯，臨軒會王公。」膝褲是一種脛衣，《朱子語類》卷一三一載：「秦太師（檜）死，高宗告楊郡王云：『朕今日始免得這膝袴中帶匕首。』」富貴人家則用細絹等製作褲子，謝薖〈次韻李成德謝人惠墨牛〉詩有「綺襦紈袴競奢豪」之句（《宋詩紀事》卷三三）。士子一般著襪頭褲，如孫光憲《北夢瑣言》卷十載：「蜀中士子好著襪頭袴。」而一般男子則著紗裙等，如《西湖老人繁勝錄》：「御

▲宋夏圭《山水卷》中的漁夫服飾

▲宋張激〈白蓮社圖〉中戴頭巾的士人

▲宋張激〈白蓮社圖〉中的戴方而正巾帽的文人

▲宋佚名〈維摩居士圖〉中包頭巾的居士

街撲賣摩侯羅，多著乾紅背心，繫青紗裙兒。」開襠褲是在脛衣基礎上發展起來的一種褲子。其特點是褲管上部連綴一襠，襠不縫合，上連於腰。穿著時有襠面在後。這種褲子在宋墓多有發現，如江蘇金壇、福建福州等地的宋墓中便有出土。

戴帽之風盛行於士大夫中。黑色的緇冠通常用作士人的禮冠，士大夫家冠婚、祭祀、宴居、交際時穿戴。其樣式，《朱子家禮》卷一有載：「緇冠，糊紙為之，武高寸許，廣三寸，袤四寸，上為五梁，廣如武之袤而長八寸，跨項前後著於武，屈其兩端各半寸，自外向內，而黑漆之。武之兩旁半寸之上竅以受笄。笄以齒骨，凡白物。」一道冠則為文人士大夫最為流行的便冠之一，邵博《邵氏聞見後錄》卷一說：「太母令奏殿下，祖宗以來，退朝燕閑不裹巾，只戴道冠。」又稱道帽，如朱彧《萍洲可談》卷三載：「世傳杜祁公罷相歸鄉里，不事冠帶。一日在河南府客次，道帽深衣坐席末。」低矮而小的小冠，常被男人們用作平時的便冠。如《宋史·輿服志三》載：「隆祐太后命內臣上乘服御，有小冠。太后曰：『祖宗閒居之所服也，自神宗始易以巾。願即位後，退朝上戴此冠，庶幾如祖宗時氣象。』」鐵冠是宋代隱士所戴的一種比較簡陋的冠。《宋史·雷德驤傳》：「簡夫始起隱者，出入乘牛，冠鐵冠，自號山長。……既仕，自奉稍驕侈，騶御服飾，頓忘其舊，里閭指笑之曰：『牛及鐵冠安在？』」

宋代不僅帽的式樣和名目十分繁多，而且用途也較多，可以保暖、防雨、擋風、遮日等。保暖禦寒之帽稱暖帽，如洪邁《夷堅乙志》卷二載：「是日，徙倚門閒，望一僧，頂暖帽，策杖而來，謂為庵中人。」宋代文獻常見的氈笠，也是一種暖帽，時人往往在冬天穿戴。《西湖老人繁勝錄》：「遇雪，公子王孫賞雪，多乘馬披氈笠，人從則油絹衣，氈笠紅邊。」其制從契丹傳入，故徽宗政和七年（一一一七）詔：「敢為契丹服若氈笠、釣墩之類者，以違御筆論。」又用裘毛皮製成的裘帽也是一種暖帽，王應麟《玉海》卷八二載：「乾德二年（九六四）十一月，（太祖趙匡胤）命王全斌等伐蜀。冬暮，大雪，上設氈帷於講武殿，衣紫貂裘帽以視事，謂左右曰：『我被服如此，體尚覺寒；西征將帥，沖犯霜霰，何以堪處？』即解裘帽，遣中黃門馳驛賜全斌。」風帽則以擋風為主，兼及防雨禦寒，如李光〈漁家傲〉詞：「海外無寒花發早，一枝不忍簪風帽。」

這些帽冠的製作材料也是五花八門，有金屬、玉、竹、木、琥珀、動物皮等類。金冠，宋白〈宮詞〉云：「去年因戲賜霓裳，權戴金冠奉玉皇。」鹿皮所製的冠稱鹿皮冠，如米芾《畫史》：「舊言士子國初皆頂鹿皮冠，弁遺制也。」竹冠，如《朱子語類》卷九一載：「竹冠，制惟偃月、高士二式為佳，他無取焉，間以紫檀、黃楊為之。」又有椰子冠，蘇軾〈椰子冠〉詩：「天教日飲欲全絲，美酒生林不待儀。自漉疏巾邀醉客，更將

▲宋李成〈寒林騎驢圖〉中戴風帽的出行者

▲宋梁楷〈雪景山水圖〉中戴笠帽和風帽的出行者

空殼付冠師。規摹簡古人爭看，簪導輕安髮不知。更著短簷高屋帽，東坡何事不違時。」（《蘇軾詩集》卷四一）漆冠是用漆紗製成的冠，趙令時《侯鯖錄》卷六載：「宣和五六年間……又急地綾漆冠子作二桃樣，謂之並桃，天下效之。」絮帽是納以綿絮之帽，龐元英《文昌雜錄》卷二載：「兵部杜員外……至岷州界黑松林，寒甚，換綿衣毛褐絮帽乃可過。」紙帽顧名思義是由紙製成的，一般在喪事中使用。如《宋史・禮志二十五》：「（至道三年）太宗崩……諸軍、庶民白衫紙帽。」

席帽、裁帽都是一種以藤席為骨架編成的笠帽，兩者的區別在於後者綴以皂紗，而前者則無，宋人常用其蔽日遮雨。因其具有輕便實用之特點，男女老少通用之。魏泰《東軒筆錄》卷一三載：「王朴為學士，居近浚儀橋，常便服，頂席帽。」但據葉夢得《石林燕語》卷三所載，宋代男人席帽、裁帽的佩戴有一定的制度：「今席帽、裁帽分為兩等：中丞至御史，與六曹郎中，則於席帽前加全幅皂紗，僅圍其半為裁帽；非臺官及自郎中而上，與員外而下，則無有為席帽，不知何義，而『裁』與『席』之名，亦不可曉。」

耳帽為宋代男子所戴的一種便帽，兩側有耳，可以翻下。陸游〈即事〉詩：「生來骨相本酸寒，天遣沙頭把釣竿。但稱山人攧耳帽，敢希楚客切雲冠。」（《劍南詩稿》卷八三）。

另外，市肆上有狼頭帽、銷金帽等出售。

時人還往往別出心裁，自創新樣，如王得臣《麈史》卷上〈禮儀〉說：「古人以紗帛冒其首，因謂之『帽』，然未聞其何制也。魏晉以來始有白紗、烏紗等帽。至唐汝陽王璡猶服研絹帽，後人遂有仙桃、隱士之別。今貴賤通為一樣，但徇所尚而屢變耳。始時惟以幞頭光紗為之，名曰『京紗帽』，其制甚質，其簷有尖而如杏葉者，後為短簷，才二寸許者。慶曆以來方服南紗者，又曰『翠紗帽』者，蓋前其頂與簷皆圓故也。久之，又增其身與簷皆抹上竦，俗戲呼為『筆帽』。然書生多戴之，故為人嘲曰：『文章若在尖簷帽，夫子當年合裹鎗。』已而又為方簷者，其制自頂上闊，簷高七八寸。有書生步於通衢，過門為風折其簷者。比年復作短簷者，簷一二寸，其身直高而不為銳勢，今則漸為四直者。」又有高簷帽，明曹臣《舌筆錄》卷四載：「米元章居京師，被服怪異，戴高簷帽。」這些紗帽價格不菲，江休復《江鄰幾雜志》便載：「近年都下裁翠紗帽，直一千。至於下俚，恥戴京紗帽。

▲宋劉松年〈鬥茶圖〉，表現的是下層平民百姓的服飾

禦帽例用京紗，未嘗改易也。」另外，溫公帽、東坡帽、伊川帽等都是宋代名士創製的帽。

溫公帽、伊川帽分別由北宋著名學者司馬光、程頤創製。趙彥衛《雲麓漫鈔》卷四載：「宣政間，人君始巾。在元祐間，獨司馬溫公、伊川先生以孱弱惡風，始裁皂紬包首，當時只謂之『溫公帽』、『伊川帽』，亦未有巾之名。」

東坡帽相傳由北宋蘇軾（字東坡）被貶時創製，以烏紗為之，高頂短簷，形似桶樣，時人又稱為子瞻帽、高桶帽、桶帽、子瞻樣、東坡巾、烏角巾、桶頂帽等，是宋代士大夫盛行一時的便帽。胡仔《苕溪漁隱叢話・前集》卷四十引《王直方詩話》：「元祐之初，士大夫效東坡，頂短簷高桶帽，謂之子瞻樣。」另

▲蘇軾畫像

▲司馬光坐姿石刻像

外，蘇軾還是宋代矮帽的始作俑者。宋呂祖謙《少儀外傳》卷下載：「崇寧初，衣服皆尚窄袖狹緣，有不如是者，皆取怒於時。故當時章疏有言：褒衣博帶，尚存元祐之風；矮帽幅巾，猶襲奸臣之體。蓋東坡喜戴矮帽，當時謂之東坡帽；黃魯直喜戴幅巾，故言猶襲奸臣之體也。」

除帽子外，宋代男子還盛行佩戴頭巾。此風始行於宣政年間。趙彥衛《雲麓漫鈔》卷四云：「國朝帽而不巾，燕居雖披襖，亦帽，否則小冠。……至渡江方著紫衫，號為穿衫，盡巾，公卿皂隸下至閭閻賤夫皆一律矣。」從巾的最初使用方式來看，原是「賤者不冠之服耳」（葉夢得《石林燕語》卷十），但至北宋末期，頭巾已成為社會各階層男子最為普遍的頭上佩戴品，正如《宣和遺事》所說：「是時底王孫、公子、才子、伎人、男子漢，都是子頂背帶頭巾，窄地長背子，寬口袴，側面絲鞋。」又《夢粱錄》卷

▲宋佚名〈大儺圖〉：表演者頭戴裝巾環的頭巾

▲ 宋馬遠〈西園雅集圖〉(局部)

十八〈民俗〉載:「且如士農工商諸行百戶衣巾裝著,皆有等差。……街市買賣人,各有服色頭巾,各可辨認是何名目人。」王得臣《麈史》卷上〈禮儀〉還記載了頭巾演變的過程:「其巾子先以結藤為之,名曰『藤巾子』,加楮皮數層為之裹。亦有草巾子者,以其價廉,士人鮮服。後取其輕便,遂徹其楮,作粘紗巾。近年如藤巾、草巾俱廢,止以漆紗為之,謂之『紗巾』,而粘紗亦不復作矣。其巾之樣始作前屈,謂之『斂巾』,久之,作微斂而已。後為稍直者,又變為後抑,謂之『偃巾』。已而又為直巾者,又為上下差狹而中大者,謂之『梭巾』。今乃製為平直巾矣。其兩腳始則全狹後而長,稍變又闊而短,今長短闊狹僅得中矣。」

宋代的頭巾,從形制來說,有幅巾、角巾之別。幅巾為方形,角巾指有棱角的頭巾。李上交《近事會元.襆頭巾子》云:「今宋朝所謂頭巾,乃古之幅巾,賤者之服。」角巾在宋代又稱為墊巾等,東坡巾就是一種以黑色紗羅製成的角巾。從其頂部折疊的方法來說,又有圓頂、方頂、磚頂、琴頂四種。另外，從米芾〈西園雅集圖〉中所繪當時士大夫常用的頭巾來看，有仙桃巾、幅巾、團巾、道巾、披巾、唐巾等。華陽巾為隱士逸人所戴的紗羅頭巾。相傳唐代詩人顧況（號華陽山人）晚年隱居山林，常戴此巾，故名。至宋代仍然流行，如《宋朝事實類苑》卷四一〈曠達隱逸〉載：「陳摶，周世宗嘗召見，賜號白雲先生。太平興國初，召赴闕……先生服華陽巾草屨垂縚，以賓禮見。」士大夫的頭巾，稱儒巾。如林景熙〈元日得家書喜〉詩：「爆竹聲殘事事新，獨憐臨鏡尚儒巾。」（《宋詩鈔》第三冊頁二九一〇）而隱士則往往佩戴以黑色紗羅製成的烏紗頭巾。如陸游〈晨至湖上〉詩：「荷香浮綠酒，藤露落烏巾。」（《劍南詩稿》卷五）結帶巾為宋代士人常用的一種頭巾。因此巾後綴有垂帶，故名。龔明之《中吳紀聞》卷六〈結帶巾〉載：「宣和初，予在上庠，俄有旨令士人繫結帶巾，否則以違制論，士人甚苦之，當時有謔詞云：『頭巾帶，難理會？三千貫賞錢新行條制。不得向後長垂，與胡服相類。法甚嚴，人甚畏，便縫闊大帶向前面繫。』」逍遙巾、接羅、綸巾、燕尾巾都是宋代士人喜愛的頭巾。逍遙巾因其形制較冠帽要便利得多，裹在頭上安然閒適，故名。米芾《畫史》：「今則士人皆戴庶人花頂頭巾，稍作幅巾、逍遙巾。」南宋韓世忠創製的「一字巾」，便是在逍遙巾的基礎上發展而來，故時人又名「逍遙一字巾」。洪邁《夷堅甲志》卷一〈韓郡王薦士〉云：「韓郡王既解樞柄，逍遙家居，常頂一字巾，跨駿騾，周遊湖山之間。」「接羅」是士人常用的一種白色

▲宋徽宗趙佶〈文會圖〉(局部)

頭巾，陸游〈晨起〉詩有「晨起憑欄歎衰甚，接羅紗薄髮颼颼。」之句（《劍南詩稿》卷十二）燕尾巾即雲巾，以其形似而出名，蘇軾〈謝人惠雲巾方舄二首〉詩：「燕尾稱呼理未便，剪裁雲葉卻天然。無心只是青山物，覆頂宜歸紫府仙。轉覺周家新樣俗，未容陶令舊名傳。鹿門佳士勤相贈，黑霧玄霜合比肩。」（《蘇軾詩集》卷二二）鶺鴒巾也是一種形如飛燕的頭巾，士人們常在夏季用來避暑蔽日。劉敞〈鶺鴒巾〉詩曰：「遠思意而子，因作鶺鴒巾。」並自注說：「余率意作之，以便當暑，其形制如燕也。」涼緇巾，「以竹絲為骨，如涼帽之狀，而覆以皂紗，易脫易戴，夏月最便。」（俞琰《席上腐談》卷上）。斜巾和四腳幅巾流行在喪事時佩戴。如《宋史．禮志二十五》載：「（太宗崩）禮官言：『群臣當服布斜巾、四腳……』」

北宋時，士大夫出行時還往往使用幅巾蓋頭，以避風塵之苦。帷帽創於隋代，唐永徽中始用之，施裙及頸。到宋代盛行於世，士大夫於馬上披涼衫，往往用皂紗若青全幅連綴於油帽或氈笠之前，以障風塵，為遠行之服。婦女步通衢，以方幅紫羅障蔽半身，俗謂之蓋頭。這種幅巾蓋頭，時人稱為涼衫，如沈括《夢溪筆談》卷三〈故事二〉載：「近歲京師士人朝服乘馬，以黲衣蒙之，謂之涼衫，亦古之遺法也。」涼衫以褐綢、黲帛製成，江休復《江鄰幾雜志》載：「涼衫以褐綢為之，以代氅袍。韓持國云：『始於內臣班行，漸及士人，今兩府亦然，獨不肯服。』予讀《儀禮》，婦人衣上之服制如明衣，謂之景。

▲南宋李嵩〈貨郎圖〉（局部）

景，明也。所以禦塵垢而為光明也。則涼衫亦所以護朝衣，雖出近俗，不可謂之無稽。」

重戴風尚盛行於文人士大夫中。所謂重戴，在宋代有兩種說法：一是說在頭巾裹髮後再加冠帽。此俗沿襲唐、五代而來。如《宋史．輿服志五》載：「重戴：唐士人多尚之，蓋古大裁帽之遺制，本野夫岩叟之服。以皂羅為之，方而垂簷，紫裏，兩紫絲組為纓，垂而結之頷下。所謂重戴者，蓋折上巾又加以帽焉。宋初，御史臺皆重戴，餘官或戴或否。後新進士亦戴，至釋褐則止。太宗淳化二年，御史臺言：『舊儀，三院御史在臺及出使，並重戴，事已久廢。其御史出臺為省職及在京釐務者，請依舊儀，違者罰俸一月。』從

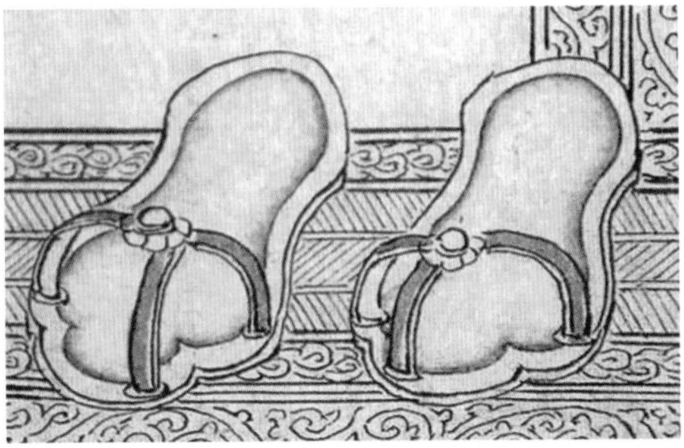

▲宋李公麟〈維摩演教圖〉中文人穿的拖鞋

▲宋張激〈白蓮社圖〉中的布鞋

之。又詔兩省及尚書省五品以上皆重戴，樞密三司使、副則不。中興後，御史、兩制、知貢舉官、新進士上三人，許服之。」另一說法是講文吏夏日外出，既戴涼帽又撐涼傘。如葉夢得《石林燕語》卷三載：「唐至五代，國初，京師皆不禁打傘。五代始命御史服裁帽。本朝淳化初，又命公卿皆服之。既有傘，又服帽，故謂之『重戴』。自祥符後始禁，惟親王、宗室得打傘。其後通及宰相、樞密、參政，則重戴之名有別矣。」

平民百姓往往以黑色布帛裹頭，古稱「黔首」。如米芾《畫史》：「其後舉人始以紫紗羅為長頂頭巾，垂至背，以別庶人黔首。」以漆紗製成的梭巾，也是宋代男子所戴的一種便巾。王得臣《麈史》卷上〈禮儀〉載其制曰：「又為上下差狹而中大者，謂之梭巾。」在一些山區，人們還用竹筍皮製作頭巾，時稱「竹筍巾」。萬字巾是宋代庶民燕居時所戴的頭巾，其形制為上闊下窄。《京本通俗小說・錯斬崔寧》載：「卻見一個後生，頭戴萬字頭巾，身穿直縫寬衫，背上馱了一個褡膊，裡面卻是銅錢。」綠色的頭巾用於奴僕雜役，如錢惟演〈別墅〉詩：「蒼頭冠綠幘，中婦織流黃。」（楊億編《西昆酬唱集》卷上）另據文獻記載，下層勞動人民在頭巾裏髮後一般不加冠帽，時稱禿巾。如陸游〈村舍雜書〉詩：「軍興尚戎衣，冠帶謝褒博。禿巾與小袖，顧影每懷怍。及今反士服，始覺榮天爵。出入阡陌間，終身有餘樂。」（《劍南詩稿》卷三九）。

以竹箬、棕皮、草葛等材料製成的笠，在民間極為常見。陳元靚《事林廣記．後集》卷十載：「笠子，古者雖出於外國，今世俗皆頂之，或以牛尾、馬尾為之，或以皂羅、皂紗之類為之。」種類較多，有斗笠、螺笠、蓮花笠、傘笠、小花笠、鑾笠、藤笠、竹

▲宋劉松年〈補衲圖〉中的鞋子

笠、箬笠、棕笠等。斗笠因其頂部隆起如斗，故名。《西湖老人繁勝錄》中載有「諸般斗笠」。傘笠也因其形似雨傘而名之，如沈括《忘懷錄・附帶雜物》：「泥靴、雨衣、傘笠。」

平民百姓除少量穿布鞋外，大多數是穿草鞋、麻鞋、棕鞋等。草鞋的種類較多，有蒲鞋、芒鞋、棕鞋等。因其價格低廉，又耐磨防滑，故深受人們的歡迎。蒲鞋由蒲草編成，在市場上有售。芒鞋在宋代又稱為「芒鞵」、「芒屩」，如羅大經《鶴林玉露・乙編》卷二〈紅友〉說：「余嘗因是言而推之，金貂紫綬，誠不如黃帽青蓑；朱轂繡鞍，誠不如芒鞋藤杖。」這種芒鞋的消費者頗多，市場上也有售，蘇軾、陸游等人都曾穿過這種芒鞋。如蘇軾〈定風波〉詞：「莫聽穿林打葉聲，何妨吟嘯且徐行。竹杖芒鞋輕勝馬，誰怕？一蓑煙雨任平生。」棕鞋也是一種草鞋，以棕皮、蒲草編成，其優點在時人詩中多有體現。如蘇軾〈寶山新開徑〉詩：「藤梢桔刺元無路，竹杖棕鞋不用扶。」（《蘇軾詩集》卷十一）麻鞋多行於夫役等下層勞動人民，如《京本通俗小說・碾玉觀音》：「只見一個漢子……著一雙多耳麻鞋，挑著一個高肩擔兒。」以葛藤編成的藤鞋多用於夏季或出行，趙彥衛《雲麓漫鈔》卷一載：「九十餘年老古錘，雖然鶴髮未雞皮。曾拖竹杖穿雲頂，屢躡藤鞋看海涯。」木屐在民間極為盛行，如「杜亞歸元，金華人。宋紹熙初，到括蒼龍泉歌唱度日，因病風，兩足拘攣，木屐曳行，丐於市。」（《湖海新聞夷堅續志・後集》卷一〈仙醫足

▲宋趙佶〈聽琴圖〉中書童服飾

▲宋劉松年〈十八學士圖卷〉中的書僮

▲宋張激〈白蓮社圖〉中的侍童服飾

疾〉）此外，木屐還常被宋人用作雨鞋，如陸游〈買屐〉詩曰：「一雨三日泥，泥乾雨還作。出門每有礙，使我慘不樂。百錢買木屐，日日繞村行。」（《劍南詩稿》卷三一）從當時流行的鞋子形狀來說，方頭鞋子無疑是男子的專用品。如張世南《遊宦紀聞》卷八云：「朱文公晚年居考亭……遂不免遵用舊京故俗，輒以野服從事……大帶方履。」涼鞋是宋人在炎熱夏季所穿的一種鞋。這種鞋在市場上有售。

宋代男子有穿襪的習慣，所穿之襪一般以比較厚實的布襪和皮襪為主。如氈襪用於冬季，蘇軾《物類相感志》：「氈襪以生芋擦之，則耐久而不蛀。」兜襪為一種布襪，是將數層布疊合在一起，周身用細線納縫。因其厚實，可以防凍保暖，故用於秋冬兩季。如陸游〈天氣作雪戲作〉詩：「細衲兜羅襪，奇溫吉貝裘。閉門薪炭足，雪夜可無憂。」（《劍南詩稿》卷六五）

宋代男子腰佩以布帛製成的寬幅腰帶，稱勒帛，用來繫束錦袍、抱肚、背子等。如陸游《老學庵筆記》卷二引長者言：「背子率以紫勒帛繫之，散腰則謂之不敬。至蔡太師為相，始去勒帛。」布帛腰帶一般用於常服，以士大夫最為常見。如龔明之《中吳紀聞》卷六〈結帶巾〉載：「宣和初，予在上庠，俄有旨令：士人繫結帶巾，否則以違制論。……法甚嚴，人盡畏，便縫闊大帶，向前面繫。」白假帶是一種以白色絲帛製成的腰帶。如王應麟《玉海》卷八二載：「禮院具制度令式：袞冕，前後十二旒……絳紗袍，白紗中單，朱領褾裾，絳蔽膝，白假帶，方心曲領。」有一種搭膊也是腰帶或腰巾，如《京本通俗小說・錯斬崔寧》：「只見跳出一個人來，頭帶乾紅凹面巾，身穿一領舊戰袍，腰間紅絹搭膊裹肚，腳下蹬一雙烏皮皂靴。」

圍肚即直繫，以長幅布帛為之，男女通用。如《宣和遺事》：「天子道：『恐卿不信。』遂解下了龍鳳絞綃直繫，與了師師。」周密《齊東野語》卷九〈李全〉載：「（姚翀）遂縋城而出，以直繫書『青州姚通判』，以長竿揭之馬前，往見李姑姑。」

錦囊是一種用織錦製成的口袋。男子佩在腰間，以盛放錢幣、文具等零星細物。如邵博《邵氏聞見後錄》卷二八：「黃魯直就幾閣間，取小錦囊，中有墨半丸，以示潘谷，谷隔錦囊手之……」

茄袋又稱「順袋」，因其造型與北方的一種茄子相似，故名。為佩掛在身邊用以盛放零星細物的口袋。如《宋史・輿服志六》：「帶上玉事件大小一十八；又玉靶鐵剉一，銷金玉事件二，皮茄袋一，玉事件三。」

縚是一種以絲編織而成的帶子，在宋代也被一些人用作佩飾。如葉夢得《石林燕語》卷十載：「舊鳳翔郿縣出縚，以緊細如箸者為貴。近歲衣道服者，縚以大為美，圍率三四寸，長二丈餘，重複腰間至五七返，以真茸為之。一縚有直十餘千者，此何理也？」

七 女子服飾

宋代女子的服飾分為衣裳、冠巾、鞋履三大類。

衣裳也分上下兩部分，上衣有襦、襖、衫、背子、半臂、背心等多種形制，下裳以裙為主。

鞠衣、翟衣、霞帔、緯衣、朱衣、大袖等是宋代命婦的禮服和常服。如翟衣，據《宋史‧輿服志三》所載：「青羅繡為翟，編次於衣及裳。第一品，花釵九株，寶鈿準花數，翟九等；第二品，花釵八株，翟八等；第三品，花釵七株，翟七等；第四品，花釵六株，翟六等；第五品，花釵五株，翟五等。」這種禮服一般在命婦受冊、朝會、從蠶及外命婦嫁時穿著。

兩袖寬博的大袖衣，是宋代命婦的禮服，故在婚嫁時必須早早預備。吳自牧《夢粱錄》卷二十〈嫁娶〉載：「且論聘禮……更言士宦，亦送銷金大袖、黃羅銷金裙、段紅長裙，或紅素羅大袖段亦得。」即使是喪事，貴婦們也要穿這種禮服，如《朱子家禮》卷四

▲宋佚名《女孝經圖卷》中貴婦的服飾：梳高髻，滿頭插小梳，著上襦、帔帛，長裙

▲宋佚名《女孝經圖卷》中貴婦的服飾：梳高髻，滿頭插小梳，著上襦、帔帛，長裙

▲宋佚名《女孝經圖卷》中貴婦的服飾：梳高髻，滿頭插小梳，著上襦、帔帛，長裙

▲宋代佚名《女孝經圖卷》中的女子服飾：上著窄袖襦或衫，下著長裙，外披帔帛

〈喪禮〉載：「（貴）婦人則用極粗生布為大袖……（眾）妾則以背子代大袖。」

除禮服及常服外，貴婦們在服飾的奢侈性消費中扮演了急先鋒的角色。她們盛行穿美麗華貴的絲綢服裝，上面飾有珍珠、金銀等。如周密《武林舊事》卷二〈公主下降〉載：「詣後殿西廊觀看公主房奩……真珠大衣背子、真珠翠領四時衣服。」

背子原是宋代身分較低的婦女所穿著的服裝，這可從《宋史·輿服志五》所載中看出：「淳熙中，朱熹又定祭祀、冠婚之服，特頒行之。凡士大夫家祭祀、冠婚，則具盛服。……婦人則假髻、大衣、長裙；女子在室者冠子、背子；眾妾則假紒、背子。」但因其行走方便，故上自后妃、命婦，下至平民百姓的女子都喜歡穿。后妃穿者，如李廌《師友談記》載：「禁中侍宴，御宴惟五人，上居中，寶慈在東，長樂在西，皆南向，太妃暨中宮

▲宋佚名《女孝經圖卷》中的宮女

▲宋劉松年〈瑤池獻壽圖〉中的宮女

▲宋畫中身穿貼身內衣洗浴的貴婦

皆西向，寶慈暨長樂皆白角團冠，前後惟白玉龍簪而已，衣黃背子，衣無華彩；太妃暨中宮皆鏤金雲月冠，前後亦白玉龍簪，而飾以北珠，珠甚大，衣紅背子，皆用珠為飾；中宮雖預坐，而婦禮甚謹。」又周密《武林舊事》卷七〈乾淳奉親〉載：「三盞後，官家換背兒，免拜；皇后換團花背兒；太子免繫裹，再坐。」而社會地位最為低下的妓女，其穿背子的現象更為突出，《西湖老人繁勝錄》載：「開煮迎酒候所，有十三庫，十馬、上馬。每庫有行首二人，戴特髻，著乾紅大袖；選像生有顏色者三四十人，戴冠子花朵，著豔色衫子；稍年高者，都著紅背子、特髻。」

宋代婦女所穿的背子，長袖，長衣身，兩腋開衩，下長過膝，領型為直領對襟式。

顏色除前面提到的紅背子、黃背子外，尚有紫背子、遊街背子等。紫背子，如孟元老《東京夢華錄》卷五〈娶婦〉：「其媒人有數等，上等戴蓋頭，著紫背子。」遊街背子是一種黑色的半臂，流行於嶺南地區。朱彧《萍洲可談》卷二：「廣州雜俗，婦人強，男子弱。婦人十八九，戴烏絲髻，衣皂半臂，謂之遊街背子。」

半臂為短袖上衣，在宮廷侍女和富家婢女中頗為流行。如魏泰《東軒筆錄》卷十五載：「後庭曳羅綺者甚眾，嘗宴於錦江，偶微寒，命取半臂，諸婢各送一枚。」但這種服式被儒家士大夫視為非禮之服。如孔平仲《珩璜新論》卷四便說：「今之衣半臂，非禮之服也。」

衫一般以羅製成，高承《事物紀原》卷三〈衫子〉載：「女子之衣與裳連，如披衫，短長與裙相似。秦始皇方令短作衫子，長袖猶至於膝，宜衫裙之

▲ 宋蘇漢臣〈粧靚仕女圖〉

▲山西太原晉祠宋代婦女塑像

▲山西太原晉祠宋代婦女塑像

▲山西太原晉祠宋代婦女塑像

▲山西太原晉祠中戴高髻的宋代婦女塑像

▲山西太原晉祠中戴高髻的宋代婦女塑像

▲山西太原晉祠宋代婦女塑像：梳雙螺髻，戴花，飾珠翠，披窄幅帛巾

▲山西太原晉祠宋代婦女塑像：梳盤髻，穿衫裙、背子

▲身穿上衣下裳的宋代侍女俑

分，自秦始也。又云陳宮中尚窄衫子，纔用八尺，當是今制也。」

背心亦是宋代婦女常穿的衣服。如《宋史・樂志十七》：「女弟子隊……六曰採蓮隊，衣紅羅生色綽子，繫暈裙，戴雲鬟髻，乘綵船，執蓮花。」這裡的「綽子」就是背心。

婦女的內衣稱「抹胸」。因其不施於背，僅覆於胸，故名。穿時上覆於胸，下垂於腰。腰間製有襞積，左右各綴肩帶。上可覆乳，下可遮肚。通常以羅絹製成，上面往往繡有彩色的花紋圖案。這種抹胸在福州南宋黃昇墓中有發現。據考古發掘報告稱：「抹胸一件。表裡均素絹，絮以絲綿。長五五釐米，寬三九—四〇釐米。上端和腰間綴帶，上端帶長三四—三五釐米，腰間帶長三五—三六釐米。」（福州博物館編《福州南宋黃昇墓》，文物出版社，一九八二年版，頁十四）因其形似裙子，故在福建地區又名為襴裙。如洪邁《夷堅支志戊》卷五〈任道元〉載：「兩女子丫髻駢立，頗有容色。任顧之曰：『小娘子穩便，裏面看。』兩女拱謝。復諦觀之曰：『提起爾襴裙。』襴裙者，閩俗指言抹胸；提起者，謔媟語也。」

宋代婦女的下裳以裙為主，時有長裙、百褶裙、旋裙、紅裙、上馬裙、碎摺裙、婆裙等名目。百褶裙在宋代俗稱為百疊裙、百折裙等，貴賤均穿。如紅衣宮女〈裙帶間六言詩〉：「百疊漪漪水皺，六銖縱縱雲輕。」即謂此。碎摺裙就是其中的一種，這種裙子的襇折細密繁多，張先〈南鄉子〉詞：「天碧染衣巾，血色輕羅碎折裙。」時有六幅、八幅、十二幅之分。福建福州南宋黃昇墓就曾出土一件折裙，六幅，除兩側兩幅不打折外，其餘四幅每幅有十五折，共為六十折。長裙盛行於唐，至宋仍然流行於貴族婦女中。如《宋史．輿服志三》載：「其常服，后妃大袖，生色領，長裙，霞帔，玉墜子。」石榴裙在宋代頗為盛行，連文鳳〈綠珠〉詩：「嬌紅淡粉成春姿，石榴裙映櫻桃花。見說此花三十種，只消莫畫醉西施。」趕上裙又稱上馬裙，為南宋末年理宗時宮妃所創。《宋史．五行

▲江西德安南宋周氏墓出土的棕色羅衫

▲江西德安南宋周氏墓出土的印金羅襟折枝花紋羅衫

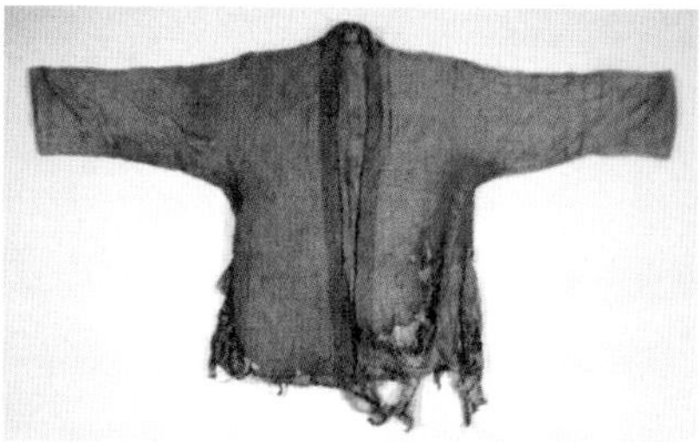

▲江西德安南宋周氏墓出土的褐色素羅鑲花邊絲棉襖

▲江西德安南宋周氏墓出土的廣袖袍

▲福建福州黃昇墓出土的煙色梅花羅鑲花邊單衣（選自福建省博物館編《福州南宋黃昇墓》）

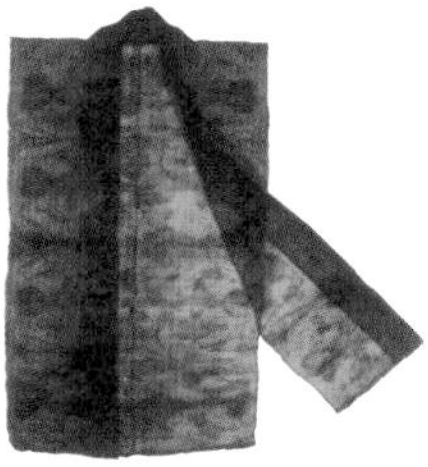

▲福州南宋黃昇墓出土的深煙色牡丹花羅背心

▲福州南宋黃昇墓出土的淺褐色縐紗鑲花邊

▲福建福州南宋黃昇墓出土的褐色羅印花褶襉裙

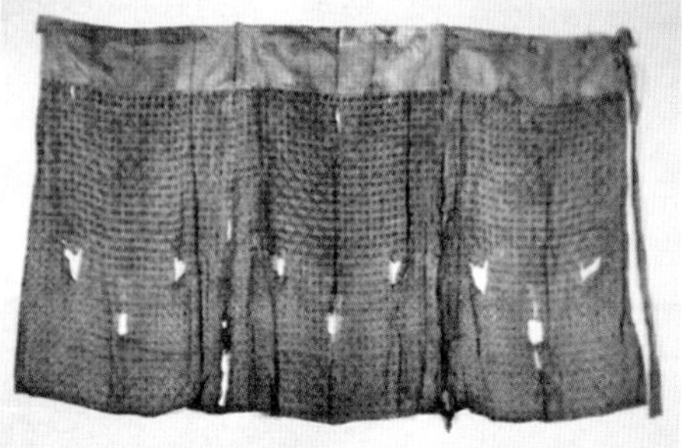

▶江西德安南宋周氏墓出土的星地折枝花紋綾裙

▲福建福州南宋黃昇墓出土的褐黃色羅鑲花邊廣袖袍（選自福建省博物館編《福州南宋黃昇墓》）

▲福州南宋黃昇墓出土的紫灰色縐紗鑲花邊窄袖袍

志三》載：「理宗朝，宮妃繫前後掩裙而長窣地，名趕上裙。」

宋代婦女裙子的顏色以鬱金香根染的黃色最為貴重，為貴婦所穿；紅色的裙子則為歌舞伎樂所穿，如吳文英〈踏莎行〉詞：「繡圈猶帶脂香淺，榴心空疊舞裙紅。」（《夢窗稿．丙稿》卷三）而老年和農村婦女大多則流行穿青色或綠色的裙子。

除裙子外，宋代婦女的下裳還有褲子等。當時上層婦女穿褲子，外面要用長裙掩蓋，如福州南宋黃昇墓就曾出土褲腳外側縫不加縫綴的開片褲；下層的婦女，一般在著褲後，外面不再繫裙（福建省博物館編《福州南宋黃昇墓》，文物出版社，一九八二年版）。

宋代文獻中的膝褲、膝襪、釣墩、褲襪都是指當時婦女的脛衣，是下裳的重要組成部分。如膝襪，形似襪袎，無底，穿著時緊束於脛，上達於膝，下及於履。其材料通常以布帛為之，考究者則施以彩繡或飾以珠翠。宋人所繪

▲江西德安南宋周氏墓出土的黃褐色綾面羅裡開襠絲棉褲

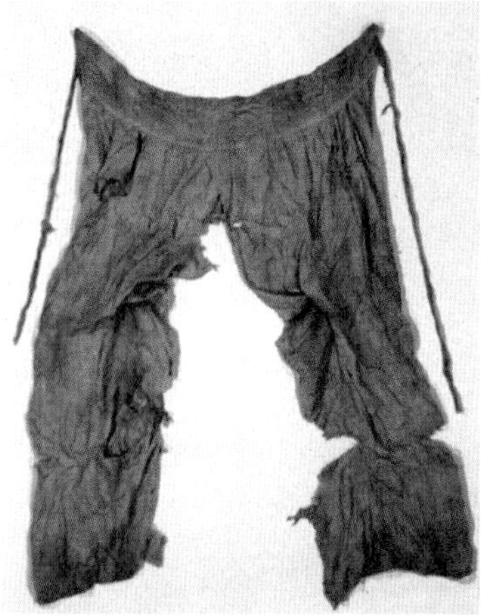

▲江西德安南宋周氏墓出土的黃褐色羅開襠單褲

的〈雜劇人物圖〉中便有著膝褲的婦女形象。釣墩也形似襪袎，但無腰無襠，左右各一。穿著時緊束於脛，上達於膝，下及於腳踝，膝下用帶繫縛。這種服裝是在北宋中期從契丹傳入的，宋徽宗時曾一度加以禁止。

宋代女子冠巾的名目和形制也甚多，常見的有鳳冠、九龍花釵冠、儀天冠、珠冠、內樣冠、團冠、亸肩冠、角冠、花冠、仙冠等。

珠冠為貴族婦女所戴的一種冠。如周密《齊東野語》卷十五〈耿聽聲〉載：「上奇之，呼入北宮，又取妃嬪珠冠十數示之。」又《宋稗類鈔．諂媚》：「翌日，都市行燈，十婢皆頂珠冠而出，觀者如堵。」

角冠為宋代婦女的禮冠。所謂角冠，就是一種飾有角梳的冠。在宋代，貴婦們往往在冠上飾以數把白角梳子，左右對稱，上下相合，時人稱為白角冠。又因其冠飾下垂及肩，故又稱為垂肩冠、等肩冠。如沈括《夢溪筆

▲山西太原晉祠宋代婦女塑像：包髻，戴花，飾珠翠，穿右衽交領衫，下穿雙裙，組帶結綬

▲宋代加彩女俑：頭戴花冠，黑髮綰蝴蝶結。上穿束身短衣，下著長袍拖地，繫帶垂於前方，外著披衫，足穿尖頭上翹履

▲河南方城出土的宋代持包女子石俑。頭梳雙髻，穿對襟短襖，下穿百褶裙，足穿尖翹頭鞋

▲河南方城出土的穿背子、梳高髻的女子石俑

談》卷一九〈器用〉載：「婦人亦有如今之垂肩冠者，如近年所服角冠，兩翼抱面，下垂及肩，略無小異。」又因它是宋代宮妃創製的一種冠飾，故時人又稱為內樣冠。周煇《清波雜志》卷八〈垂肩冠〉載：「皇祐初，詔婦人所服冠，高毋得過七寸，廣毋得逾一尺，梳毋得逾尺，以角為之。先是，宮中尚白角冠，人爭效之，號『內樣冠』，名曰『垂肩』、『等肩』，至有長三尺者，登車檐皆側首而入。梳長亦逾尺。議者以為服妖，乃禁止之。煇自孩提，見婦女裝束數歲即一變，況乎數十百年前，樣制自應不同。如高冠長梳，猶及見之。當時名『大梳裹』，非盛禮不用。若施於今日，未必不誇為新奇，但非時

▲宋代加彩母子俑：母俑頭梳高髻，身穿旋襖，下著長裙

所尚而不售。大抵前輩治器物、蓋屋宇，皆務高大，後漸從狹小，首飾亦然。」這種冠飾的造價十分昂貴，故消費者也多為貴族婦女，時人因其靡費過甚，多有非議。如皇都風月主人《綠窗新話．張俞驪山遇太真》描述：「仙謂俞曰：『今之婦人，首飾衣服如何？』俞對曰：『多用白角為冠，金珠為飾，民間多用兩川紅紫。』」盛行的時間主要在北宋仁宗時，如王栐《燕翼詒謀錄》卷四載：「舊制，婦人冠以漆紗為之，而加以飾，金銀珠翠，采色裝花，初無定制。仁宗時，宮中以白角改造冠並梳，冠之長至三尺，有等肩者，梳至一尺。議者以為妖，仁宗亦惡其侈。皇祐元年十月，詔禁中外不得以角為冠、梳，冠廣不得過一尺，長不得過四寸，梳長不得過四寸。終仁宗之世無敢犯者。其後侈靡之風盛行，冠不特白角，又易以魚枕；梳不特白角，又易以象牙、玳瑁矣。」

花冠是民間婦女喜戴的一種冠。其形制也有兩種，一種是由像生花製成，另一種為鮮花製成。如《東京夢華錄》卷九〈宰執親王宗室百官入內上壽〉載：「女童皆選兩軍妙齡容豔過人者四百餘人，或戴花冠，或仙人髻……結束不常，莫不一時新粧，曲盡其妙。」

▲江西景德鎮市郊宋墓出土的梳同心髻、著直帔的女瓷俑

▲江西景德鎮市郊宋墓出土的披窄幅帛巾、梳單鬟髻、插大梳、加珠翠為飾的女瓷俑

▲宋代頭戴團冠、身穿背子的廚娘磚雕

團冠、韠肩冠等也是宋代年輕婦女喜愛的冠，王得臣《麈史》卷上〈禮儀〉載：「婦人冠服塗飾，增損用舍，蓋不可名紀，今略記其首冠之制：始用以黃塗白金，或鹿胎之革，或玳瑁，或綴綵羅為攢雲五岳之類。既禁用鹿胎、玳瑁，乃為白角者，又點角為假玳瑁之形者，然猶出四角而長矣。後至長二三尺許，而登車檐皆側首而入。俄又編竹而為團者，塗之以綠。浸變而以角為之，謂之『團冠』；復以長者屈四角而下至於肩，謂之『韠肩』。又以團冠少裁其兩邊而高其前後，謂之『山口』。又以韠肩直其角而短，謂之『短冠』。今則一用太妃冠矣。始者角冠稜托以金，或以金塗銀飾之，今則皆以珠璣綴

之。其方尚長冠也，所傅兩腳旒亦長七八寸，習尚之盛在於皇祐、至和之間。聱隅子黃晞曰：『此無他，蓋大官粗疏耳。』」由此可見，團冠的材料初以竹篾為骨，後改為白角，因其形狀如團名之；而彈肩冠是在團冠的基礎上發展而來，因四周冠飾下垂至肩，故名。這種冠在北宋末年見行一時，《宣和遺事》載：「佳人都是戴彈肩冠兒，插禁苑瑤花。」

此外，尚有一些來自海外的冠帽形式也流行於當世。《宋史．樂志十七》：「八日異域朝天隊，衣錦襖，繫銀束帶，冠夷冠，執寶盤。」如周密《武林舊事》卷二〈公主下降〉載：「（公主房奩）北珠冠花篦環，七寶冠花篦環。」

頭巾的使用在宋代婦女中也很盛行，額巾就是其中之一。所謂額巾，就是用一塊帕巾，將其折成條狀，然後繞額一圈，繫結於前。

蓋頭在宋代有三種，一種是宋代婦女外出時盛行佩戴的「蓋頭」。這種蓋頭實際上是一種面幕，即用一塊方幅紫羅障蔽半身，形似風帽。其俗由隋唐婦女的帷帽發展而來，高承《事物紀原》卷三〈蓋頭〉說：「唐初宮人著冪䍦，雖發自戎夷，而全身障蔽，王公之家亦用之。永徽之後用幃帽，後又戴皂羅，方五尺，亦謂之幞頭。今曰蓋頭，凶服者亦以三幅布為之，或曰白碧絹，若羅也。」又孔平仲《珩璜新論》卷四載：「齊隋婦人施冪羅。冪羅，全身障蔽也。唐永徽以後皆用帷帽、拖裙，到頸漸為淺露，若今之蓋頭矣。」宋代婦女的蓋頭，周煇《清波雜志》卷二〈涼衫〉載：「婦人步通衢，以方幅紫羅障蔽半

▲宋佚名〈耕織圖〉中的村婦服飾

▲宋佚名〈人物故事圖〉中的少婦

▲宋王居正〈紡車圖〉中老年村婦

身，俗謂之蓋頭，蓋唐帷帽之制也。」而另一種蓋頭則是當時婦女在日常家居中所戴的，上覆於頂，下垂於肩。如《東京夢華錄》卷五〈娶婦〉載：「其媒人有數等，上等戴蓋頭。」第三種蓋頭是女子結婚時用以蓋頭的紅色帛巾。《夢粱錄》卷二十〈嫁娶〉：「（兩新人）並立堂前，遂請男

▲宋王居正〈紡車圖〉中荊釵蓬鬢的年輕農婦服飾

▲宋李嵩《貨郎圖卷》中戴蓋頭的村婦

◀ 宋李嵩〈貨郎圖〉中下層勞動婦女的服飾：頭上裹蓋頭，並插有燈毬，下穿裙子，腳穿布鞋，手上戴手鐲

▲ 重慶大足宋代石刻中的梳高髻、穿背心和長袖襦的養雞農婦

▲ 宋梁楷〈八高僧故事圖〉中的下層婦女

家雙全女親，以秤或用機杼挑蓋頭，方露花容……」

需要說明的是，南宋朱熹在福建任上還創有一種名為「文公兜」的婦女頭巾。

宋代婦女盛行使用腰帶，時人美稱為「香羅帶」。如賀鑄〈薄倖〉詞：「羞把香羅暗解。」（朱彝尊編《詞綜》卷七）腰帶大多以布帛製成，時有實帶、手巾等稱呼，其中以羅帶最為常見。如林逋〈相思令〉詞：「君淚盈，妾淚盈，羅帶同心結未成，江頭潮已平。」

宋代婦女腰帶的名稱和種類甚多，如合歡帶、鴛鴦帶、同心帶等，它們往往含有各種

▲江西德安南宋周氏墓出土的綬帶

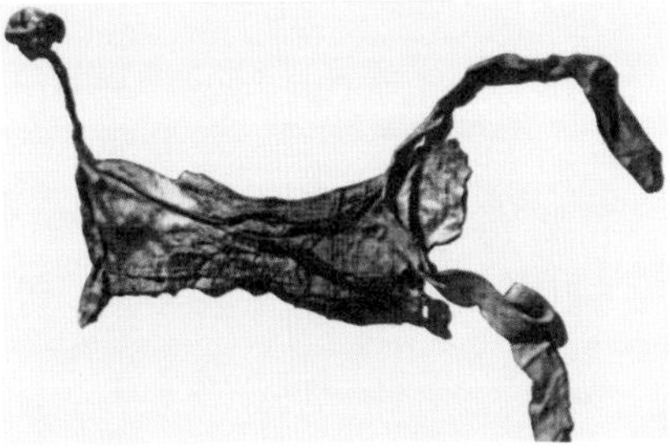

▲江西德安南宋周氏墓出土的月經帶

◀宋王詵〈繡櫳曉鏡圖〉

不同的含義。如：以兩種顏色的彩絲交相編結而成的合歡帶，深受年輕婦女喜愛，往往將其佩於裙邊，以為裝飾，象徵男女恩愛，情意綿綿。朱熹〈擬古〉詩寫道：「結作同心花，綴在紅羅襦。雙垂合歡帶，麗服眷微軀。」以兩種不同顏色絲縷合編而成的鴛鴦帶，常被青年女子用作定情信物，象徵相親相愛。李萊老〈倦尋芳〉詞：「寶幄香銷龍麝餅，鈿車塵冷鴛鴦帶。」繫結玉環的絲結帶子稱玉環帶，由秦漢印綬演變而來。使用時懸掛在腰間，左右各一。山西太原晉祠宋代彩塑婦女即佩戴有這種飾物。同心帶是指綰有同心結的衣帶。歐陽修〈武陵春〉詞：「金泥雙結同心帶，留與記情濃。」李萊老《生查子》詞：「羅帶綰同心，誰信愁千

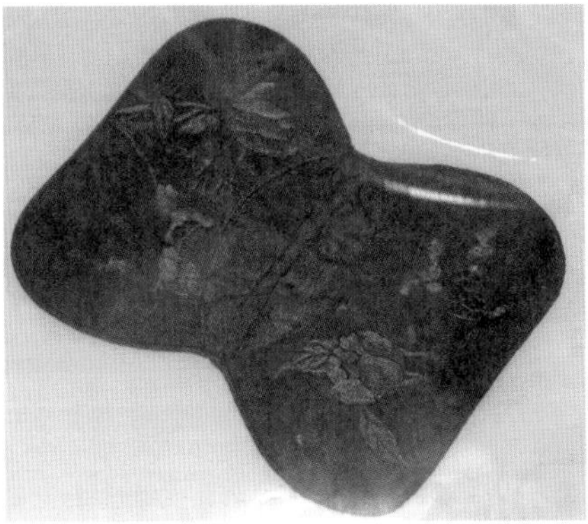

▲ 福建福州南宋黃昇墓出土的褐色羅繡彩荷包

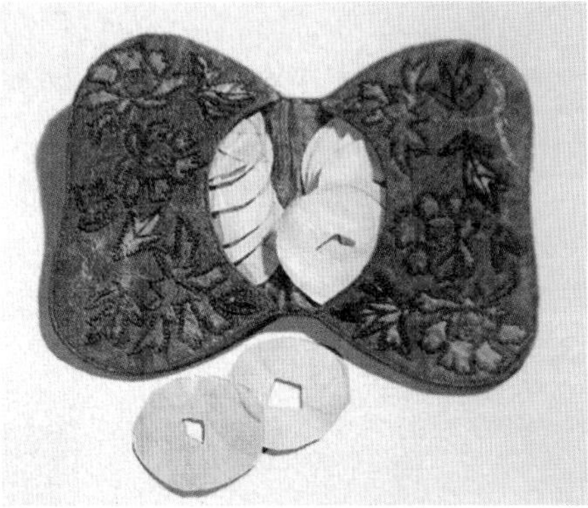

▲ 江西德安南宋周氏墓出土的刺繡荷包

結？」

香纓又稱香瓔，是女子出嫁時繫縛在衣襟或腰間的彩色帶子。因其上兼繫有香囊等物，故名。通常由長輩為之繫結，以示身有所繫。新婦過門後禮拜尊長，則需手托此帶。禮出商周，秦漢以後逐漸演變成一種象徵性的裝飾。如邢昺疏《爾雅．釋器》云：「婦人之香纓名褘，又謂之縭。縭，緌也。緌，猶繫也，取繫屬之義。……此女子既嫁之，所著示繫屬於人。」

宋代婦女的腰佩除腰帶外，尚有玉佩、玉環、流蘇等。玉佩常用於貴族婦女佩飾中，一般佩戴在裙子兩側。如周密《武林舊事》卷二〈公主下降〉載：「詣後殿西廊觀看公主房奩：真珠九翬四鳳冠，褕翟衣一副，真珠玉佩一副，金革帶一條……」玉環被宋代婦女用作壓裙之物。古代儒家禮儀規定，婦女笑不得露齒，行不得露足。為避免婦女舉步時裙幅散開，有傷觀瞻，特用玉環壓住裙角。一般佩掛兩個，左右各一。葛起耕〈記夢〉詩：「珠蕊一枝春共瘦，玉環雙佩月同清。」（《宋詩紀事》卷六九）因這種飾物規範了婦女的行動，故時人又名為禁步。其材料除玉石外，通常還以金、銀等材料製成環形或獸鳥、花卉等圖案，以絲絛或綢緞串成一掛。如宋代話本《快嘴李翠蓮記》：「金銀珠翠插滿頭，寶石禁步身邊掛。」

繡囊也是宋代婦女服飾中常見的，其功能與現在的口袋相同，用來貯放隨身用的手巾、錢幣等物品，一般佩掛於腰際。其實物在福州黃昇墓中有出土，為一件黃褐色羅繡花荷包，長十六釐米、底寬十二釐米、中寬八．五釐米，正面為四經絞羅，裡層和背面為三經絞羅，中腰有兩個穿帶眼，尚存羅製殘帶一條，帶上似為印金敷彩的卷葉圖案。荷包一面繡荷花，一面繡含笑花（福建省博物館編《福州南宋黃昇墓》，文物出版社，一九八二年版）。

香囊與繡囊一樣，也常被婦女們用作飾物。從當時的文獻來看，香囊是一種貯放香料的布袋，一般佩放在腰際及胸襟，亦有置放在袖中者。其作用有二：一是散發香氣；二是驅蟲除穢。其實物在福州黃昇墓內就有出土：長五釐米，寬四．八釐米，近正方形。所用材料兩面不一，正面以素羅為之，上繡鴛鴦蓮花；背面則用素紗，不施紋飾。沿口以雙股褐線編成花穗，穗長六．七釐米。香囊之內另附有一小包香料的小袋，香料今已無存。

流蘇以一種以五彩羽毛或絲線編織而成的帶穗。在宋代，除用作車馬、樓臺、帳幔、

▲ 江西德安南宋周氏墓出土的羅鞋、羅襪

▲ 江西德安南宋周氏墓出土的女鞋

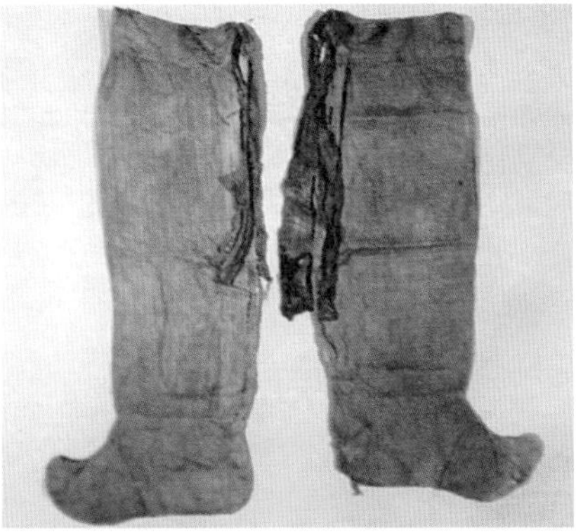

▲ 江西德安南宋周氏墓出土的綢女襪褲

▲ 江西德安南宋周氏墓出土的羅襪

▲ 江西德安南宋周氏墓出土的綢女襪

旌旗等外，也用於婦女衣冠上的垂飾。如《李師師外傳》載：「（徽宗）又以滅遼慶賀……乃賜師師紫綃絹幕、五彩流蘇。」

宋代女子的鞋子頗為講究，主要有金縷鞋、珠鞋、花靴等。金縷鞋為宮中后妃所穿，如王珪〈宮詞〉：「侍輦歸來步玉階，試穿金縷鳳頭鞋。」花靴是富家女子所穿的一種鞋。袁褧《楓窗小牘》卷上載北宋都城「汴京閨閣……花靴弓履，窮極金翠。」北宋末年盛行一時的鑲色女鞋——錯到底，其鞋底部分以二色合成，色彩交錯，形狀頗為奇特，時人將其視為不祥之物。如陸游《老學庵筆記》卷三載：「宣和末，婦人鞋底尖以二色合成，名『錯到底』……皆服妖也。」從當時女子穿用的鞋子形狀來看，平頭鞋子頗為常見。如王觀〈慶清朝慢．踏青〉詞：「結伴踏青去好，平頭鞋子小雙鸞。」

由於女子纏足之風盛行，因此襪子與鞋子一樣，被做成尖頭狀，頭部朝上彎曲，呈翹突式。如福州南宋黃昇墓出土的十六雙女襪，都是這種樣式。宋代女子的襪子一般以布或絲綢之類織物製成，有羅襪、綾襪、錦襪等，消費者往往為貴族和富家女子。這些質地柔軟輕薄的襪子常用於春夏之季。陸游〈成都行〉詩：「月浸羅襪清夜徂，滿身花影醉索扶。」（《劍南詩稿》卷四）。

八　僧人和道士的服飾

(一) 僧服

僧侶在宋代有專門的服裝，稱為僧衣。據《漢族僧服考略》載：「佛教僧侶的衣服，根據佛教的制度，限於三衣或五衣。三衣是安陀會、郁多羅和僧伽黎。安陀會是五條布縫成的衷衣；郁多羅是七條布縫成的外衣；僧伽黎是九條乃至二十五條布縫成的大衣。五衣是於三衣之外加上僧祇支和涅槃僧。僧祇支是覆肩衣，用以襯三衣穿著的，涅槃僧是裙子。」三衣規定顏色不許用上色或純色，在新製的衣服上必須綴上一塊另一種顏色的布，用以破壞衣色的整齊，所以叫作壞衣色。

與前朝一樣，宋代僧侶的服裝仍以袈裟或緇衣為主。如陸游〈求僧疏〉：「掀禪床，拗拄杖，雖屬具眼廝兒；搭袈裟，展鉢盂，卻要護身符子。」（《渭南文集》卷二四）在當時，這些服裝統稱為僧衣或衲衣。

袈裟，又稱「袈裟野」、「迦沙」、「加沙」等，為梵語「迦邏沙曳」的簡稱，意譯作壞色、不正色、赤色、染色等，是一種覆左髆而掩右掖的衣式，乃佛教僧眾所穿著的法衣，以其色不正，故有此名。因其在袈裟的右肩下用一大環作為扣搭之用，故名曰「哲那環」，又名「跋遮那」。又因袈裟是由許多塊碎布補綴而成，因而又稱為「衲衣」。如蘇軾〈次元長老韻〉詩：「病骨難堪玉帶圍，鈍根仍落箭鋒機。欲教乞食歌姬院，故與雲山舊衲衣。」又由於這種僧人穿著的袈裟式樣與一般人所穿的相類似，唯其式是寬袖而衣亦寬作方形，不像世人所穿的袖管作垂胡式，所以稱之為「方袍」。此外，民間還稱為「蓮服」、「離塵服」、「逍遙服」、「覆髆」、「忍辱衣」、「忍辱鎧」、「掩衣」、「無垢衣」、「無塵衣」、「福田衣」、「稻畦帔」等。

▲宋高僧義天坐像

▲宋劉松年〈補衲圖〉

袈裟的種類也較多，百衲衣是僧人服裝中最具特色的一種，陸游〈懷昔〉詩：「朝冠掛了方無事，卻愛山僧百衲衣。」（《劍南詩稿》卷五九）山水衲就是當時一種極為

▲宋畫中身穿袈裟的僧人

▲宋馬遠〈洞山涉水圖〉中穿僧衣的和尚

▲宋代繪畫中穿僧衣的和尚

流行的衲衣，元照《行事鈔資持記》卷下載：「今時禪眾多作衲衫，而非法服。裁剪繒綵，刺綴花紋，號山水衲。價值數千，更乃各鬥新奇，全乖節儉。」毳衲則是普通僧人所穿的衲衣，因其質地粗劣而名。范成大〈積雨作寒五首〉其三詩：「熨帖重尋毳衲，補苴盡護紙窗。」（《石湖居士詩集》卷二三）。

僧人所穿之法衣顏色一般為紫緋色。但黑色的「緇衣」也頗為常見，宋代僧人日常穿著的一種服裝，一般為黑色的布帛製成。如《宣和遺事》載：「眾中忽又一人，黑色布衣，若市僧行童狀。」但在宋代以淺黑色的最為常見，如贊寧《大宋僧史略．服章法式》：「問：『緇衣者色何狀貌？』答：『紫而淺黑，非正色也。』」高承《事物紀原》卷七〈僧褐〉引《僧史略》對此作了解釋：「漢魏之世，出家者多著赤布，僧伽梨又秣陵諸僧，衣色仿西竺，後周忌聞黑衣之讖，悉屏黑色，著黃色衣。謂今僧衣褐，起於宇文周制。」

除了上述的兩種僧人服裝外，見於文獻記載的還有直掇、定衣等。直掇為僧人所著之袍。用素布製作，服式為：對襟大袖，衣緣四周鑲以黑邊，腰綴橫襴。定衣為僧尼的禦寒之衣。所謂「定」，乃是指坐禪入定的僧人。

至於僧帽，據《事物異名》和《事物紺珠》兩書記載，有毗羅帽、寶公帽、僧伽帽、山子帽、班吒帽、瓢帽、六和巾、項包等八種。其中，僧伽帽為佛教徒所戴的一種帽。這些僧帽的式樣，一時還不能一一列舉。此外，見於文獻記載的還有蓮花笠。蓮花笠以形狀取名，一般為僧人所戴。如錢易《南部新書》卷六載：「道吾和尚上堂，戴蓮花笠。」竹

▲宋勾龍爽〈佛像圖〉中穿僧衣的和尚

▲宋李公麟〈維摩詰演教圖〉（局部）

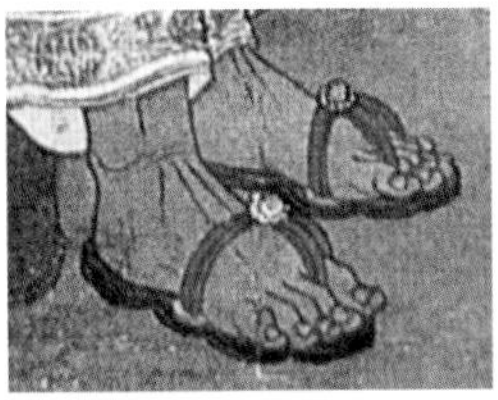
▲宋劉松年〈羅漢圖〉中僧人穿的拖鞋

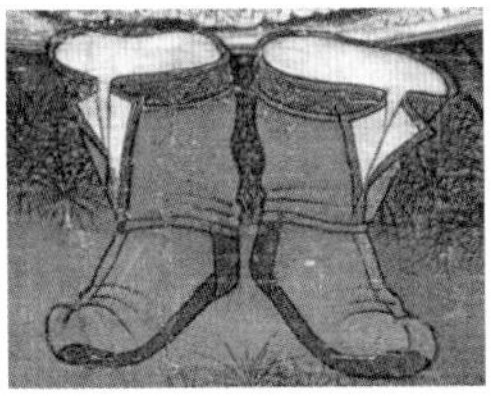
▲宋劉松年〈羅漢圖軸〉蕃王進寶圖中僧人穿的暖靴

▲宋代繪畫中的鞋子

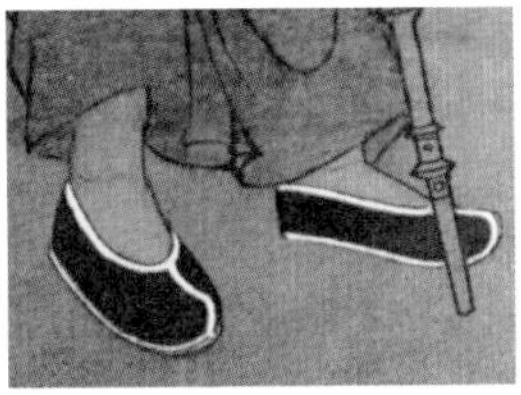
▲宋劉松年〈羅漢圖軸〉猿猴獻果圖中僧人的布鞋

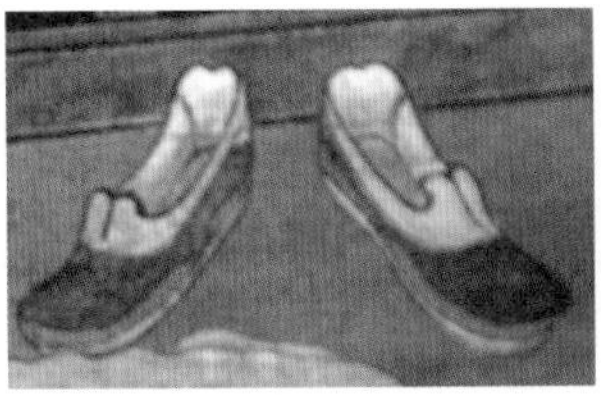
▲宋劉松年〈補衲圖〉中僧人所穿的鞋子

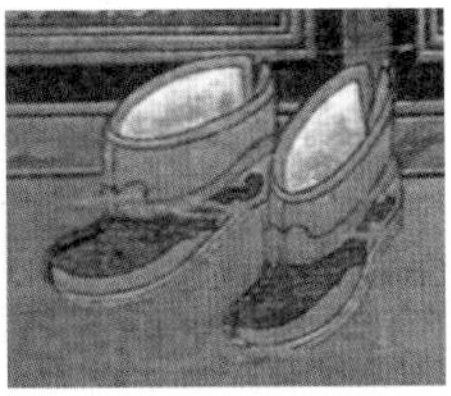
▲宋劉松年〈補衲圖〉中僧人所穿的靴子

笠、棕笠分別用竹篾和棕絲編成，如贊寧《大宋僧史略》卷上就說：「今僧盛戴竹笠，禪師則棕笠。」

(二)道服

道士服飾有法衣、褐被和常服的道袍、大衫，統稱為道服或道衣。

法衣是法師執行拜表、戒期、齋壇時所穿，指的是全真派中的霞衣、淨衣、信衣、鶴氅（又名羽衣）等，以及正一派中的行衣、罡衣、混元衣、班衣、襯衣之類。其中，法衣、鶴氅等一般以直領對襟為多，有邊緣、垂帶。服色有褐、青和緋，是指法衣而言。自唐開始賜李泌紫色之後，宋代也有賜林靈素紫服的事例。但傳統服色的法服仍然非常流行，如陸游《老學庵筆記》卷三說：「有老道人……銅冠

◀宋馬麟林和靖畫像

緋氅。」其常穿之服有黃衣，如顏博文〈王希深合和新香煙氣清麗不類尋常可以為道人開筆端消息〉詩：「皂帽真閑客，黃衣小病仙。」（《宋詩紀事》卷四二）道士服飾上還往往飾有花紋，如《夷堅支志丁》卷十〈櫻桃園法師〉載：「見一道士，古貌長鬚，戴七星黑冠，披紫雲霞服。」

常服即是道袍，所著的大小褂衣或名曰大小衫，為平常所穿，大多為交領斜襟。這種外衣和內衣，大致同一般人相似。如道教中的八仙之一呂洞賓，穿黃道服，皂綀，草

▲宋佚名〈呂祖過洞庭圖〉中穿道服的呂洞賓

▲浙江德清南宋吳奧墓出土頭戴道冠、身披寬袖道袍的道士塑像

履，手持棕笠裝束，同普通人們服裝差不多。這種道袍一般以葛布製成，故民間稱為「葛衣」。如蘇軾〈放鶴亭記〉：「黃冠草履，葛衣而鼓琴。」（《蘇軾文集》卷十一，中華書局，一九八六年版）。

宋代道士穿衣，是先穿道袍之類，然後在道袍等之外束以環裙，即下裳，再把鶴氅、罡衣等罩在外面。

宋代道士頭上所戴的冠、巾，有別於當時的僧人。它不同於僧侶們源自天竺的佛教的服飾，道服則是源出於本土的服飾。所以，史繩祖《學齋占畢》卷二〈飲食衣服今皆變古〉說：「然冠、履兩事，反使今之道流得竊其所以，堅執不變，凡閒居則以巾覆冠，及謁見士夫並行科升章則簪冠而徹巾穿舄，是三代之制，尚於羽士見之。」這就是說，中國早期的服飾制度在道家者流中還保持著遺制，也就是說宋代道士還保持著古人上衣下裳和簪冠的形制。其冠流行戴黃冠或七星黑冠，如《宣和遺事．前集》中載夢神霄殿有「神霄宮殿五雲間，羽服黃冠綴曉班。」的詩句，即是道家戴冠的記述，因而「黃冠」成了道流的一般稱呼。當然也有戴七星黑冠的，如《夷堅支志丁》卷十〈櫻桃園法師〉載：「一道士……戴七星黑冠。」

道士和儒生一樣也戴巾。其巾在當時有純陽巾、紫陽巾、幅巾、混元巾（又名玄巾）等名目。如洪邁《夷堅志補》卷二〈吳任鈞〉載：「鈞被貢入京，因適市，遇道人，戴碧綸巾，著寬白布裘，衣冠甚偉，持大扇……」

道士平時穿履，法事時穿舄，舄履用朱色。如《宣和遺事．前集》中載：「忽值一人，松形鶴體，頭頂七星冠，腳著雲根履，身披綠羅襴，手持著寶劍，迎頭而來。」至於女道士的冠服，大體上也同男者相似，也是束髮戴冠、巾而衣道服的。如宋詞中有郭小娘道裝的詞句：「翠羽雙垂珥，烏紗巧製巾。」（《酒邊詞》卷下）蔡伸對名妓陳文入道後，賦中有「霞衣鶴氅並桃冠」之句。

總之，宋代道人戴冠、穿衣裳、著朱舄等服飾制度，保持了古人更多的衣冠制度。

▲宋佚名〈十八學士圖〉中戴小冠、穿道服的文人

▲宋何充〈摹唐盧媚娘像〉中的道姑

九 其他服飾

(一) 伶人和妓女服飾

樂師用紫寬袍。紅巾、青巾常用於伶人，《東京夢華錄》卷七〈駕登寶津樓諸軍呈百戲〉載：「唱訖，鼓笛舉，一紅巾者弄大旗……次一紅巾者手執兩白旗子，跳躍旋風而舞。」又《夢粱錄》卷一〈八日祠山聖誕〉載：「有一小節級，披黃衫，頂青巾，帶大花，插孔雀尾，乘小舟抵湖堂。」諢裹也是宋代教坊女雜劇藝人所裹的頭巾。如《都城紀勝．瓦舍眾伎》：「雜劇部又戴諢裹，其餘只是帽子襆頭。」《夢粱錄》卷二十〈妓樂〉：「雜劇部皆諢裹，餘皆襆頭帽子。」仙冠、玉兔冠、寶冠、金冠、卷雲冠等都是宋代舞女所戴的冠，《宋史．樂志十七》：「女弟子隊凡一百五十三人……四曰佳人剪牡丹隊，衣紅生色砌衣，戴金冠，剪牡丹花。拂霓裳隊，衣紅仙砌衣，碧霞帔，戴仙冠，紅繡抹額。」，「隊舞之制，其名各十……七日玉兔渾脫隊，四色繡羅襦，繫銀帶，冠玉兔冠。」卷雲冠為一種彩冠，《宋史．樂志十七》：「一日菩薩隊，衣緋生色窄砌衣，冠卷雲

▲山西平定宋墓大曲壁畫中樂師的服飾

▲宋佚名〈歌樂圖〉中歌妓和樂師的服飾

▲宋佚名〈歌樂圖〉中歌妓的頭飾

▲宋佚名〈雜劇眼藥酸圖〉

▲宋佚名〈雜劇打花鼓圖〉中雜劇演員。左穿紅色對襟旋襖，披大袖襦，長褲，膝下裹吊敦，頭上裹諢裹，腳穿平頭鞋；右梳包髻簪花，穿對襟旋襖，長褲，腰間繫花袱，纏足

▲宋劉松年〈十八學士圖卷〉中的歌妓

▲宋劉松年〈十八學士圖卷〉中的歌妓

▲宋佚名〈雜劇打花鼓圖〉中頭上戴花的女演員

冠。」

妓女所穿的衣服有官衫、寬衫、衩等。官衫又稱官衫帔子，是官妓接客承應時所穿的禮服，其形制由官府所定。寬衫是一種寬闊肥大的衣服，在歌舞中使用。如《東京夢華錄》卷九〈宰執親王宗室百官入內上壽〉載：「教坊樂部，列於山樓下綵棚中，皆裹長腳襆頭，隨逐部服紫緋綠三色寬衫黃義襴，鍍金凹面腰帶。」旋裙是宋代妓女喜愛的一種裙子。這種裙子前後開衩，裙上折襉相疊，以多為勝，便於妓女出行乘騎。江休復《江鄰幾雜志》載：「婦人不服寬袴與襜，製旋裙必前後開胯，以便乘驢。其風聞於都下妓女，而士人之家反慕效之。」珠鞋是一種裝飾有珍珠的鞋子，消費者多是風塵女子。如柳永〈玉

▲宋劉松年〈十八學士圖卷〉的歌妓髮式：頭包巾、戴花

▲宋蘇漢臣〈雜技戲孩圖〉的男雜技演員

▲宋佚名〈百子嬉春圖〉中的各色童裝

▲宋佚名〈小庭嬰戲圖〉中的童裝

▲宋陳宗訓〈秋庭嬰戲圖〉中的童裝

▲（左）宋蘇漢臣《開泰圖》中的兒童服飾
▲（中）宋佚名〈冬日嬰戲圖〉中的兒童服飾
▲（右）宋蘇漢臣〈秋庭嬰戲圖〉中的兒童服飾

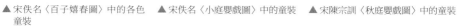

▲宋蘇漢臣〈嬰戲圖〉中的兒童服飾

▲宋王居正〈紡車圖〉中的農村兒童髮式

▲宋張激〈白蓮社圖〉中的兒童髮式

▲宋蘇漢臣〈雜技戲孩圖〉中的兒童服飾

▲宋佚名〈蕉蔭擊球圖〉中的兒童服飾

樓春〉詞：「鳳樓十二神仙宅，珠履三升鵷鷺*客。」

㈡兒童服飾

形制短小的短衫在民間尤為常見，是當時小兒的便衣。

搭羅兒為宋代兒童所戴的一種無頂涼帽，以綵帛製作而成，形如髮圈，周密《武林舊事》卷六〈小經紀〉中有載。珠帽是宋代富貴人家兒童所戴的一種帽子，因以珠子綴成，故名。岳珂《桯史》卷一〈南陔脫帽〉載：「神宗朝，王襄敏（韶）在京師，會元夕張燈，金吾弛夜，家人皆步出將帷觀焉。幼子（寀）第十三，方能言，珠帽襐服，憑肩以從。」

*鵷鷺，因為鵷與鷺飛行時整齊有序，因此又引申為朝官行列整齊。

▲宋馬遠〈寒江獨釣圖〉中的箬笠

㈢少數民族服飾

在西南少數民族地區，則流行婆衫、婆裙（或稱莎裙）、仡佬裙、花裙等。周去非《嶺外代答》卷六〈婆衫婆裙〉載：「欽州村落土人新婦之飾，以碎雜綵合成細毬文，如大方帕，名衫。左右兩個縫成袖口，披著以為上服。其長止及腰，婆娑然也，謂之婆衫。……頭頂藤笠，裝以百花鳳，為新婦服之一月。雖出入村落墟市，亦不釋之。」朱輔《溪蠻叢笑》載：「仡佬裙：裙幅兩頭縫斷，自足而入，闌斑厚重。下一段純以紅范，史所謂獨力衣，恐是也。蓋裸袒以裙代袴，雖盛服不去。」而周去非《嶺外代答》卷二則載海南黎族婦女著「短織花裙」。又卷六載欽州村落新婦穿婆裙，「其裙四圍縫製，其長丈餘，穿之以足，而繫於腰間，以藤束腰，抽其裙令短，聚所抽於腰，則腰特大矣，謂之婆裙。」

南方少數民族則盛行佩服白色的頭巾。如周去非《嶺外代答》卷七〈樂器門·白巾鼓樂〉載：「南人難得烏紗，率用白紵為巾，道路彌望皆白巾也。北人見之，遽訝曰：『南瘴疾殺人，殆比屋制服者歟？』又周煇《清波雜志》卷十〈黎洞白巾〉載：「廣南黎洞，非親喪亦頂白巾，婦人以白巾纏頭。」

小花笠是南方少數民族流行的一種斗笠。周去非《嶺外代答》卷二載：「黎裝……首或以絳帛包髻，或帶小花笠，或加雞尾，而皆簪銀篦二枝。」蠻笠為西南少數民族所戴的斗笠，其制在周去非《嶺外代答》卷六〈蠻笠〉中有載：「西南蠻笠，以竹為身，而冒以魚䰳，其頂尖圓，高起一尺餘，而四周下垂。視他蕃笠，其制似不佳，然最宜乘馬。蓋頂高則定而不傾，四垂則風不能飏，他蕃笠所不及也。」藤笠以細藤精心編製而成，周去非《嶺外代答》卷六〈婆衫婆裙〉載：「欽州村落土人新婦之飾……頭頂藤笠，裝以百花鳳。」箬笠以箬竹的蔑或葉子編成，用來遮雨和遮陽光。如費袞《梁谿漫志》卷四〈東坡戴笠〉載：「東坡在儋耳。一日，過黎子雲，遇雨，乃從農家借箬笠戴之，著屐而歸。」

十　化妝、髮式和首飾

㈠化妝

宋代的化妝以婦女為主體，其風俗與唐人的濃妝豔抹相比，更傾向於淡雅之美。如宋代文人士大夫譏諷姿容顏色不好的妓女為「鼓子花」，即「米囊花」（一種以濃豔著稱的罌粟花）。王元之謫齊安郡，時民物荒涼，營妓有姿容不佳者，元之乃作詩譏諷道：「憶昔西都看牡丹，稍無顏色便心闌。而今寂寞山城裏，鼓子花開亦喜歡。」又詞人張先老於杭州，其一生多替官妓作詞，而不及龍靚，故獻詩：「天與群材十樣葩，獨分顏色不堪誇。牡丹芍藥人題遍，自分身如鼓子花。」在當時，婦人畫眉、油面、塗面、抹粉、穿耳、塗脂、妝靨、斜紅、額黃、花鈿、點唇等是很平常的事。

面部的化妝，在婦女的化妝中具有舉足輕重的作用。因為面部是人情感表現的集中所在，最容易引人注目。為了博取男人們的好感，宋代婦女在臉、眉、唇、耳等面部的化妝上動足了腦筋，時有額黃、鴉黃、眉黛、輕煤、茶油、花子油、紅粉、口脂、花鈿、靨鈿

▲宋蘇漢臣〈粧靚仕女圖〉

等名目。

崇尚眉目美，是中國古代婦女的傳統，並被文人士大夫視為女性的代名詞。宋代也不例外，婦女們也競尚眉間之美，她們將自己本身的眉毛剃去，再以石黛等顏料描畫成各種樣式的眉毛。如朱翌《猗覺寮雜記》卷下載：「今婦人削去眉，畫以墨，蓋古法也。《釋名》曰：『黛，代也，滅去眉毛以代其處也。』」故稱之為「黛眉」。當然，也有不用青黛點眉法的，名妓瑩姐就發明了輕煤點眉的技法，而且還在五代「十眉圖」的基礎上創造了花樣繁多、奇巧多變的百眉圖，時稱「瑩姐百眉」。陶穀《清異錄》卷下〈膠煤變相〉載：「瑩姐，平康妓也。玉淨花明，尤善梳掠畫眉，日作一樣。唐斯立戲之曰：『西蜀有十眉圖，妝眉癖若是，可作百眉圖。更假以歲年，當率同志為修眉史矣。』」以後，「眉史」一詞遂成為妓女的代名詞，時有「細宅眷而不喜瑩者，謗之為膠煤變相。」宋代婦女還往往在眉間施以鴉黃。鴉黃又稱眉黃，是指在眉間施以黃粉。楊大年〈真宗遊春詞〉：「和風吹去眉間黃。」蘇軾〈好事近〉詞：「臨鏡纖手上鴉黃。」從宋代婦女流行的畫眉來看，有濃廣、細淡之分，這從當時文人的文學作品中可以看出。關於濃廣的，如吳渭〈春遊詩〉：「今朝出閣去，拂鏡濃掃眉。」謝翱〈贈汴京娼女詞〉：「雲鬟輕梳闊掃眉。」細淡的，則有蘇軾：「春來羸得小宮腰，淡淡纖眉也嫩描。」她們的眉式大多沿襲前代，如蘇軾〈眉子石硯歌贈胡誾〉詩：「成都畫手開十眉，橫雲卻月爭新奇。」這裡所說的「橫雲」、「卻月」、「倒暈」三種眉式就都源自唐代。「倒暈眉」盛行於宮中，是一種畫成寬闊月形的眉式，在一端由淺

▲河南白沙一號宋墓壁畫（選自宿白《白沙宋墓》）。壁畫描繪了穿背子、頭戴尖角大冠的貴婦對鏡理紅妝的景象

▲河南白沙宋墓壁畫中的婦女服飾：貴婦頭戴尖角大冠，身穿背子。侍女頭戴花冠，畫鴛鴦眉

◀江西德安南宋周氏墓出土的菱花形銀胭脂碟

入深，逐漸向外暈染，直至黛色消失。這種眉式在宋人所繪的〈歷代帝后像〉中表現得十分明顯。太平興國年間，范陽鳳池院尼姑靜慧，年二十時曾創製了一種新的眉式，濃豔明媚，有別於當時盛行的眉式。人們以其為佛門弟子，故爭相仿效，並名為「淺文殊眉」（陶穀《清異錄》卷下）。

宋代婦女的嘴唇化妝，則往往以鮮紅的唇脂點染成各種形狀，式樣繁多，流行的有石榴嬌、大紅春、小紅春、萬金紅等名目。從唇妝的色彩來看，除了胭脂、朱砂本身的色調在化妝時有濃淡之分外，宋代婦女又喜歡用檀色。如秦觀〈南歌子〉詞：「揉藍衫子淡黃

▲江西德安南宋周氏墓出土的如意紋銀粉盒、銀勺

▲宋佚名〈仁宗皇后像〉

裙，獨倚玉欄無語點檀唇。」

宋代婦女的臉部化妝有額黃、紅妝、素妝、佛妝等種。所謂額黃，就是在額部塗抹黃色的顏料。這種妝式最初始自宮中，故又稱「宮黃」。如周邦彥〈瑞龍吟〉詞：「侵晨淺約宮黃，障風映袖，盈盈笑語。」張先〈漢宮春〉詞：「紅粉苔牆，透新春消息……額塗黃，何人鬥巧。」紅妝則是在頰間施以紅粉，唇點口脂。這一妝法深受仕女的喜愛，如歐陽修〈浣溪沙〉詞：「紅粉佳人白玉杯，木蘭船穩棹歌催，綠荷風裏笑聲來。」張先〈醉垂鞭〉詞：「雙蝶繡羅裙，東池宴，初相見。朱粉不深勻，閑花淡淡春。」晏幾道〈臨江仙〉詞：「靚粧眉沁綠，羞豔粉生紅。」薄妝又稱淡妝，是在臉部施以淡淡的粉，以顯得雅致。如王銍〈追和周昉琴阮美人圖〉詩：「髻重髮根急，薄粧無意添。」素妝就是在臉部塗以白色的鉛粉或米粉。這種妝法在當時頗為少見，被時人視為服妖。淚妝以白粉抹頰或點染眼角，因其狀如啼哭，故名。如《宋史．五行志三》載：理宗時，宮妃「粉點眼角，名淚妝。」檀暈妝也是一種素雅的妝式，其法是：先以淺赭鉛粉打底，然後施以檀粉，面頰中部微紅，並逐漸向四周暈染。蘇軾〈次韻楊公濟奉議梅花〉詩有「鮫綃*剪碎玉簪輕，檀暈粧成雪月明。」之句（《蘇軾詩集》卷二三）陸游〈和譚德稱送牡丹〉詩：「洛陽春色擅中州，檀暈鞓紅總勝流。」（《劍南詩稿》卷三）慵來妝，簡稱「慵妝」。這種妝式始自漢武帝時，至宋猶存。其妝式是：薄傅紅粉，淺畫雙眉，鬢髮蓬鬆而捲曲，給人以慵困、倦怠之感。梅妝是指婦女在眉額上點畫或黏貼梅花形花鈿，又稱梅額、落梅妝、梅妝額、花額、額妝、壽陽妝等。吳文英〈玉樓春．京市舞女〉詞：「茸茸狸帽遮梅額，金蟬羅翦胡衫窄。」吳則禮〈滿庭芳．立春〉詞：「釵頭燕，粧臺弄粉，梅額故相誇。」

佛妝流行於燕地。莊綽《雞肋編》卷上載：「冬月以括蔞塗面，謂之佛粧，但加傅而不洗，至春暖方滌去，久不為風日所侵，故潔白如玉也。其異於南方如此。」

對手部的化妝，宋代婦女也頗為講究，往往不惜時間修飾指甲，以增加女性的魅力。當時風俗以鳳仙花染甲，稱為「金鳳染指」。周密《癸辛雜識》續集上〈金鳳染甲〉詳細記載了這種方法：「鳳仙花，紅者用葉擣碎，入明礬少許在內，先洗淨指甲，然後以此敷甲上，用片帛纏定過夜。初染色淡，連染三五次，其色若胭脂，洗滌不去，可經旬，直至退甲，方漸去之。或云此守宮之法，非也（今老婦七八旬者亦染甲）。今回回婦人多喜此，或以染手并貓狗為戲。」

▲南宋景德鎮窯青白釉印花粉盒

＊蛟綃，多指絹帛。

值得注意的是，在宋代的南部邊疆，一些少數民族婦女還有繡面的習俗。所謂繡面，就是用針在臉部紥刺出花紋，上面填以顏色，使其經久不變。周去非《嶺外代答》卷二〈海外黎蠻〉載：「猺人執黎弓，垂剪筒。……其婦人高髻繡面，耳帶銅環，垂墜至肩。」又同書卷十〈繡面〉載：「海南黎女以繡面為飾，蓋黎女多美，昔嘗為外人所竊，黎女有節者，涅面以礪俗，至今慕而效之。其繡面也，猶中州之笄也。女年及笄，置酒會親舊女伴，自施針筆，為極細花卉飛蛾之形，絢之以遍地淡粟紋。有晰白而繡文翠青，花紋曉了，工致極佳者。唯其婢不繡。」

(二) 髮式

宋代婦女的髮式，大體上沿襲唐代，通稱有髻、鬟兩種。不過她們的髮式設計要比唐代進步，非常講究。其時婦女的髮式甚多，有雲髻、芭蕉髻、龍蕊髻、大盤髻、小盤髻、墮馬髻、高髻、假髻、特髻等。在這些名目繁多的式樣中，有的沿襲前代，有的則是宋代婦女的創造。從時代來看，北宋初年流行的髮髻有前代流傳下來的墮馬髻、盤鴉髻、鬧掃髻等，及宋人自創的雲髻、芭蕉髻、龍蕊髻、大盤髻、小盤髻等。高髻早在漢代就已經大行於世，至宋仍然沿襲不衰，時有朝天髻、同心髻、流蘇髻等髮型。

朝天髻在北宋極為盛行，尊卑皆用。其編製方法是：將髮梳至額頂分為兩束，挽成兩個圓柱，由後朝前反搭，伸向前額。為使髮髻朝上高高聳立，宋人還另在髻下襯以首飾。《宋史・五行志三》載：「建隆初，蜀孟昶末年，婦女競治髮為高髻，號朝天髻。」又周密《齊東野語》卷一三〈優語〉載：「宣和中，童貫用兵燕薊，敗而竄。一日內宴，教坊進伎為三四婢，首飾皆不同。其一當額為髻，曰蔡太師家人也；其二日偏墜，曰鄭太宰家人也；又一人滿頭為髻如小兒，曰童大王家人也。問其故，蔡氏曰：『太師覲清光，此名朝天髻。』鄭氏者曰：『吾太宰奉祠就第，此懶梳髻。』至童氏者曰：『大王方用兵，此三十六髻也。』」梳挽朝天髻的婦女形象，在山西太原晉祠聖母殿北宋彩塑像中有生動的

▲宋蘇漢臣〈對鏡仕女圖〉

▲宋佚名《女孝經圖卷》中梳盤福髻、髮插白角梳的婦女

▲宋佚名《女孝經圖卷》中梳垂螺髻的婦女

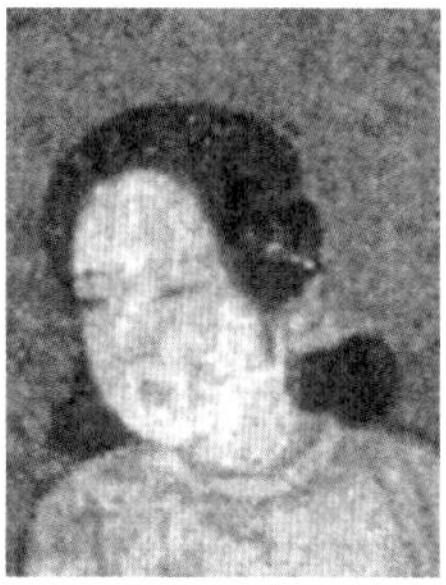

▲宋佚名《女孝經圖卷》中梳雙垂髻的宮女

▲宋劉松年《博古圖》中梳小盤髻的高級女傭

反映。

懶梳髻亦稱懶梳頭、懶梳妝。始自北宋末年，這從上述周密《齊東野語》卷一三〈優語〉所載中可以看出。髮髻通常以假髮製成，使用時無需梳掠，只要套在頭上即可，故名。流行於青年婦女。其髻式是：梳髮於頂，分成數綹，盤挽成髻。

羅髻多行於民間婦女，其髻式是由髮盤辮而成。晁補之〈下水船・廖明略妓田氏〉詞：「困倚粧臺，盈盈正解羅髻。」

流蘇髻集髮於頂，編挽為髻，髻根用帶繫紮，帶梢下垂於肩。其髮式見於宋人繪畫作品〈半閑秋興圖〉。

同心髻在宋代尊卑皆用，大行於世。江西景德鎮宋墓就曾出土過這種同心髻瓷俑。但在鄂西地區，這種同心髻只限於未婚女性使用。陸游《入蜀記》第六載該地未婚女子頭上「率為同心髻，高二尺，插銀釵至六隻，後插大象牙梳如手大。」

▲宋佚名〈維摩居士圖〉中的貴婦頭飾

▲宋佚名〈倚松賞月圖〉中的婦女頭飾

▲宋劉宗古〈瑤臺步月圖〉中的元寶冠

▲宋劉宗古〈瑤臺步月圖〉中的芭蕉髻

危髻也是一種高聳的髮髻。孟元老《東京夢華錄》卷二〈飲食果子〉：「更有街坊婦人，腰繫青花布手巾，綰危髻，為酒客換湯斟酒。」

鸞髻同樣是一種高髻，因形似鸞鳥而得名；也有的盤髮為髻，髮上插鸞形首飾者。《宣和遺事》：「（李師師）嚲眉鸞髻垂雲碧，眼入明眸秋水溢。」這種髮髻在宋人繪畫作品中也有表現，如〈八十七神仙〉圖中就有一位梳鸞髻的仕女的形象。

螺髻因髻式如螺殼而得名，自唐以來一直為成年婦女所採用，宋代亦然。周煇《清波雜志》卷九〈下水船詞〉：「（田氏）困倚粧臺，盈盈正解螺髻，鳳釵墜……」

墮馬髻是宋代最為通行的一種髮式，自漢代流傳以來一直盛行不衰。張先〈中呂調．菊花新〉詞：「墮髻慵粧來日暮，家在柳橋堤下住。」

內家髻，首出於宮中，後民間競相仿效。張先〈醉落魄〉詞：「雲輕柳弱，內家髻子新梳掠，生香真色人難

▲宋王詵〈繡櫳曉鏡圖〉中的侍女服飾：右者頭上為雙蟠髻，髻上加珠飾；左為雙螺髻

▲宋佚名《女孝經圖卷》中頭梳雙螺髻、身著袍、腰束革帶、圍有腰上黃的宮女

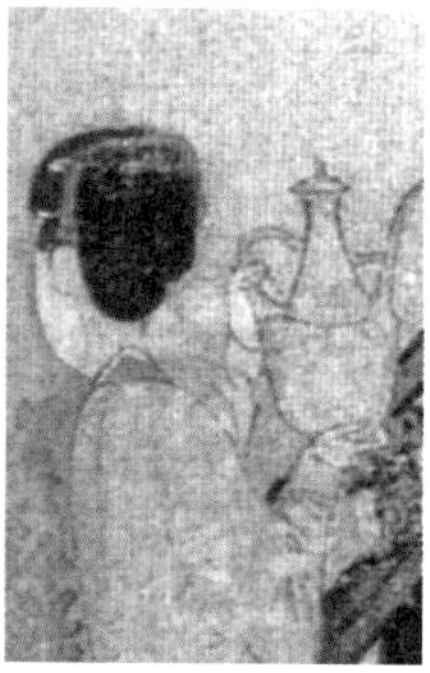
▲宋劉宗古〈瑤臺步月圖〉中梳芭蕉髻的侍女

▲宋畫中少女的雙鬟髻

學。」

雲髻也是北宋初年最為常見的髻式，金盈之《醉翁談錄》有「雲髻慵邀阿母梳」的詩句。

芭蕉髻形如橢圓，髻四周環以綠翠，豔如芭蕉，嬌而多姿。

仙人髻為宋代歌妓舞女流行的一種髮式。孟元老《東京夢華錄》卷九〈宰執親王宗室百官入內上壽〉載：「第七盞御酒，慢曲子，宰臣酒……勾女童隊入場，女童皆選兩軍妙齡容豔過人者四百餘人，或戴花冠，或仙人髻，鴉霞之服，或卷曲花腳襆頭，四契紅黃生色銷金錦繡之衣，結束不常，莫不一時新粧。」

一窩絲多行於已婚及老年婦女。其髮式是將頭髮聚集在後面，盤成一個圓髻，上面再插簪、釵等首飾。《清平山堂話本．簡帖和尚》：「回轉頭來看時，恰是一個婆婆，生得：眉分兩道雪，髻挽一窩絲。」

杭州纘盛行於南宋都城臨安，該髮髻由一窩絲髮

◀宋蘇漢臣〈粧靚仕女圖〉中對鏡梳妝打扮的貴婦
▼(左)宋劉松年〈天女獻花圖〉中頭髮飾滿珠飾的少女
▼(中)山西太原晉祠中包髻的宋代婦女塑像
▼(右)山西太原晉祠梳朝天髻的宋代婦女塑像

式演變而來，直接將頭髮聚集在後面，盤成一個圓髻，給人以一種鬢髮蓬鬆、嫵媚多情之感。為防止髮髻散亂滑落，還用一種特製的網罩罩住。明代小說《金瓶梅詞話》第五十九回對此有詳細而生動的描述：「鄭愛月兒出來，不戴䯼髻，頭上挽著一窩絲杭州攢，梳的黑鬖鬖、光油油的烏雲，雲鬢堆鴉，猶若輕煙密霧。都用飛金巧貼，帶著翠梅花鈿兒，周圍金累絲簪兒，齊插後鬢。」

雙髻是指在梳結時，由頭頂正中分髮，將頭髮分成左右兩股，先在頭頂兩側各紮一結，然後將餘髮彎成環狀，並將髮梢編入耳後髮內。這種髮髻以少女最為常見，如洪邁《夷堅支志丁》卷二〈小陳留旅舍女〉載：「黃寅，字清之，建安人。政和二年試京師，未到六十裡，抵小陳留旅舍寓宿。夜將二鼓，觀書且讀，聞人扣戶聲，其音嬌婉，出視之，乃雙髻女子。」

鳳髻又稱鳳凰髻，為一種高髻，其式如鳳鳥之狀，高高翹起。歐陽修〈南歌子〉詞：「鳳髻金泥帶，龍紋玉掌梳。」

大盤髻又名拋髻，共五圍緊緊扎實，上面插以金釵，並用絲網固定，貴族豪富之家婦女多尚之（參見《徐氏筆精》卷三）。小盤髻為三圍，不用網固。此髻的形象在〈妃子浴兒圖〉中可見。

北宋崇寧、大觀年間，又創有一種名叫「盤福龍」的髮髻。據徐大焯《燼餘錄》乙

▲宋佚名仿周昉〈戲嬰圖〉（局部）

編所載，盤福龍髻又名便眠覺，「髮髻大而扁」。其形象可見於〈孝經圖〉。

丫髻為婦女的一種髮髻，集髮為上，編為小髻，直豎於頭頂，因其形似樹枝之叉，故名。陸游《浣花女》詩：「江頭女兒雙髻丫，常隨阿母供桑麻。」（《劍南詩稿》卷八）。

鴉鬟在宋代又稱為丫鬟，多行於民間未婚的青年女子。其髮式是：梳挽時將頭髮分成兩縷，編成環結，左右各一個，或貼於雙鬢，或垂於兩肩。

蟬鬢，簡稱「蟬」。始於三國初年，相傳為魏文帝宮人莫瓊樹所創，至宋猶存。其髮式是：以膏沐掠鬢，使其色黑光潤，並將鬢髮整理成薄如蟬翼之狀，故亦稱蟬翼鬢。洪邁〈踏莎行〉詞：「釵鳳斜敧，鬢蟬不整。」（《絕妙好詞箋》卷一）。

霧鬢因其髮式蓬鬆稀疏，輕如雲霧，故名。製作方式是：以膏沐掠鬢，將鬢髮整理成薄片之狀。蘇軾〈題毛女真〉詩有「霧鬢風鬟木葉衣，山川良是昔人非。」之句（《蘇軾詩集》卷三七）。

大鬢、雲尖巧額、方額等，都是宋代婦女的鬢髮妝飾之一。袁褧《楓窗小牘》卷上載：「汴京閨閣，粧抹凡數變。崇寧間，少嘗記憶，作大鬢方額；政宣之際，又尚急把垂肩。宣和以後，多梳雲尖巧額，鬢撐金鳳。小家至為剪紙襯髮。」製作方法是：在梳掠時要將鬢髮和周圍的頭髮連成一片，使雙鬢部位呈現出寬闊狀。方額也流行於崇寧年間，其髮式是將額髮修剪成一字形，橫列於眉上，因其額角之髮平齊方正，故名。宋人所繪〈瑤臺步月圖〉中有其髮式。

▼南宋李嵩〈聽阮圖〉（局部）

雲尖巧額是將額髮盤成朵雲之狀，橫列於眉上；雲朵之數多少不等，兩鬢以釵鈿固定。此髮式在南宋李嵩〈聽阮圖〉中可見。

此外，見於宋代文獻及繪畫等資料的尚有龍心髻、雙蟠髻、雙螺髻、雙鬟髻、三鬟髻、包髻、寶髻等。

以高為美的髮式風俗，直至南宋末年猶存。如理宗時，宮妃梳高髻於頂，束以綵繒，曰「不走落」（《鐵圍山叢談》卷一；《宋史．五行志三》）。這種髮式是宮中婦女發明的，屬高髻之一。

值得注意的是，供婦人裝飾用的假髮也因省時、美觀在宋代大行於世，其髮式和名稱甚多，如義髻、假髻、特髻、雲鬟鳳髻、雲鬟髻等。特髻、義髻等在宋代都是假髻的代稱。這些名目繁多的假髻，消費者當以妓女居多。如雲鬟髻、雲鬟鳳髻就是宋代宮廷歌舞妓所戴的一種假髻。《宋史．樂志十七》載：「女弟子凡一百五十三人……六日採蓮隊，衣紅羅生色綽子，繫暈裙，戴雲鬟髻，乘綵船，執蓮花。七日鳳迎樂隊，衣紅仙砌衣，戴雲鬟鳳髻。」當然，假髻在其他婦女階層中也有使用。如程大昌《演繁露》卷十二載：侍郎秦塤言其姐姐出嫁時，「德壽使人押賜冠帔，亦止是珠子、鬆花特髻，無有所謂冠也。」

受社會風氣的影響，北宋初年的婦女競用一種非常高大的假髻，甚至有的假髻高至五寸以上。龐元英《文昌雜錄》引徐度龍〈靚行詞〉：「朱樓逢靚女，假髻鬟……紅顏黛

◀山西太原晉祠中包髻的宋代婦女塑像

眉，高髻接格粧樓外。」當時宮中也受到影響，內官中便有頂「龍兒特髻」的。蔡絛《鐵圍山叢談》卷一載：「御侍頂龍兒特髻，衣襜。」一些商人也緊緊抓住時機，在東京城內出售「特髻」。但始行不久便遭到統治者的禁止，端拱二年（九八九），太宗下詔：「自今高不得過二寸五分，婦人假髻並宜禁斷，仍不得作高髻及高冠。」（《宋史・輿服志五》）。

令人難以置信的是，宋代的僧侶也有使用假髻的現象。他們所戴的假髻，時人稱為匲髻。如南宋葉夢得《避暑錄話》卷下載：「和尚置梳篦，亦俚語，言必無用也。崇寧中……（僧）皆為匲髻以簪其冠。公戲之曰：『今當遂梳篦乎？』不覺哄堂大笑，冠有墜地者。」

宋代兒童的髮式比較簡單，時有勃角、髫鬌、總髻等幾種。勃角又稱婆焦、博焦、跋蕉。《宋史・五行志三》載：「理宗朝……剃削童髮，必留大錢許於頂左，名偏頂；或留

▲宋王居正〈紡車圖〉中包頭巾的老年村婦

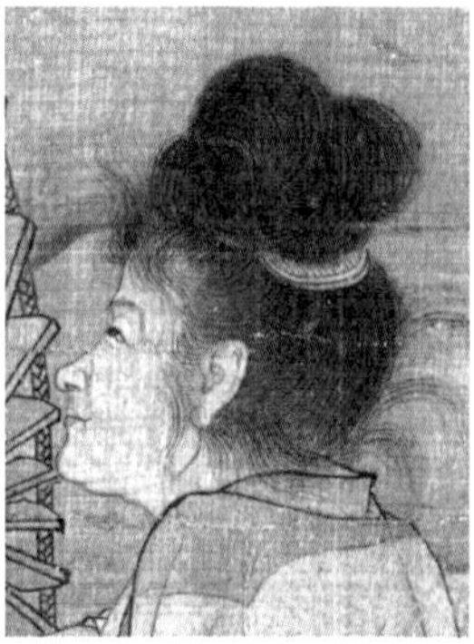

▲宋王居正〈紡車圖〉中的村婦髮式

之頂前，束以綵繒，宛若博焦之狀，或曰鵜角。」從文獻記載中我們可以看出，這種髮式是留前髮及兩面側髮，其餘全部剃去，且前髮下垂至額，兩側之髮綰結成辮，下搭於肩。髫鬌為幼兒髮式。按古代風俗，幼兒出生滿三個月時，要舉行剃髮之禮。屆時剃除環髮，僅留少量頭髮於頂，名髫鬌。宋人蘇漢臣〈秋庭戲嬰圖〉中便繪有這種髮式。總髫是將頭髮集中到頂部，編為小髫，左右各一，形似雙角。如朱熹《訓學齋規》：「男子有三緊，謂頭緊、腰緊、腳緊。頭謂頭巾，未冠者總髫。」

(三) 首飾

宋代的首飾，從製作用料來說，有金、銀、翡翠、玉石、骨及竹、木等。

金、銀和翡翠首飾在宋代僅限於貴族命婦使用。如景祐三年詔：「凡命婦許以金為首飾……非命婦之家得以真珠裝綴為首飾。」（《宋史．輿服志二》）又《宋史．輿服志五》載：「其銷金、泥金、真珠、裝綴衣服，除命婦外，餘人並禁。」、「紹興五年，高宗謂輔臣曰：『金翠為婦人服飾，不惟靡貨害物，而侈靡之習，實關風化，已戒中外，及下令不許入宮門；今無一人犯者，尚恐士民之家，未能盡革，宜申嚴禁。仍定銷金及採捕金翠罪賞格。』」由於宋代統治者禁止民間使用金、銀、翡翠首飾，因此琉璃首飾在民間大行其道。《宋史．五行志三》載：紹興元年（一一三一），都城臨安的民婦以琉璃為首飾。咸淳五年（一二六九），又以碾玉為首飾。時人有詩：「京師禁珠翠，天下都琉璃。」

普通的玉製首飾允許平民使用，但消費者也以貴婦和富家女子居多。形制有玉簪、玉釵、玉釧、玉珥、玉步搖等。玉簪在宋代見於記載的玉龍簪，李廌《師友談記．孫敬之言禁中禮數》：「今年上元，呂丞相夫人禁中侍宴……御宴惟五人，上居中，寶慈在東，長樂在西，皆南向，太妃暨中宮皆西向。寶慈暨長樂皆白角團冠，前後惟白玉龍簪而已，衣黃背子衣，無華彩。太妃暨中宮皆鏤金雲月冠，前後亦白玉龍簪，而飾以北珠。珠甚大，衣紅背子，皆用珠為飾。中宮雖預坐，而婦禮甚謹。」玉釵中著名的有玉燕釵，宋徽宗〈題芭蕉仕女圖〉詩：「羅襪生香踏軟紗，釵橫玉燕鬢松鴉。」玉釧，徐仲山〈眼兒媚詞〉有「玉釧掛步搖」之句。玉步搖的形制沿襲前代，宋人多貫以珍珠，玉釧下垂。婦女們戴上後，蓮步輕

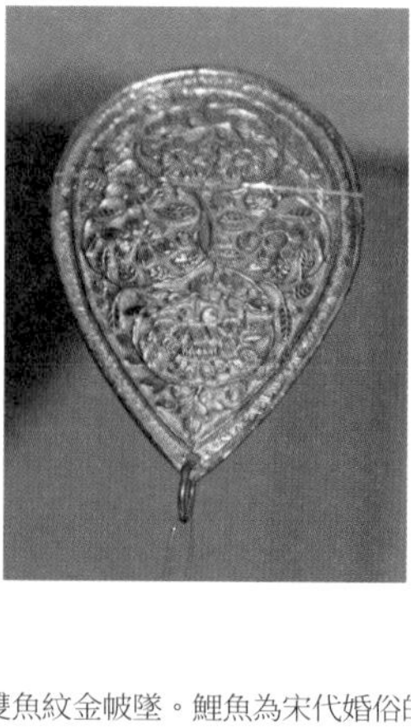

▲（左）湖南臨湘陸城南宋墓出土的金簾梳
▲（中）浙江慶元南宋胡紘妻吳氏墓出土的金帔墜
▲（右）湖北黃石河口鎮鳳凰山南宋呂氏墓出土的鏤空雙魚紋金帔墜。鯉魚為宋代婚俗的吉祥物

搖，更顯得婀娜多姿。

水晶首飾同樣為富家大族婦女所擁有。如周密《癸辛雜識》後集〈濟王致禍〉載：「濟王夫人吳氏，恭聖太后之侄孫也，性極妒忌。王有寵妃數人，殊不能容，每入禁中，必察之楊后，具言王之短，無所不至。一日內宴後，以水精雙蓮花一枝，命王親為夫人簪之，且戒其夫婦和睦。」

竹、木製的首飾有木釵、竹釵等。《朱子家禮》：「斬衰，婦人用……竹釵。」

▲宋人繪〈徽宗皇后像〉

▲宋人繪〈欽宗皇后像〉

從裝飾的部位來看，可以分為髮飾、頸飾、面飾、耳飾、手飾等，種類主要有簪、釵、梳、篦等。

頭部飾物有髮簪、髮釵及布帶等。釵是髮飾中最為常見的一種首飾，如《京本通俗小說・西山一窟鬼》：「金蓮著弓弓扣繡鞋兒，螺髻插短短紫金釵子。」釵以鳳凰形的最為

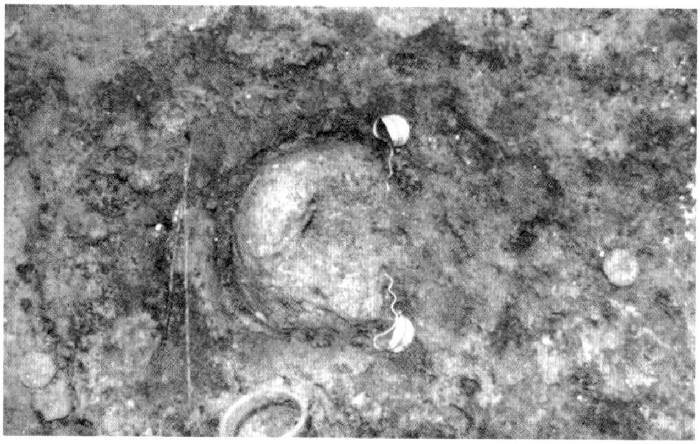

▲四川彭山正華村北宋石墓出土女墓主人頭部及裝飾物

▲江西德安出土的南宋丫形雙股金髮釵

常見，時人所稱的鳳釵、釵頭鳳、釵上鳳、鳳頭釵等都屬於這一類。如歐陽修〈應天長〉詞：「一彎初月臨鸞鏡，雲鬢鳳釵慵不整。」此外，又有燕釵、鸞釵等。燕釵在宋代又稱為「釵頭燕」、「釵上燕」，是一種比較輕巧的首飾，婦女戴上後顯得輕盈欲飛，媚態倍增，因此頗受婦女們的青睞。葉廷珪《海錄碎事》卷五〈釵珥門〉：「多羞釵上燕，真愧鏡中鸞。」翠釵以翠綠色寶石或翠鳥羽毛裝飾而成。賀鑄〈綠頭鴨〉詞：「翠釵分銀箋封淚，舞鞋從此生塵。」鸞釵因形似鸞鳥而得名，胡仔〈水龍吟．以李長吉美人梳頭歌填〉詞：「蘭膏勻漬，冷光欲溜，鸞釵易墜。」

勝由金片、玉片、寶石等材料雕琢而成。時有金勝、銀勝、玉勝、寶勝、羅勝、織勝、人勝等。寶勝，顧名思義就是由寶石雕製而成。吳則禮〈滿庭芳．立春〉詞：「又喜椒觴到手，寶勝裏，仍剪金花。」玉勝則由玉石製成，《歲時廣記》載立春之俗曰：「彩雞縷燕，珠幡玉勝，並歸釵鬢。」銀勝、羅勝分別由銀和羅製成。《宋史．禮志十八》：「（諸王納妃）定禮，羊、酒、綵各加十……果槃、花粉、花冪、眠羊臥鹿花餅、銀勝、小色金銀錢等物。納財，用金器百兩、綵千匹、錢五十萬，錦綺、綾、羅、絹各三百匹……花粉、花冪、果盤、銀勝、羅勝等物。」

篦，陶穀《清異錄》卷下〈眉匠〉說：「篦，誠瑣物也，然丈夫整鬢、婦人作眉，舍此無以代之。余名之曰鬢師眉匠。」在宋代，篦是人們束髮的必備之物。米芾《畫史》

載：「士子國初皆頂鹿皮冠，弁遺制也。更無頭巾、掠子，必帶篦，所以裹帽則必用篦子約髮。……其後方有絲絹作掠子，掠起髮頂帽，出入不敢使尊者見。既歸，於門背取下掠子，篦約發訖，乃敢入，恐尊者令免帽見之為大不謹也。」周去非《嶺外代答》卷二載海南黎族婦女：「黎裝椎髻徒跣裸袒，而腰繚吉貝，首珥銀釵，或銅或錫，首或以絳帛綵帛包髻，或帶小花笠，或加雞尾，而皆簪銀篦二枝。」

在當時，婦女們還使用一種兼帶挖耳杓的髮簪。這種髮簪名叫一丈青，又俗稱為「耳挖子」，其形狀是：一頭尖銳，另一頭鑿有一個小杓，供人挖耳用。一九七四年浙江衢州一宋墓中有實物出土。

梳在宋代也往往用作婦女首飾。如陸游《入蜀記》卷六載：蜀地婦女未嫁者率戴二尺高的同心髻，插銀釵多至六隻，後

▲四川彭山正華村北宋石墓出土金耳飾

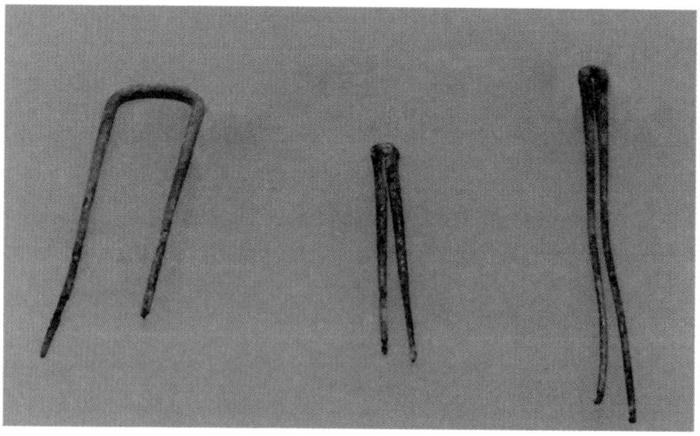

▲宋代的銀髮釵

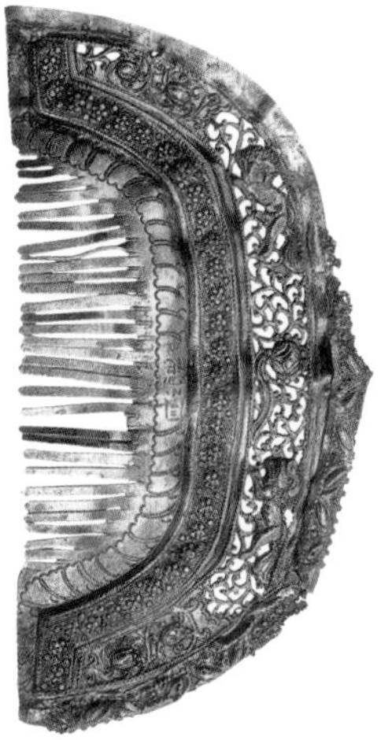

▲江西彭澤北宋易氏墓出土的半月形卷草獅子紋銀梳

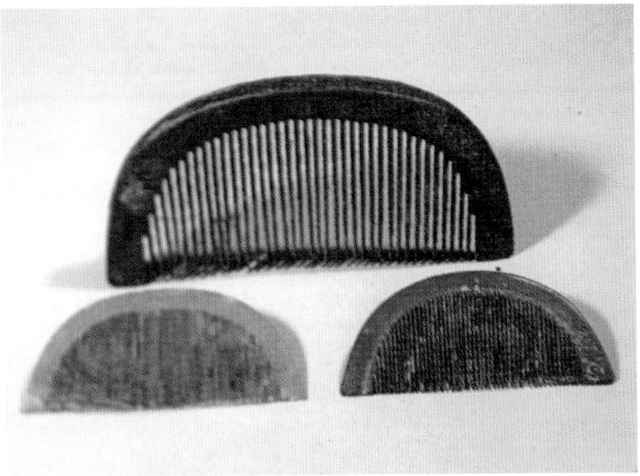

▲江西德安南宋周氏墓出土的梳子

插大象牙梳，如手大。蓬沓是一種大型的銀製梳子，宋代婦女喜歡插在髮際以為裝飾。蘇軾〈於潛令刁同年野翁亭〉詩：「山人醉後鐵冠落，溪女笑時銀櫛低。」並自注云：「於潛女皆插大銀櫛，長尺許，謂之蓬沓。」（《蘇軾詩集》卷九）這種首飾的實物，在江西彭澤宋代易氏墓中有出土。該蓬沓的背脊作半圓形，長十一釐米，器身鏤刻有雙獅戲球及纏枝花紋，並刻有「江州打造」、「周小四記」等銘文。

宋代的冠梳頗具特色。所謂冠梳，就是用漆紗、金銀及珠玉等製成各種兩鬢垂肩的高冠，並在冠上插以數把長長的白角長梳。由於梳子較為長大，左右兩邊又要插很多，故人在上轎進門時，只能側首而入，相當不便。但由於其形狀較為華貴典雅，故深受女性的歡迎，並迅速從宮中傳到民間，蔚為風尚。周煇《清波雜志》卷八〈垂肩冠〉便記載了它的變化過程：「先是，宮中尚白角冠，人爭效之，號『內樣冠』，名曰『垂肩』、『等肩』，至有長三尺者，登車檐皆側首而入，梳長亦逾尺。議者以為服妖。」為此，在皇祐元年（一〇四九）十月，仁宗下詔予以禁止：「詔禁中外不得以角為冠梳，冠廣不得過一尺，長不得過四寸；梳長不得過四寸。」但在仁宗死後，這種冠梳習俗愈演愈烈，奢侈之風盛行，「冠不特白角，又易以魚枕；梳不特白角，又易以象牙、玳瑁矣。」（王楙《燕翼詒謀錄》卷四）。直至宋亡，其風才漸趨消失。

宋代冠梳的形狀，在敦煌壁畫中有比較生動而具體的反映：一般在冠的兩側，垂以舌狀的飾物，以掩住雙耳及鬢髮，其長度大多及頸，也有下垂至肩的。冠的頂部又綴有金飾的朱雀，四周還插以數支簪、釵。梳子的安插部位，通常在額間，多則六把，少者四把；插時上下結合，左右對稱。

燈毬等物也是宋代婦女頭上比較常見的飾品。它是用珍珠或料珠串在鐵絲或竹篾上的一

▼宋李嵩〈市擔嬰戲圖〉

種首飾。從陳元靚《事林廣記》所載來看，這種風尚在都城仕女中頗為流行，南宋李嵩〈市擔嬰戲圖〉中就繪有戴燈毬的婦女形象。

布帶在少數民族地區也被用作頭部飾物。朱輔《溪蠻叢笑》載：「不闌帶：蠻女以織帶束髮，狀如經帶。不闌者，斑也，蓋反切語。俚俗謂團為突欒，孔為窟窿，亦此意也。」

需要說明的是，宋人還根據不同的季節使用不同的首飾。陸游《老學庵筆記》卷二就載：「靖康初，京師織帛及婦人首飾衣服，皆備四時。如節物則春幡、燈毬、競渡、艾虎、雲月之類。」如在立春，婦女們就流行佩戴玉燕，以示迎春之意。另據周密《武林舊事》卷二〈立春〉載：「是日賜百官春幡勝……及分賜貴邸宰臣巨璫，翠縷紅絲，金雞玉燕，

▲宋劉松年《宮女圖》（局部）

備極精巧，每盤直萬錢。」此外，皇帝還賜文武大臣像生花。於是從宰相以下官員，都將皇帝賜的金銀幡勝懸於襆頭上，浩浩蕩蕩地行走在街上（王鞏《聞見近錄》；《夢粱錄》卷一〈立春〉）。而孟春之月，京城中則盛行「鬧妝」，兒女多用金銀絲或金銀箔製成花或蛺蝶、草蟲之類形狀的首飾，戴在頭上作為裝飾，稱為「鬧蛾」，又稱「鬧鵝」、「鬧嚷嚷」，「即古所謂鬧裝也」（清沈自南《藝林匯考·服飾篇》輯宋人余氏《辨林》）。楊無咎〈人月圓〉詞：「鬧蛾斜插，輕衫乍試，閑趁尖耍。百年三萬六千夜，願長如今夜。」玉梅（雪梅）、鬧蛾、花蝶、雪柳、燈毬等首飾，都是婦女們在元宵節時頭上所戴的首飾。《宣和遺事·亨集》載：「京師民有似雲浪，盡頭上戴著玉梅、雪柳、鬧蛾兒，直到鼇山上看燈。」《東京夢華錄》卷六〈十六日〉：「市人賣玉梅、夜蛾、蜂兒、雪柳、菩提葉、科頭圓子。」《武林舊事》卷二〈元夕〉載：「元夕節物，婦人皆戴珠翠、鬧蛾、玉梅、雪柳、菩提葉、燈毬。」花蝶是以羅絹或

▲河南偃師出土的宋畫像磚（拓片）

▲ 浙江東陽南宋厲簡墓出土的蟠螭紋葵花銅鏡

▲ 江西德安出土的南宋二郎款變形如意銀粉盒

▲ 南宋銀絲盒（選自王宣豔主編《中興紀勝》）

▲ 浙江湖州三天門南宋墓出土的銀蓋罐

紙製成的蝴蝶形首飾，插在鬢髮上，婦女行走起來搖顫不停，媚態頓生。玉梅亦稱雪梅，以白絹或白紙製作而成，因狀如梅花得名。雪柳也由羅絹或金銀箔剪製而成，因其形似柳葉狀而得名。菩提葉一般由絹製成，因其狀如菩提樹葉得名。燈毬以珍珠或料珠製成，因其形似燈籠得名。金盈之《醉翁談錄》卷三〈京城風俗記〉載：「（正月）婦人又為燈毬、燈籠，大如棗栗，加珠翠之飾，合城婦女競戴之。又插雪梅，凡雪梅皆繪楮為之。」又陳元靚《歲時廣記》卷十一載：「（上元）都城仕女有插戴燈毬

▲ 宋代鳳鳥形金耳環

燈籠，大如棗栗，如珠茸之類。」李嵩〈市擔嬰戲圖〉中有其形象。釵頭符為端午日婦女所戴的飾物。這種髮飾以五綵繒帛剪成，其日將其插戴在髮髻上以辟不祥。劉克莊《賀新郎．端午》詞：「兒女紛紛夸結束，新樣釵符艾虎。」

面部裝飾物有花鈿、靨鈿等種。花鈿又稱花子，是一種由金銀製作成花卉狀的首飾，有的甚至還在上面鑲嵌珠寶。常插於髮際以為裝飾，宮花就是其中之一。所謂宮花，一是指宮廷婦女佩戴的花鈿頭飾。如張先〈減字木蘭花．贈妓〉詞：「文鴛繡履，去似風流塵不起。舞徹梁州，頭上宮花顫未休。」另外，宋代會考中試的士人在皇帝賜宴時也往往在巾帽兩側簪以宮花，河南偃師宋墓畫像磚中就出土有這種佩戴宮花的形象。李宗諤〈絕句〉描述道：「戴了宮花賦了詩，不容重見赭黃衣。」而靨鈿則是在靨頰部位用丹青或胭脂施以黑點或綠點。宋人張邦基在所著《墨莊漫錄》卷八中說：「鈿，金花也，是以金銀製成花形以作鬢飾。」鬢邊花是插在雙鬢上的花飾。楊皇后〈宮詞〉：「一朵榴花插鬢鴉，君王長得笑時誇。」翠鈿是一種以翠鳥羽毛剪製成的面飾品，常黏在額頭眉間。王珪〈宮詞〉：「翠鈿貼靨輕如笑，玉鳳雕釵裊欲飛。」辟寒鈿以辟寒金製成。《李師師外傳》：「宣和二年，帝……即日賜師師辟寒金鈿、映月珠環、舞鸞青鏡、金虯香鼎。」鈿窠是以金銀珠寶製成的一種名貴首飾，在宋代往往裝飾在冠帶、衣履之上。《宋史．輿服志三》載：「（天子之服）紅蔽膝，升龍二，並織成，間以雲朵，飾以金鈒花鈿窠，裝以真珠、琥珀、雜寶玉。」梅鈿是一種梅花形的婦女面飾飾物。李彭老〈生查子〉詞：「深院落梅鈿，寒峭收燈後。」

宋代婦女流行花餅作面飾。這種花餅以金箔等材料製成，表面鏤畫有各種圖案。《宋史．禮志十八》載：「諸王納妃，（定禮）……錦繡綾羅三百匹，果槃、花粉、花冪、眠羊臥鹿花餅、銀勝、小色金銀錢等物。」此外，北宋淳化三年（九九二），京師裡巷婦人，競剪黑光紙團靨，又裝鏤魚腮中骨，號「魚媚子」，以此飾面。皆花子之類（《宋史．五行志三》；顧起元《說略》卷二一）。

耳部飾物主要有耳墜、耳環等飾物。宋代婦女穿耳戴環之風極為盛行，如《湖海新聞夷堅續志．前集》卷一〈假女取財〉載：「寶慶己未，趙制幹雇一廚娘，乃男子王千一也。蓋幼時父將男子形軀假妝女子，與之穿耳纏足，搽畫一如女子，習學女工飲食。」這種耳環在宋墓中曾有出土，如江西彭澤宋墓就曾出土過金耳環。該耳環是由一根粗細不等

▲浙江東陽宋墓出土的纏枝紋金鐲

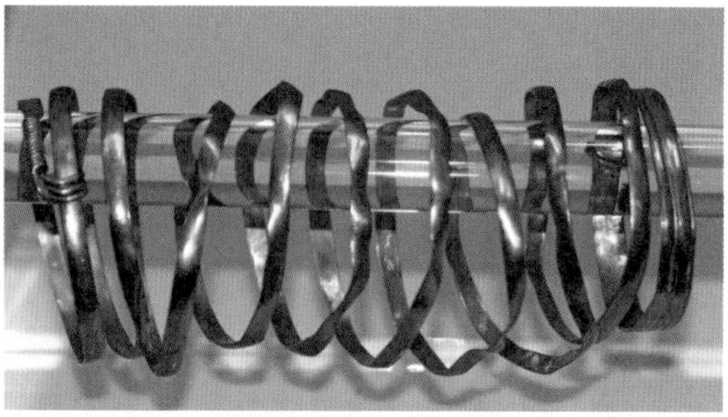

▲湖北黃石河口鎮鳳凰山南宋呂氏墓出土的金纏釧

的金絲打製而成的，整件器物呈「S」型。一端為尖銳狀，另一端被錘成薄片狀，在這塊金薄片上，還浮雕出花卉圖案。江蘇無錫宋墓也出土有一對非常典型的金耳環，它由兩片金片相合而成，金片上壓印著十分繁縟的紋飾：中間為兩個對稱的瓜果，瓜果上下均以枝葉蔓藤纏繞，用以穿耳的金絲也製作成枝杆狀，與金片上的紋飾渾然一體，充分反映出設計者的工心匠思。除內地外，這種穿耳環的風尚還在一些少數民族地區流行，朱輔《溪蠻叢笑》載：「筒環：仡佬妻女年十五六，敲去右邊上一齒，以竹圍五寸長三寸裹錫，穿之兩耳，名筒環。」又范成大《桂海虞衡志·志蠻》載：「黎……蠻皆椎髻跣*足，插銀銅錫釵，婦人加銅環，耳墜垂肩。」

宋代的手部飾物有手釧等物，如纏臂金、約臂條脫、腕釧、腕環、指環等。纏臂金，為一種金製的婦女臂飾。蘇軾〈寒具〉詩：「夜來春睡濃於酒，壓褊佳人纏臂金。」（《蘇軾詩集》卷三二）又稱金纏，《夷堅支志戊》卷六〈天臺士子〉載：「同時有巨室一處女，其家既沒，獨坐於浴斛，泛泛垂死，逢魚艇過其旁，呼之曰：『我是某坊某家女，能活我，當以臂間兩金纏謝汝。』」約臂是套在手臂上的鐲釧，鄒登龍〈梅花〉詩：「約臂金寒拓綺疏，搔頭玉重壓香酥。」條脫也是婦女套於手臂上的一種環飾，用黃金製成。這種飾物的形象在河南偃師酒流溝宋墓出土的畫像磚中有生動的反映。腕釧是婦女戴在手腕部的釧。其形象在河南偃師酒流溝宋墓出土的廚娘畫像磚中有生動的反映。手鐲即過去的腕環，宋人簡稱為「鐲」或「鐲子」。其形象在宋人繪畫作品中多有表現，如李嵩《貨郎圖》中就有戴手鐲的村姑形象。

＊跣，赤腳。

十一　纏足風尚

纏足又稱束足、裹腳等，是中國封建社會特有的一種婦女妝飾陋習。它用一塊狹長的布條將腳踝緊緊紮縛起來，從而使腳形變得纖小屈曲，以符合當時人的審美情趣。

纏足起源於何時，學術界歧說紛異，但纏足在宋代已經流行當無疑義。南宋張邦基《墨莊漫錄》卷八便載：「婦人之纏足，起於近世，前世書傳皆無所自。《南史》：齊東昏侯為潘貴妃鑿金為蓮花以帖地，令妃行其上，曰：『此步步生蓮花。』然亦不言其弓小也。如《古樂府》、《玉臺新詠》，皆六朝詞人纖豔之言，類多體狀美人容色之姝麗。又言妝飾之華，眉、目、唇、口、腰肢、手指之類，無一言稱纏足者。如唐之杜牧、李白、李商隱之徒，作詩多言閨幃之事，亦無及之者。惟韓偓《香奩集》有〈詠屧子〉詩云：『六寸膚圍光致致。』唐尺短，以今校之，亦自小也，而不言其弓。」

從時間來看，宋代的纏足之風，有一個逐步發展的過程。大致來說，纏足之風在北宋時已有一定程度的發展，這從當時文人的文學作品中可以看出。如蘇軾曾作〈菩薩蠻・詠

*趺，指腳背。

▲浙江衢州南宋史繩祖墓出土的「羅雙雙」銘銀鞋

足〉詞：「塗香莫惜蓮承步，長愁羅襪凌波去。只見舞回風，都無行處蹤。偷穿宮樣穩，並立雙趺*困。纖妙說應難，須從掌上看。」然而，這種纏足現象，從其流行的地區來說，也多見於城市中；從社會階層來說，僅局限於貴族婦女和妓女，下層勞動婦女纏足的現象頗為罕見。如傳為王居正所繪的〈紡車圖〉中的兩名婦女，就都穿平底大鞋。宋室南渡以後，纏足之風更盛。沈自南《藝林匯考．服飾篇》卷八〈履舄上〉載：「南渡後，妓女窄襪弓鞋如良人，故當時有『蘇州頭，杭州腳』之諺。」又《宋史．五行志三》載：「理宗朝，宮妃……束足纖直，名快上馬。」

由於纏足的關係，宋代女子流行穿小頭鞋履。弓鞋（或稱弓樣鞋、小頭鞋）就是當時纏足婦女所穿的一種小頭鞋子，時人多有描述，如侯君素《旌異記》：「湖州南門外一婦人，顏色潔白，著皂弓鞋，踽踽獨行。」辛棄疾〈菩薩

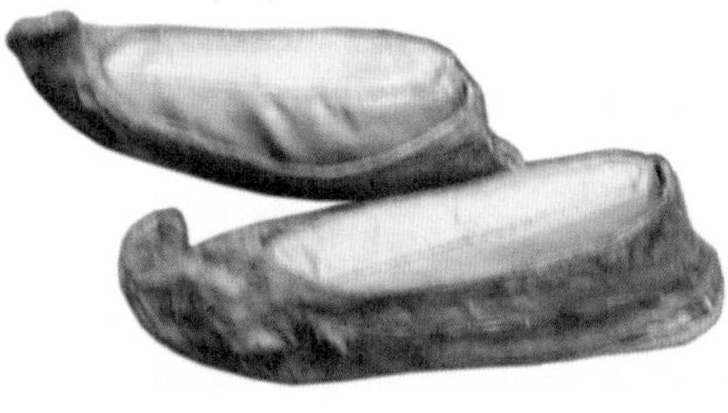

▲江西德安南宋周氏墓出土的弓鞋

▲宋王居正〈紡車圖〉，從此圖看，下層勞動婦女都是大腳

蠻〉詞：「淡黃弓樣鞋兒小，腰肢只怕風吹倒。」因其鞋子實在太小，時人又冠之以「金蓮」的美稱。如李元膺〈十憶詩．憶行〉：「屏帳腰支出洞房，花枝窣地領巾長。裙邊遮定鴛鴦小，只有金蓮步步香。」又因其多由羅綺繡成，故又名「繡羅弓」。翁元龍〈江城子〉詞：「玉靨翠鈿無半點，空濕濕，繡羅弓。」這種以羅綺為面料的彩繡弓鞋在考古中也有實物出土，如福建福州南宋黃昇墓出土六雙，其中一雙穿在墓主人的腳上，另五雙置於包袱內，大小形制都相同，均作翹頭式，尖頭外縫綴以一簇絲帶，挽成蝴蝶結狀；後跟繫以絲帶，用以結；鞋面為花羅，底用麻布，長十三．三－十四釐米，寬四．五－四．八釐米，高四．五－四．八釐米。

▲宋徽宗摹張萱〈搗練圖〉中腳穿弓鞋的女性

對於纏足陋習，宋人車若水早就提出了反對意見，他在《腳氣集》中說：「婦人纏足，不知起於何時，小兒未四五歲，無罪無辜，而使之受無限之苦。纏得小束，不知何用？」這是有史記載以來反對纏足的最早呼聲。在數百年前，車若水能有此認識，真是難能可貴。

食

宋張擇端〈清明上河圖〉中街道兩邊的酒館和小吃攤

宋代是中國飲食文化繁榮的時期，在中國飲食發展史上佔有舉足輕重的地位。

在這一時期，飲食原料進一步擴大，加工和製作技術也更加成熟。特別是在食品烹飪方面，取得了令人矚目的成就，從菜餚的用料方面來說，比較突出的是海味菜和魚菜的興起，以及菜色造型藝術化傾向的出現。後世出現的幾大菜系，在宋代都已具雛形。

飲食業在這一時期打破了坊市分隔的界限，出現了前所未有的繁榮景象，酒樓、茶坊、食店等飲食店肆遍佈城鄉各地，並流行全日制經營，其經營特色也更加顯著。

茶文化與酒文化，在南宋也有不俗的表現，尤其是茶文化在唐代的基礎上又有了進一步的發展，成為一種高雅的文化活動。毫無疑義，這是文明進步的結果。

一　飲食上的奢侈之風

宋代的飲食風尚，可用兩個字來概括，就是「奢侈」。

以宮廷飲食來說，則以窮奢極欲著稱於世。如皇帝，一次平常的用膳便達百品（邵博《邵氏聞見後錄》卷一）。有時半夜傳餐，更是多達千數（畢仲游《西臺集》卷十六〈丞相文簡公行狀〉）。至於宴會，更是奢侈到了驚人的程度。如宋神宗，晚年沉溺於深宮宴飲享樂，往往一次宴遊的費用要到一萬多（李燾《續資治通鑑長編》卷二一〇）。史載，宋仁宗有一次內宴，「十閤分各進饌」，僅新蟹一品即達二十八枚。當時新蟹一枚價值一千，這樣仁宗感到一下箸就要二十八千，有點太侈靡，於是不食了（邵博《邵氏聞見後錄》卷一）。到了北宋末年，宋徽宗在「豐亨豫大*」思想的作祟下，飲食生活上更是追求奢侈豪華，盡情享受，揮霍民脂民膏。政和二年（一一一二），宋徽宗在太清樓宴請蔡京等九

* 豐亨豫大，形容國家太平、富強。

▲ 北宋徽宗趙佶〈文會圖〉中的宮廷宴飲

名大臣，他命宦官拿出了內府珍藏的酒尊、寶器、琉璃、瑪瑙、水精、玻璃、翡翠、玉等類名貴食具，說：「以此加爵。」致四方美味，又「出螺蛤蝦鱖白、南海瓊枝、東陵玉蕊與海物惟錯。」以致宴席上山珍海味堆積如山，說：「以此加籩*。」真是令人瞠目結舌（王明清《揮麈錄・餘話》卷一）。

宋代司膳內人所寫的《玉食批》一書，也充分反映了宮廷窮奢極欲的飲食生活。宋代陳世崇《隨隱漫錄》卷二載：「偶敗篋中，得上每日賜太子《玉食批》數紙，司膳內人所書也。如酒醋白腰子、三鮮筍炒鵪子、烙潤鳩子、爝石首魚、土步辣羹、海

＊籩，古代祭祀與宴會所用的竹器，盛放食物用。

▲宋馬遠〈華燈侍宴圖〉

▲宋佚名〈唐宮乞巧圖〉描繪的宮廷七夕節排辦大型宴會情景

鹽蛇鮓、煎三色鮓、煎臥烏、鴆湖魚糊、炒田雞、雞人字焙腰子糊、燠鮎魚、蝤蛑簽、麂膊及浮助酒蟹、江珧、青蝦、辣羹、燕魚乾、爊鯔魚、酒醋蹄酥片、生豆腐、百宜羹、煠子、煠白腰子、酒煎羊、二牲醋腦子、清汁雜、熰胡魚、肚兒辣羹、酒炊淮白魚之類。嗚呼！受天下之奉，必先天下之憂。不然，素餐有愧，不特是貴家之暴殄。略舉一二，如羊頭簽，止取兩翼；土步魚，止取兩腮；以蝤蛑為簽，為餛

▲宋佚名〈夜宴圖〉（局部）

飩，為棖瓮，止取兩螯，餘悉棄之地。謂非貴人食有取之，則曰『若輩真狗子也』。噫，其可一日不知菜味哉！」

與宮中相比，達官貴人的飲食也毫不遜色。司馬光說：「宗戚貴臣之家，第宅園圃，服食器用，往往窮天下之珍怪，極一時之鮮明。惟意所致，無復分限。以豪華相尚，以儉陋相訾。愈厭而好新，月異而歲殊。」（司馬光《溫國文正公文集》卷二三〈論財利疏〉）宋真宗時，宰相呂蒙正喜食雞舌湯，每朝必用，以至家裡雞毛堆積成山。仁宗時，宰相宋庠的弟弟宋祁好客，「會飲於廣廈

▲宋佚名〈錦雞竹雀圖〉

▲宋佚名〈蓼龜圖〉

中，外設重幕，內列寶炬，歌舞相繼，坐客忘疲，但覺漏長，啟幕視之，已是二晝，名曰不曉天。」（參見丁傳靖《宋人軼事彙編》卷三〈儲王宗室〉、卷四〈呂蒙正〉、卷七〈二宋〉）北宋中期的呂夷簡，曾任宰相多年，家中積累了大量的財產，因此生活非常奢侈。連宮廷中也很難弄到的名貴食品——淮白槽魚，他的夫人一下子竟能以十筐相送。到了北宋末年，權臣之家的飲食生活更是豪華侈靡，甚至連宮廷也無法與之相比。如權相蔡京，

▲宋佚名〈夜宴圖〉（局部）

享用侈靡，他喜食新鮮的鶉子，當天烹殺，往往一羹要烹殺數百隻，即使如此還不滿足。傳說蔡京有一天晚上夢見數千百隻鶉鳥在他面前訴苦，其中有一隻鶉鳥上前致辭說：「食君廩中粟，作君羹中肉。一羹數百命，下箸猶未足。羹肉何足論，生死猶轉轂。勸君宜勿食，禍福相倚伏。」（陳岩肖《庚溪詩話》卷上）據元佚名《東南紀聞》卷一載，蔡京有一天召集僚屬開會，會後留下宴飲，其中單蟹黃饅頭一味，就費錢一千三百餘緡*，其他未計。又曾在家中召集賓客飲酒，命庫吏「取江西官員所送鹹豉來」，吏以十瓶呈進，大家一看，乃是當時的稀罕名貴食品「黃雀肫」，不禁驚異。蔡京問庫吏：還有多少？庫吏回答說：還有八十多瓶。（曾敏行《獨醒雜志》卷九）蔡京既敗，籍沒家產，從其家的倉庫中「點檢蜂兒見在數目，得三十七秤；黃雀鮓自地積至棟者滿三楹，他物稱是。」（周煇《清波雜志》卷五〈蜂兒〉）蔡京為了享用天下美食，家中還配備了大批廚師高手，且分工極細。連製作包子，廚中縷蔥絲者也都自有專人（羅大經《鶴林玉露》卷六〈縷蔥絲〉）。

▲宋馬遠〈華燈侍宴圖〉中為宴會助興執燈起舞的宮女

此外，王黼、童貫、梁師成等權臣之家的飲食生活也是如此。如王黼，「凡入目之色，適口之味，難致之瑰，違時之物，畢萃於燕私……」（王偁《東都事略》卷一〇六〈王黼傳〉）據趙溍《養痾漫筆》載，王黼宅與一寺院為鄰。有一僧每天從王黼家中的旁溝

＊緡，指中國古代穿銅錢的繩子，後來變成計量單位，一緡就是一串銅錢，每串一千文。

中漉取流出的雪色飯，將其洗淨曬乾，數年積成一囤。靖康城破，王黼家中缺少糧食，這名僧人即用所積存的乾飯，再用水浸，蒸熟後送給人吃，王黼家中的老幼全靠此飯才沒有餓死。又如童貫家的飲食也可與宮廷媲美，史載其敗後，抄沒家產，金銀財寶無數，其中「得劑成理中圓幾千斤。」（《東都事略》卷一二一〈童貫傳〉；《清波雜志》卷五〈蜂兒〉）。

至南宋時，貴族大臣在飲食生活上的奢侈風更盛。以奸相秦檜為例，史載秦檜大權獨攬時，其家人一、二百千錢物方過得一天，家宴費用要超過宋高宗舉辦的宮內宴會的十多倍，足可證明其奢侈的程度。而宋高宗趙構在清河郡王張俊家所享受的豪華供享，更是統治階級窮奢極侈飲食生活的典型。紹興二十一年（一一五一）十月，宋高宗趙構親臨清河郡王張俊府第，張俊設宴招待高宗一行，宴席的豐盛到了無以復加的程度。據周密《武林舊事》卷九〈高宗幸張府節次略〉所載，供進御筵節次如下：

▲宋佚名〈春宴圖卷〉

繡花高飣一行八果壘：香圓、真柑、石榴、棖子、鵝梨、乳梨、榠楂、花木瓜。

樂仙乾果子叉袋兒一行：荔枝、圓眼、香蓮、榧子、榛子、松子、銀杏、梨肉、棗圈、蓮子肉、林檎旋、大蒸棗。

縷金香藥一行：腦子花兒、甘草花兒、硃砂圓子、木香丁香、水龍腦、史君子、縮砂花兒、官桂花兒、白朮人參、橄欖花兒。

雕花蜜煎一行：雕花梅球兒、紅消花兒、雕花筍、蜜冬瓜魚兒、雕花紅團花、木瓜大段兒、雕花金橘、青梅荷葉兒、雕花薑、蜜筍花兒、雕花棖子、木瓜方花兒。

砌香鹹酸一行：香藥木瓜、椒梅、香藥藤花、砌香櫻桃、紫蘇柰香、砌香萱花柳兒、砌香葡萄、甘草花兒、薑絲梅、梅肉餅兒、水紅薑、雜絲梅餅兒。

脯臘一行：肉線條子（陳刻「線肉」）、皂角鋌子、雲夢豝兒、蝦臘、肉臘、奶房、旋鮓、金山鹹豉、酒醋肉、肉瓜齏。

垂手八盤子：揀蜂兒、番葡萄、香蓮事件念珠、巴欖子、大金橘、新椰子象牙板、小橄欖、榆柑子。

再坐

切時果一行：春藕、鵝梨餅子、甘蔗、乳梨月兒、紅柿子、切棖子、切綠橘、生藕鋌子。

時新果子一行：金橘、葴楊梅、新羅葛、切蜜蕈、切脆棖、榆柑子、新椰子、切宜母子、藕鋌兒、甘蔗柰香、新柑子、梨五花子。

雕花蜜煎一行：同前。

砌香鹹酸一行：同前。

瓏纏果子一行：荔枝甘露餅、荔枝蓼花、荔枝好郎君、瓏纏桃條、酥胡桃、纏棗圈、纏梨肉、香蓮事件、香藥葡萄、纏松子、糖霜玉蜂兒、白纏桃條。

脯臘一行：同前。

下酒十五盞：

第一盞：花炊鵪子、荔枝白腰子。

第二盞：奶房簽、三脆羹。

▲宋佚名〈春宴圖卷〉(局部)

第三盞：羊舌簽、萌芽肚胘。
第四盞：肶掌簽、鵪子羹。
第五盞：肚胘膾、鴛鴦炸肚。
第六盞：沙魚膾、炒沙魚襯湯。
第七盞：鱔魚炒鱟、鵝肶掌湯齏。
第八盞：螃蟹釀棖、奶房玉蕊羹。
第九盞：鮮蝦蹄子膾、南炒鱔。
第十盞：洗手蟹、鯚魚假蛤蜊。
第十一盞：五珍膾、螃蟹清羹。
第十二盞：鵪子水晶膾、豬肚假江瑤。
第十三盞：蝦棖膾、蝦魚湯齏。
第十四盞：水母膾、二色璽兒羹。
第十五盞：蛤蜊生、血粉羹。
插食：炒白腰子、炙肚胘、炙鵪子脯、潤雞、潤兔、炙炊餅、炙炊餅臠骨。
勸酒果子庫十番：砌香果子、雕花蜜煎、時

▲宋佚名〈春宴圖卷〉中準備茶、酒的情景

新果子、獨裝巴欖子、鹹酸蜜煎、裝大金橘小橄欖、獨裝新椰子、四時果四色、對裝揀松番葡萄、對裝春藕陳公梨。

廚勸酒十味：江瑤炸肚、江瑤生、蝤蛑簽、薑醋生螺（陳刻「香螺」）、香螺炸肚、薑醋假公權、煨牡蠣、牡蠣炸肚、假公權炸肚、蟑蚷炸肚。

準備上細壘四卓。

又次細壘二卓：內蜜煎鹹酸時新脯臘等件。

對食十盞二十分：蓮花鴨簽、蠒兒羹、三珍膾、南炒鱔、水母膾、鵪子羹、鱭魚膾、三脆羹、洗手蟹、炸肚胘。

對展每分時果子盤兒：知省、御

帶、御藥、直殿官、門司。

晚食五十分各件：二色蠒兒、肚子羹、笑靨兒、小頭羹飯、脯臘雞、脯鴨。

直殿官大碟下酒：鴨簽、水母膾、鮮蝦蹄子羹、糟蟹、野鴨、紅生水晶膾、鮓魚膾、七寶膾、洗手蟹、五珍膾、蛤蜊羹。

直殿官合子食：脯雞、油包兒、野鴨、二色薑豉、雜熝、入糙雞、麻脯雞臟、魚、炙魚、片羊頭、菜羹一葫蘆。

▲宋徽宗〈芙蓉錦雞圖〉

▲宋玉螭耳杯

直殿官果子：時果十隔碟。

準備：薛方瓠羹。

備辦外官食次：

第一等（簇送）：太師、尚書左僕射、同中書門下平章事秦檜：燒羊一口、滴粥、燒餅、食十味、大碗百味羹、糕兒盤勸、簇五十饅頭（血羹）、燒羊頭（雙下）、雜簇從食五十事、肚羹、羊舌托胎羹、雙下大、三脆羹、鋪羊粉飯、大簇飣、鮓糕鶴子、蜜煎三十碟、時果一合（切榨十碟）、酒三十瓶。少保、觀文殿大學士秦熺：燒羊一口、滴粥、燒餅、食十味、蜜煎一合、時果一合（切榨）、酒十瓶。

第二等：參知政事余若水、簽書樞密巫伋、少師恭國公殿帥楊存中、太尉兩府吳益、普安郡王、恩平郡王：各食十味、蜜煎一合、切榨一合、燒羊一盤、酒六瓶。

其中僅皇帝席上的菜餚就達二百多道，且數十道是名菜，如花炊鵪子、荔枝白腰子、奶房簽、三脆羹、羊舌簽、萌芽肚胘、肫常簽、鵪子羹、肚胘膾、鴛鴦作肚、沙魚膾、炒沙魚襯湯、鱔魚炒鱟、鵝肫常湯齏、螃蟹釀棖、房玉蕊羹、鮮蝦蹄子膾、南炒鱔、洗手蟹、鯚魚假蛤蜊、五珍膾、螃蟹清羹、鵪子水晶膾、豬肚假江瑤、蝦棖膾、蝦魚湯齏、水母膾、二色繭兒羹、蛤蜊生血粉羹等。此外，還包括數十道果品和蜜餞、糕餅之類的食品，令人眼花繚亂，垂涎不已。

不僅宗戚大臣如此，普通官員也競相以此為尚。慶曆五年（一〇四五），北宋司馬光描述道：「近歲風俗，尤為侈靡：走卒類士服，農夫躡絲履。吾記天聖中，先公為群牧判官，客至，未嘗不置酒，或三行、五行，多不過七行。酒酤於市，果止於梨、栗、棗、柿之類，肴止於脯、醢、菜羹，器用瓷、漆。當時士大夫家皆然，人不相非也。會數而禮勤，物薄而情厚。近日士大夫家，酒非內法，果、餚非遠方珍異，食非多品，器皿非滿案，不敢會賓友；常數月營聚，然後敢發書。苟或不然，人爭非之，以為鄙吝。故不隨俗靡者蓋鮮矣。嗟乎！風俗頹弊如是，居位者雖不能禁，忍助之乎！」（宋司馬光《傳家集》卷六七〈訓儉示康〉）南宋洪邁《夷堅志》一書就記載了這樣一個故事：紹興

▲ 白沙宋墓壁畫中夫婦宴飲場景

▲宋徽宗〈紅蓼白鵝圖〉

二十三年（一一五三），鎮江有一名酒官，愚呆成性，他沒有一天不會客，飲食極於精腆。同僚家中雖設盛宴招待他，他亦不輕易下筷，飲酒器具必須自備帶來才用，其實他是想以此誇耀多鬥靡，務以豪侈勝人。他曾令工匠造了十桌酒具，因嫌漆色與其要求有一點點的差距，就持斧全部擊碎了重造。啖羊肉，唯嚼汁，其餘全部吐掉，其他肉類也一樣。他們在官場的應酬送迎上，出手極為闊綽。即使是一名小官，也是相習成風。或一延客，酒不飲正數，而飲勸杯；食不食正味，而食從羹。果餚菜蔬，雖堆列於前，也不曾下箸，而待泛供。酒都要求是名酒，食品必須是山珍海味，以至於器皿之類也務必要求高檔的金銀器具和名貴的瓷器。因此每舉行一次宴會，往往要花費二萬錢。如果上級官吏光臨，則請「客就館用大牲，小則封羊刺豕，折俎充庭，號曰獻茶飯。今拱手立堂下，三跪進酒上食，客露頂趺坐，必醉飽喜動顏色，無不滿上馬去。」程卓指責說：「罄中人十家之產，不足供一饋之需；極細民終身之奉，不足當一燕之侈。」（程卓〈論諸州公帑妄非費奏〉，《全宋文》第二八七冊頁二八九，上海辭書出版社、安徽教育出版社，二〇〇六年版）王邁也說：「今天下之風俗侈矣……士夫一飲之費，至靡十金之產；不惟素官為之，而初仕亦效其尤矣。」（王邁《臞軒集》卷十二〈丁丑廷對策〉）

在他們的影響下，這些官二代、官三代也是窮奢極欲。他們極力追求食品的豐盛，講究精美可口，「食不肯蔬食、菜羹、粗糲、豆麥、黍稷、菲薄、清淡，必欲精鑿稻粱、三蒸九折、鮮白軟媚，肉必要珍饈嘉旨、膾炙蒸炮、爽口快意，水陸之品，人為之巧，縷簋雕盤，方丈羅列。」（陽枋《字溪集》卷九〈雜著．辨惑〉）。

▲宋代墓葬壁畫中的夫婦宴飲場景

豪強地主的飲食生活，不亞於貴族富商。沈括《夢溪筆談》卷九〈人事一〉記載了這樣一個故事：石曼卿居蔡河下曲，鄰居中有一豪家，每天要舉行各種宴慶活動。土豪家中有傭人數十名，經常路過石曼卿的家門口。有一天，石曼卿好奇地呼叫其中的一名傭人，打

▲宋芙蓉花瓣紋金碗

▲宋芙蓉花瓣紋金碗

▲宋金葵花盞

▲福建邵武故縣銀器窖出土的宋銀鎏金菊花盤盞

▲江蘇金壇堯塘西樹村宋銀器窖藏出土的鎏金金花紋高足杯

▲浙江義烏宋代窖藏出土的銀酒臺

▲宋〈枇杷山鳥圖頁〉（局部）

▲宋佚名〈香實垂金圖〉，畫柑橘兩枚，碩壯之極

聽他們家的主人是誰。傭人回答說：主人姓李，剛剛二十歲，家中並無兄弟，但其妻妾有數十人。石曼卿想見這位主人，請傭人幫忙，傭人回答說：我家主人一向沒有接待過士大夫，他人必不肯見。然而他喜歡飲酒，我聽人家說您也能飲酒，我想他或許會見您，待我試問他一下。有一天，這位土豪果然派人來請石曼卿參加酒會。於是，石曼卿立即戴著帽子去見他。到了土豪家，石曼卿並沒有見到這名土豪，只得坐於堂上。過了好久，土豪才出來見客。只見他著頭巾，繫勒帛，穿著便衣來見曼卿，全然不知主客之禮。土豪帶石曼卿來到了另一個院子，只見裡面陳設著供宴會用的帷帳、用具和飲食等。石曼卿在供帳中坐了好長一段時間後，才見有兩名丫鬟或者是妾，各持一小盤到曼卿前面，上面有十餘枚紅色的牙牌。其一盤是酒，共有十餘種品牌，讓石曼卿擇一牌；其一盤為餚饌名，讓石曼卿

選擇五品。既而二鬟離去，接著有十餘名妓女各自拿著菜餚、果品和樂器進來，服飾、化妝和相貌都可以說是豔麗燦然。一妓酌酒以進，酒罷樂作。群妓執果餚者萃立在石曼卿前面，等到石曼卿吃好，則分列在他的左右，京師人稱為「軟槃」。就這樣，石曼卿喝了五行，群妓才全部退出。最後，主人翩然而入，絲毫不向客人拱手為禮。石曼卿見狀，便獨自離開了土豪家。事後，石曼卿與友人談及此事，說這名土豪看起來有點愚笨，智商不高，也分不清五穀，但其家中富有，生活極其奢侈，真是奇怪。

達官貴人和富豪們時常要舉辦各種名目繁多的宴會，差不多每個月都要舉行一、二次宴飲活動。據周密《武林舊事》卷十〈張約齋賞心樂事〉所載，出身權貴之家的張鎡，家裡一年四季的飲食活動如下：

正月孟春：歲節家宴，立春日迎春春盤，人日煎餅會。

二月仲春：社日社飯，南湖挑菜。

三月季春：生朝家宴，曲水流觴，花院嘗煮酒，經寮鬥新茶。

四月孟夏：初八日亦庵早齋，隨詣南湖旋生、食糕糜，玉照堂嘗青梅。

五月仲夏：聽鶯亭摘瓜，安閒堂解粽，重午節泛蒲家宴，夏至日鵝臠，清夏堂賞楊梅，豔香館賞林檎，摘星軒賞枇杷。

六月季夏：現樂堂嘗花白酒，霞川食桃，清夏堂賞新荔枝。

七月孟秋：叢奎閣上乞巧家宴，立秋日秋葉宴，應鉉齋東賞葡萄，珍林剝棗。

八月仲秋：社日糕會，中秋摘星樓賞月家宴。

九月季秋：重九家宴，珍林賞時果，景全軒賞金橘，滿霜亭賞巨螯香橙，杏花莊篘新酒。

十月孟冬：旦日開爐家宴，立冬日家宴，滿霜亭賞

▲宋徽宗〈柳鴉蘆雁圖〉

蜜橘，杏花莊挑薺。

十一月仲冬：冬至日家宴，繪幅樓食餛飩，繪幅樓削雪煎茶。

十二月季冬：家宴試燈，二十四夜餳果食，除夜守歲家宴。

至於締姻、賽社、會親、送葬、經會、獻神、仕宦、恩賞等活動，更是要操辦豐盛的宴會，極盡鋪張之能事。特別是南宋都城臨安（今浙江杭州），更是諺有「銷金鍋兒」的稱號（《武林舊事》卷三〈西湖遊幸（都人遊賞）〉）。

達官貴人的奢侈性飲食消費，還具體呈現在他們對時鮮食品的追求上。宋代皇親貴戚於二月一日「中和節」後的次日有挑菜的風俗。如《武林舊事》卷二〈挑菜〉載：

二月一日，謂之「中和節」。……二日，宮中排辦挑菜御宴。先是，內苑預備朱綠花斛，下以羅帛作小卷，書品目於上，繫以紅絲，上植生菜、薺花諸品。俟宴酬樂作，自中殿以次，各以金篦挑之。后妃、皇子、貴主、婕妤及都知等，皆有賞無罰。以次每斛十號，五紅字為賞，五黑字為罰。上賞則成號真珠、玉杯、金器、北珠、篦環、珠翠、領抹，次亦鋌銀、酒器、冠鐲、翠花、段帛、龍涎、御扇、筆墨、官窯、定器之類。罰則舞唱、吟詩、念佛、飲冷水、吃生薑之類。用此以資戲笑。王宮貴邸，亦多效之。

而達官貴人同樣如此，「凡飲食珍味，時新下飯，奇細蔬菜，品件不缺。」購買這種稀缺的無價時新蔬菜，「不較其值，惟得享時新耳。」（《夢粱錄》卷八〈大內〉）。

宋代飲食所呈現出來的奢侈性特點，不僅與當時社會的物質生產和生活條件的演變有著密不可分的聯繫，而且與人們的文化生活、審美情趣的變化息息相關，對當時社會的政治、經濟和文化的發展，有著不可低估的作用和影響。它不僅重重衝擊了中國傳統社會以不違背禮制為基本標準的崇儉抑奢的傳統消費觀念，也促使宋代社會習俗日趨文明開化，大大提高了人們的審美意識，從而在一定程度上孕育和培植了資本主義社會早期的生活方式和消費觀念，為日後中國傳統社會中資本主義萌芽因素的出現創造了良好的條件。

需要指出的是，宋代飲食的「奢侈性」，主要是針對統治階級而言，占人口絕大多數的下層百姓，由於受到統治階級的殘酷剝削，因此在飲食生活上非常艱難，時常是吃了上頓沒下頓。正如司馬光所說：「幸而收成，則公私之債交爭互奪，穀未離場，帛未下機，已非己有矣。農夫蠶婦，所食者糠紇而不足，所衣者綈褐而不完。」（司馬光《司馬溫公文集》卷四八〈乞省覽農民封事劄子〉）在此情況下，他們的不少日子是靠野菜、草根等維生。洪邁《送楊簡遷國子博士》詩中便記載了這種現象：「饑殍千百輩，上山爭采薇。」

（洪邁《野處類稿·附集外詩》，載宋陳思編、元陳世隆補《兩宋名賢小集》卷一五七）但這些野草、野菜等實在難以下嚥，須用水佐飲，有大量貧民因過量飲用生冷水，肚子膨脹而死。幸而未膨脹死，終也難逃一死，饑民餓死的現象，在宋代大量存在。乾道元年（一一六五）五月二十五日，洪適上劄子說：「城外饑民死者盈川，群目所視。」另有劄子說：「小民艱食，或有攜妻子赴井同死者；或有聚眾強糴而相殺傷者；或有逢縣尉而持刃拒抗，致憲司傳以為賊，而出兵掩捕者。」（洪適《盤洲文集》卷四八〈再檄韓彥古劄子〉、卷四六〈奏旱災劄子〉）這種現象在京師及其附近地區也同樣存在，袁燮說：「近而京輦，米斗千錢，民無可糴之資，何所得食？固有餓而死者，有一家而數人斃者。遠而兩淮、荊襄，米斗數千，強者急而為盜，弱者無以自活，官給之粥，幸而存者，而無衣無褐，不堪隆冬，或以凍死。」（袁燮《絜齋集》卷一〈輪對陳人君宜達民隱劄子〉）。在有些地區，更是「縣無完村，村無全戶。」或「闔門饑死，相率投江。」（《宋史》卷四〇七〈杜範傳〉）；或「閉門絕食，枕藉而死，不可勝數。甚者路旁亦多倒斃，棄子於道，莫有顧者。」（《宋會要輯稿》食貨六十八之一〇六）。

二 烹飪技藝的進步

宋代飲食的「奢侈」之風，大大推動了烹飪技藝的提高和發展。這具體表現在以下幾個方面：一是專業分工的精細化；二是烹飪方法的變化多端；三是調味品的充分利用；四是食品菜餚造型技藝的提高。

(一)廚事專業分工的精細化

宋代廚事中的專業分工非常明確，這在貴族家庭及大型飲食店肆中尤其如此。在當時，洗碗、洗菜、燒菜等都有專人負責。這種廚房中的專業分工，在宋人飲食活動中的其他方面也可見到。如宋代都城中出現的「四司八局」，就充分反映了這一點。孟元老《東京夢華錄》卷四〈筵會假賃〉載：「凡民間吉凶筵會，椅桌陳設、器皿盒盤、酒簷（擔）動使之類，自有茶酒司管賃；吃食下酒，自有廚司；以至托盤、下請書、安排坐次、尊前執事、歌說勸酒，謂之白席人，總謂之四司人。欲就園館、亭榭、寺院遊賞命客之類，

▲宋代廚娘磚雕

舉意便辦，亦各有地分，承攬排備，自有則例，亦不敢過越取錢，雖百十分，廳館整肅，主人只出錢而已，不用費力。」耐得翁《都城紀勝．四司六局》載：「官府貴家置四司六局，各有所掌，故筵席排當，凡事整齊，都下街市亦有之。常時人戶，每遇禮席，以錢倩之，皆可辦也。帳設司，專掌仰塵、繳壁、桌幃、搭席、簾幕、罘罳、屏風、繡額、書畫、簇子之類。廚司，專掌打料、批切、烹炮、下食、調和節次。茶酒司，專掌賓客茶湯、暖盪篩酒、請坐諮席、閑盞歇坐、喝揖迎送、應干節次。臺盤司，專掌托盤、打送、齎擎、勸酒、出食、接盞等事。果子局，專掌裝簇、飣盤、看果、時果、準備勸酒。蜜煎局，專掌糖蜜花果、鹹酸勸酒之屬。菜蔬局，專掌甌飣、菜蔬、糟藏之屬。油燭局，專掌燈火照耀、立臺剪燭、壁燈燭籠、裝香簇炭之類。香藥局，專掌藥楪、香毬、火箱、香餅、聽候索喚、諸般奇香及醒酒湯藥之類。排辦局，專掌掛畫、插花、掃灑、打渲、拭抹、供過之事。凡四司六局人祇應慣熟，便省賓主一半力，故常諺曰：燒香點茶，掛畫插花，四般閒事，不許戾家。若其失忘支節，皆是祇應等人不學之過。只如結席喝犒，亦合依次第，先廚子，次茶酒，三樂人。」

「鱠匠」和供貴家雇傭的廚娘的出現，是宋代烹飪技藝發展的產物。何薳《春渚紀聞》卷四〈夢鱠〉載：「吳興溪魚之美，冠於他郡。而郡人會集，必以斫鱠為勤，其操刀者名之鱠匠。」由此可見，鱠匠是一種專業的廚師。「京都廚娘」同樣如此。洪巽《暘谷漫錄》對此有非常詳細的記載：京都中等收入人家，不重生男，而重生女。每當妻子生女，則對女兒愛護如捧璧擎珠。剛等其長大，便根據其相貌和智力，教給她相應的才藝技能，以供

▲河南鄭州下莊河宋墓壁畫〈庖廚圖〉

▲河南登封黑山溝宋墓壁畫〈備宴圖〉

▲宋代廚娘剖魚畫像磚

▲宋代廚娘剖魚畫像磚拓片

今後有錢的士大夫選去服侍他們。所取的名目不同，有所謂身邊人（即貼身服務，負責起居生活的）、本事人（主持一些外事，跑個腿送個信，辦點小事兒的人）、供過人（類似今天的採買）、針線人（做女紅的人，類似裁縫）、堂前人（來客引領，負責招待的人）、雜劇人（插科打諢、分管娛樂的人）、拆洗人（負責衣物、被褥拆洗的人）、琴童棋童（懂得琴、棋、書、畫一類技藝的人，類似書僮）、廚娘（負責飲食的人）等級，她們之間的等級並不相同，自然待遇也完全不同。其身分介於妾媵與婢女之間，都屬於家妓。她們不僅為主人提供性服務，並且被主人隨意買賣和轉讓。其中廚娘最為下色，然而也是大富大貴之家才用得起。洪巽就講了一個廚娘的故事：寶祐年間他寓居江陵時，曾聞當時有一位州官曾置廚娘，對其事非常瞭解。這位州官出身貧寒，但當他做過一、二任地方官，家中積累了一些資產後，開始厭煩原先粗茶淡飯的淡泊生活，也想像達官貴人一樣享受一下。想起了曾經在某官處吃晚飯，其家便有一個京都廚娘，做菜調羹極其可口，給他留下了深刻的印象。適好有一朋友到京城辦事，他便託其物色一個京都廚娘，價不屑較。不久，受託人回信說：人已經找到了。這位京師廚娘年紀二十多歲，相貌和才藝都很好，能算能書，做得一手好飯菜。很快便可到府上服務您了。不到一、二月，這位京師廚娘果然來了。但其派頭十足，待其快到主人家時，先派一個腳伕送來書信。州官看廚娘寫的書信，乃其親筆，字畫端楷。從信的內容來看，這位廚娘也懂得禮儀，文化素質較高。但在信中千囑咐、萬囑咐，一定要求主人派轎子來接，讓她

▲河南洛陽關林宋墓出土〈備宴圖〉雕磚

▲北宋宋四郎墓壁畫〈備宴圖〉

有點面子。總之，信中詞語寫得非常委屈，殆非庸碌女子所可及。於是，州官派人抬轎子去接。等這位身著紅衫、翠裙的廚娘一進門，州官抬頭一看，果然漂亮，容止嫻雅，大大超過州官原先的期望。於是，這位州官準備請一些親朋好友舉杯為賀。廚娘到了後也很積極，急於展示她高超的烹飪技藝。州官說：不要急，明天先具常食五杯五分就好了。於是，這位廚娘請州官把要她做的食品、菜品告訴她，州官也一一在紙上寫好交給她。從食單上看，食品第一為羊頭簽，菜品第一為蔥韭，其餘都是平常容易做的菜。廚娘看了州官給她列的菜單，也非常認真地用筆硯寫出了所需的食材，其中：內羊頭簽五分，合用羊頭十個；蔥蒜五碟，合用蔥五斤；其他物品也一一列出。州官看了廚娘列出的食材單，有點懷疑其是否寫錯，因為這些食材的用量，明顯超出了平常廚師所需要的量。然而他當時並不指出，以免廚娘說其小氣，暫且同意，而偷偷觀察其使用方式。第二天早上，廚師告訴廚娘食材已經備齊。於是，廚娘拿出她的工具箱，取出鍋、銚、盂、勺、湯盤之類的工具，令小婢先捧到廚房。這些廚具璀璨耀目，皆為白銀製成，大約需要五十七兩。其他如刀砧雜器，亦一一精緻。旁觀者看後，嘖嘖讚賞。廚娘在眾人好奇的眼光下，也利索地穿上圍襖、圍裙，銀索攀膊，甩動胳膊，連頭也不回，走進廚房，踞坐在胡床上。然後慢慢地切抹批臠，慣熟條理，真有運斤成風之勢。她治羊頭，先將其漉置在桌几上，然後剔留臉肉，其餘全部擲之地上不要。眾人問其原因，廚娘回答說：羊頭除臉肉外，其餘皆非貴人可以吃的。眾人覺得廚娘這樣做實在是天大的浪費，因為羊肉是宋代的大補品，普通人家一年也難得吃上一次。於是，將廚娘丟掉的羊肉拾起來放到其他的地方。廚娘看後，譏笑道：你們這些人真是狗子！眾人聽後大怒，但也無法批駁，只好不答。她治蔥齏也是如此，取蔥徹微過湯沸，便全部去掉鬚葉，然後視碟子大小，分寸而裁截之；又除去其外面的數層，只取其似韭黃一樣的條心，用淡酒、醋浸噴，其餘的也是丟棄在地上，毫不可惜。但她所烹製的菜餚，果然是色、香、味俱全，馨香脆美，濟楚細膩，難以用語言來表述。吃的人都是搶著吃，桌上的菜一掃而光。吃後，大家讚不絕口，都說好吃。

等到撤席，廚娘整理了一下服裝，向州官說：今天試廚，得到了大家的稱讚，希望您能按慣例支付賞金。州官從來沒有碰到過這種事，因此聽後有點不高興，正在猶豫之中。

▲河南登封宋墓壁畫〈備宴圖〉

▲宋佚名〈三羊圖〉

廚娘看了後，又說：您是否想瞭解一下人家過去的慣例呢？於是，她從囊中取出了數幅紙，呈給州官說：這是我在某官處所得的支賜判單。州官拿過來一看，其例每展會支賜或至千券數匹，如果是嫁娶辦酒宴，則要到三二百千雙匹，沒有一次不付的。州官平常慳吝，見人家如此，他只得勉強拿出錢財給廚娘。但事後私下對友人說：我等家底單薄，此等筵宴不宜經常舉辦，此等廚娘也不宜常用。不到兩個月，他就覺得負擔不起她了，便以其他的藉口將這位慣於操辦奢侈宴會的廚娘打發走了。

從這個故事我們可以看出，「京師廚娘」從小便經過了非常嚴格的專業化職業培養，並建立了響噹噹的品牌。她們有專門的廚房用具，製作精良。燒起菜來，更是專業化十足。當然，她們對製作菜品的原材料也要求很高，「其治蔥韭也，取蔥徹微過湯沸，悉去鬚葉，視碟之大小分寸而裁截之；又除其外數重，取條心之似韭黃者，以淡酒醯浸噴；餘棄置了不惜。」如此專業的廚娘，如此好的設備，如此精選的原材料，燒製出來的菜餚自然非常美味可口，「凡所供備，馨香脆美，濟楚細膩，難以盡其形容。食者舉箸無贏餘，相顧稱好。」當然食客付出的成本也是驚人的，以至於位居州官的人家也無法供養，只能感歎：我等家中財力有限，這樣的筵宴不宜常辦，這樣的廚娘也不宜常用。

食品的製作同樣如此，據南宋羅大經《鶴林玉露．丙編》卷六〈縷蔥絲〉載：有官員曾在京師買了一妾，自言是太師蔡京府包子廚房中的廚娘。有一天，這名官員令其做包子，她回答說不會做。這名官員責問道：你既是包子廚中的人，怎麼能不會做包子呢？廚娘回答說：我只是包子廚中負責縷蔥絲的工作，怎麼會做包子呢！從這條史料中我們不難看出，當時達官貴人家中即使是包子這樣的小食品，同樣有專人、專職負責製作。

宋代達官貴人不僅對菜餚和食品的製作有非常高的要求，在飲酒上同樣要求專業化的服務。即使是溫酒這等小事，貴族家庭中也都有專人負責。元陶宗儀《輟耕錄》卷七〈奚奴溫酒〉就記載了這個故事：宋朝末年，參政相公季鉉翁於京城杭州尋找一位容貌才藝兼全的妾，但經過十多天的尋找未能愜意。忽然有一天，一名叫奚奴的人聞訊上門，此人姿色非常漂亮，季鉉翁問其有什麼才藝，則回答說：只會溫酒。季鉉翁左右的人聽了都忍不住大笑，季鉉翁卻不在意，讓她留在身邊慢慢觀察。等到季鉉翁飲酒時，奚奴開始做事，起初酒甚熱，第二次時略寒，第三次時已經微溫，此時她才將酒遞給季鉉翁飲。此後，她每天就這樣，將酒溫控制得很好，讓季鉉翁喝起來很舒服。季鉉翁開始喜歡上她，就把她帶回家，將其納為妾。季鉉翁死後，家中的財產均為奚奴所有，成為一名擁有巨額財產的富婆，人稱「奚娘子」。

㈡烹飪方法變化多端

宋代烹飪技法變化多端，僅從菜餚食品名稱中觀之，就有炸、炒、炙、煮、蒸、烤、煎、煨、熬、燒、爊、焐、燖、焙、燠、煼、攛等二、三十種之多。

㈢調味料的充分利用

宋人對調味料的使用已經十分普遍，在食品烹飪中往往利用酒、鹽、醬、醋、糖及各種香料等，使食品菜餚五味調和，形成味道更加鮮美可口、豐富多彩的複合味。

酒在調味料中的作用非常顯著，僅以酒命名的菜餚就有鹽酒腰子、酒蒸雞、酒蒸羊、酒燒香螺、酒掇蠣、生燒酒蠣、薑酒決明、酒蒸石首、酒蒸白魚、酒蒸鰣魚、酒法白蝦、五味酒醬蟹、酒焐鮮蛤、酒香螺、酒江瑤、酒蠣等數十種。在上述數十種菜餚中，酒在調味料中無疑發揮了非常重要的作用。至於一般菜餚中使用酒為調味料的，則更是不勝枚舉了。如林洪《山家清供》中所載的撥霞供、蟹釀橙、蓮房魚包等，都用到了酒。

醋在陶穀《清異錄》卷下〈八珍主人〉中被譽為「食總管也」，在調味料中的地位不亞於酒。如宋代菜餚名稱中，就有醋赤蟹、醋白蟹、棖醋洗手蟹、棖醋蚶、五辣醋蚶子、五辣醋羊、醋羹等。

為了使食品菜餚形成豐富全面的複合味，更加鮮美可口，宋人往往是將多種調味料混合使用。如肉生法：「用精肉切細薄片子，醬油洗淨，入火燒紅鍋爆炒，去血水，微白即好。取出切成絲，再加醬瓜、糟蘿蔔、大蒜、砂仁、草果、花椒、桔絲、香油拌炒肉絲。臨食加醋和勻，食之甚美。」、「魚醬法：用魚一斤，切碎洗淨後，炒鹽三兩，花椒一錢，茴香一錢，乾薑一錢，神麯二錢，紅麴五錢，加酒和勻，拌魚肉，入瓷瓶封好，十日可用。吃時，加蔥花少許。」

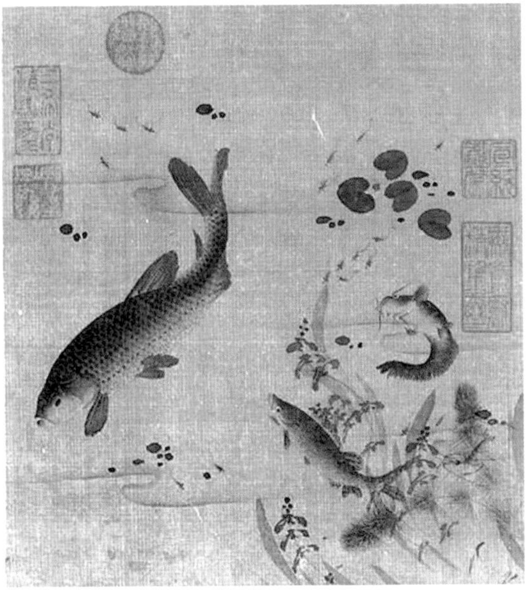

▲宋佚名〈春溪水族圖〉

（《吳氏中饋錄》）。

從當時菜譜所載的烹飪調味過程來看，大體上分三步進行：首先是基本調味。以油品熬製或浸漬食物原料，以保鮮潤色；然後是輔助調味。利用茴香、花椒、薑末、胡椒等除腥去膻，增香助味；最後是定型調味。加入鹽、醋、蔥、酒等，使食品菜餚達到五味調和的美食境界（參見陳偉明《唐宋飲食文化初探》，中國商業出版社，一九九三年版，頁二十三）。

(四) 食品菜餚中色彩的合理配置和運用

食品菜餚中色彩的合理配置與運用，對於美食是必不可少的重要內容之一。在兩宋時期的眾多食品菜餚之中，不少正是以合理的色彩搭配給人以深刻的印象。如宋人吳自牧《夢粱錄》中就有諸如十色頭羹、三色肚絲羹、二色水龍粉、生膾十色事件、三色水晶絲、下飯二色炙、十色蜜煎蚫螺等佳餚。

食品菜餚的色彩，有的是利用食物原料的天然色彩調製，即利用蔬、果、肉等食物原料本身所具有的天然色彩進行烹製。如陶穀《清異錄》卷下中的「縷子膾」：「廣陵法曹宋龜造縷子膾，其法用鯽魚肉、鯉魚子，以碧筍或菊苗為胎骨。」碧筍，是指碧綠的竹筍；菊苗，為菊之幼苗，用以做墊托菜餚的底子菜，其清綠之色使人有明媚鮮活之感。以

▲山東萊州北宋墓壁畫中的彩色食物

不同顏色的原料配合烹製，而引起菜餚的色感變化，說明了宋代的烹飪十分注重講究食物原料本身的色彩搭配與和諧。

有的是利用食物色素調色，即在烹飪製作過程中外加若干可食的有色物質為菜餚增色。宋代所用食物色素的主要原料及成分目前尚不得而知，但當時菜餚製作較普遍應用食物色素應是事實。宋人吳自牧《夢粱錄》卷十六〈分茶酒店〉中的一道菜餚「沙鱔乳齏淘」，在元人的著作《居家必用事類全集．庚集》中載有烹製之法：「切細麵，煮熟過水，用麵筋同豆粉灑顏色水搜和，捍餅薄切，焯熟，如鱔魚色，加乳合齏汁燒而供。」由此可知，這是利用食物色素進行調色。也有的利用食物在加熱過程中的顏色變化來調製色彩。這在很大程度上是決定於廚師烹製技術之巧妙。如林洪《山家清供》載：「筍出鮮嫩者，以料物和薄麵拖油煎煿，如黃金色，甘脆可愛。」又「煮芋有數法，獨酥黃獨世罕得之。熟芋截片研榧子、杏仁和醬拖麵煎之，且白侈為甚。」這種方法多以煎、炸、炙等烹調形式進行。

儘管食品菜餚的色彩調製方法各異，但目的都是通過合理的配料與加色，使盤中之饌餚色彩調和、美觀悅目，以進一步引起食者的食欲，提高飲食意趣。

(五) 食品菜餚造型技藝的提升

食品菜餚之所謂形，一方面是指食品菜餚的造型藝術，另一方面是指食物原料經過烹飪後的形狀。所以食餚形美實際上是現實生活的藝術化，是人們生活水準提高的形象標誌。食餚形狀之美，不僅能使人賞心悅目，增加食欲，而且使人產生一種美的聯想、美的享受。因此追求食餚形美，對於烹飪技藝的發展提高，進一步豐富飲食的花式種類，無疑發揮了重要的推動作用。

據陳偉明研究，宋代食品菜餚的構形，大致上可以劃分為若干類型：

其一，是以食物原料的自然形狀構成。如全雞、全鴨、魚蝦等，無不具有令人喜愛的形狀。利用食物原料的自然形態構成的食餚，較能體現原料本身的面貌特色，具有質樸自然之美。這類菜餚的形狀基本上沒有經過人工的雕琢，顯得樸素大方。

其二，是將食物原料解體割切構成。即將食物原料解體分檔之後，根據需要再加工成

▲河南禹州白沙二號宋墓壁畫中的墓主夫婦宴飲圖

塊、片、條、絲、丁、粒、末等一般形狀與花式形狀，並以此為單位再組成菜餚整體。這一類的食餚製作，則需要配合嫻熟的刀工技巧。宋代食餚中有不少以刀工細切而成的葷菜品，如「算條巴子」、「銀絲羹」等，都是以刀工技巧的變化構成美觀細緻的菜品形狀。

其三，則是通過對食物原料進行裝配雕刻而成。這類食餚是屬於與造型雕刻結合具有藝術特色的象形菜。其形狀或為人物，或為花果，或為動物等。宋代食餚的造型雕刻頗具水準，如《東京夢華錄》卷二〈東角樓街巷〉載北宋東京市場上有「蜜煎雕花之類」出售。又同書卷八〈七夕〉中又載市上「以瓜雕刻成花樣，謂之花瓜。又以油麵糖蜜造為笑靨兒，謂之果食。花樣奇巧百端，如捺香方勝之類。」又《李師師外傳》載：「帝見所供餚饌皆龍鳳形，或鏤或繪，悉如宮中式。因問之，知出自尚食房廚夫手。」至南宋，這種食餚的造型雕刻技巧則更高了。臨安王公貴族的宴席上就設有蜜煎食雕之品，如雕花梅球兒、紅消花、雕花筍、蜜冬瓜魚兒、雕花紅團花、木瓜大段兒、雕花金橘、青梅荷葉兒、雕花薑、蜜筍花兒、雕花棖子、木瓜方花兒，原材料有筍、冬瓜、金橘、青梅、薑、木瓜等蔬果，雕刻的花樣則有花球、花果、魚、荷葉等。有的菜餚甚至以形狀取名。南宋臨安名菜「兩熟魚」，據元人著作《居家必用事類全集．庚集》記載，是以「熟山藥二斤、乳團一個，各研爛，陳皮三斤、生薑二兩，各剁碎，薑末半錢、鹽少許，豆粉半斤調糊，一處拌，再加乾豆粉調稠作餡。每粉皮一個，粉絲抹濕，入餡折掩，捏魚樣，油炸熟，再入蘑菇汁內煮。」這實際上就是一種以魚為造型的素食菜餚。

總之，宋代的工藝造型菜，構思新穎奇巧，形象優美高雅，既可觀賞，又可供食用，對後世中國象形菜的發展方向產生了重要的影響（參見陳偉明《唐宋飲食文化初探》第二章〈唐宋時期的美饌佳餚〉，中國商業出版社，一九九三年版）。

三 主食、菜餚與點心

(一)主食

宋代人的主食，主要可分為飯、粥、麵條、餅、饅頭、包子、餃子等類。

飯，是宋人最普通的主食。其製作方法，通常由蒸、煮而成。從飯食的種類來看，有麥飯、粟飯、米飯、黍飯、高粱飯等；從飲食炊製時的放料來看，又可分為兩種：一是以單一穀物炊製而成。例如紫米炊一升，可得飯一斗。又洪邁《夷堅丙志》卷八〈謝七〉載，信州玉山縣塘南七里店民謝七妻，不孝於姑，每天讓她吃麥飯，又不讓她吃飽，而自己則食白粳飯。一為多種原料搭配合製而成。如用石髓、大骨等和米合煮成石髓飯、大骨飯、淅米飯、麥筍素羹飯等，猶如今天的八寶飯、雜錦飯之類。青精飯，即人們立夏吃的烏米飯，又名旱蓮飯。其法是採枝葉，搗汁，浸上白好粳米，不拘多少，候一、二時，蒸飯。曝乾，堅而碧色，收貯。如用時，先用滾水量以米數，煮一滾，即成飯。用水不可多，亦不可少。久服，延年益顏。蟠桃飯，即用桃肉與米合煮的飯。林洪《山家清供》卷上載其製法云：「采山桃，用米泔煮熟，漉置水中。去核，候飯湧，同煮頃之，如盒飯法。」金飯，因以金黃色正菊花合米共煮而成。林洪《山家清供》卷下載其法曰：「采紫莖黃色正菊英，以甘草湯和鹽少許焯過。候飯少熟，投之同煮。久食可以明目延年。」玉井飯，以削成小塊的嫩白藕、去掉皮心的新鮮蓮子合米煮成的飯。其製法，據林洪《山家清供》卷下云：「削嫩白藕作塊，采新蓮子去皮心，候飯少沸投之，如意飯法。蓋取『太華峰頭玉井蓮，花開十丈藕如船』之句。」這種飯香美異常，令人讚不絕口。盤遊飯，為一種以煎角蝦、雞鵝肉塊、豬羊灌腸、蕉子、薑等和米雜煮而成的飯食，早在北宋時就流行於江南、嶺南一帶。蘇軾《仇池筆記》卷下〈盤遊飯谷董羹〉載：「江南人好作盤遊飯，鮓脯膾炙無不有，埋在飯中，里諺曰：『掘得窖子。』」又作團油飯，陸游《老學庵筆記》卷二引《北戶錄》：「嶺南俗家富者，婦產三日或足月，洗兒，作團油飯，以煎魚蝦、雞鵝、豬羊灌腸、蕉子、薑、桂、鹽豉為之。」據此，陸游認為團油飯「即東坡先生所記盤遊飯也。二字語相近，必傳者之誤。」蓬飯，為民間流行的一種以鮮嫩白蓬草合米麵雜合煮成的飯食。林洪《山家清供》卷下〈蓬糕〉載其法：「候飯沸，以蓬拌麵煮，名蓬飯。」

宋代飯食的方法較多，其中常見的有泡飯、盤遊飯、川飯、衢州飯等。泡飯是宋代比較流行的一種飯食方法。這種泡飯用開水浸泡而成，類似於今天的速食麵，在食店中有

▲宋張擇端〈清明上河圖〉中的飲食店

售。如《都城紀勝．食店》載：「都城食店……凡點索食次，大要及時。如欲速飽，則前重後輕；如欲遲飽，則前輕後重。」關於川飯，乃是南方人飯食方法的總稱，以四川風味為主。「衢州飯」在《都城紀勝．食店》中有載：「衢州飯店又謂之悶飯店，蓋賣盦飯也，專賣家常蝦魚、粉羹、魚麵、蝴蝶之屬。欲求粗飽者可往，惟不宜尊貴人。」盦是古代一種盛食物的器皿。盦飯就是將米飯放在盦裡，加上水，然後按燒乾飯的方法燜熟，是一種比較粗劣的飯食方法。此外，宋代還有一些特殊意義的飯類，如社飯。社飯是社祭時用作祭祀供品的飯。孟元老《東京夢華錄》卷八〈秋社〉

▲宋張擇端〈清明上河圖〉中的臨街飲食店

載：「八月秋社……貴戚宮院以豬羊肉、腰子、奶房、肚肺、鴨餅、瓜薑之屬，切作棋子片樣，滋味調和，鋪於飯上，謂之社飯，請客供養。」

粥類是宋代常見的主食之一，一般以水煮而成。在當時，粥的種類也較多，僅周密《武林舊事》卷六〈粥〉中所載的就有七寶素粥、五味粥、粟米粥、糖豆粥、糖粥、糕粥、饊子粥、綠豆粥、肉盦飯等。此外，林洪《山家清供》中尚載有茶糜粥、梅粥、真君粥、河祇粥、豆粥等。人們食用粥往往出於兩個目的：一是為了節約糧食。出於這種目的的多為貧民，如南宋趙汝適《諸蕃志》卷下載：海南地多荒田，所種的粳稻，產量低，無法滿足當時居民的糧食需要，只得用當地出產的一種藷芋雜米燒粥糜，以填飽肚子。二是為了養生益壽。張耒〈粥記贈邠老〉曾說：張安定每天早晨起來，食粥一大碗。他認為，空腹胃虛，穀氣便作，所補不細，又極柔膩，與腸腑相得，這是最好的飲食良方。妙齊和尚說山中的僧人，每天清晨前吃一碗粥，對身體較好。如果哪天清晨前不吃，則終日覺得臟腑燥渴。其實，粥能夠起到暢胃氣、生津液的好處。陸游〈食粥〉詩也說：「世人個個學長年，不悟長年在目前。我得宛丘平易法，只將食粥致神仙。」（《劍南詩稿》卷三八）。

宋代麵條的名稱較多，除簡稱「麵」外，又稱為「湯餅」、「索餅」，在當時得到了充分的發展，成為飯粥之外最重要的主食，種類當在近百種左右。從烹飪方法來看，可分為煎麵、炒麵、燠麵、澆頭麵；從製作方法而論，有撥刀麵、大燠麵等之分；從輔料來分，有葷麵、素麵；從地方風味來分，北食有罨生軟羊麵、桐皮麵、冷淘棋子等，川食有插肉麵、大燠麵等等。其中，酪麵為一種流行於北方的食品，因以乳酪和麵製成。冷淘，即我們今天所稱的涼麵，多見於炎熱的夏天，可以說是一種消暑用的麵食，因麵在熱鍋中煮熟後撈出，在涼開水中浸泡一下，以使麵迅速冷卻，然後加上配料食用，故名。宋室南渡後，這種油膩爽口的麵條也傳到了臨安。中原來的廚師根據當地的特點，形成了南北交融的新風味，種類更加繁多，時有葷素之分，名目有肉淘麵、銀絲冷淘、筍燥齏淘、絲雞淘、抹肉淘、冷淘、肉齏淘、齏淘、沫肉瀣淘等。此外，疙瘩麵、三鮮棋子、蝦燥棋子、蝦魚棋子、絲雞棋子等也屬麵條。這些麵條既有熱麵，也有冷麵，辣、鮮、香等五味俱全，可以適應不同層次、不同口味的顧客食用。

▲湖北襄陽檀溪南宋墓壁畫〈備宴庖廚圖〉中製作麵食的場景

饅頭是指用發酵麵團做成半球形蒸製而成的麵食，無餡。包子在宋代又稱為包兒、饅頭等，是用麥粉和水揉麵做劑子，以甜、鹹、葷、素、香、辣諸種食物配製成各種各樣的餡，夾在麵劑子中間，收口做成個子較小的扁圓之狀，蒸熟後便食用。兩者在南宋時往往混稱，但饅頭大多指包子，如朱熹曾以此作例：「如吃饅頭，只吃些皮，元不曾吃餡，謂之知饅頭之味，可乎？」（《朱子語類》卷三二〈論語〉）。

餅在宋代一般為麵製食品的統稱。如黃朝英《靖康緗素雜記》卷二〈湯餅〉說：「凡以麵為食具者，皆謂之餅。故火燒而食者，呼為燒餅；水瀹而食者，呼為湯餅；籠蒸而食者，呼為蒸餅，而饅頭謂之籠餅。」由此可見，宋人已按餅成熟方法的不同而劃分為三大類，這是宋代麵餅製作發展的一大標誌。其種類除前面所述的麵條（又稱湯餅、索餅）、饅頭（籠餅）外，尚有許多名目。如司馬光《書儀》卷十載祭祀時的麵食有薄餅、油餅、胡餅、蒸餅、環餅等；《東京夢華錄》載都城東京市面上出售的餅有油餅、蒸餅、宿蒸餅、油蜜蒸餅、糖餅、胡餅、茸割肉胡餅、白肉胡餅、肉餅、蓮花肉餅、環餅、髓餅、天花餅等十餘種;《夢粱錄》、《武林舊事》等書中載有金銀炙焦牡丹餅、棗箍荷葉餅、芙蓉餅、菊花餅、月餅、梅花餅、開爐餅、甘露餅、肉油餅、炊餅、乳餅、油酥餅兒、糖蜜酥皮燒餅、春餅、芥餅、辣菜餅、熟肉餅、鮮蝦肉團餅、羊脂韭餅、旋餅、胡餅、豬胰胡餅、七色燒餅、焦蒸餅、風糖餅、天花餅、秤錘蒸餅、金花餅、睡蒸餅、炙飲餅、菜餅、韭餅、糖餅、髓餅、寬焦餅、蜂糖餅等三、四十種。

酸餡為一種與饅頭形狀極其相似的麵食,有學者認為酸餡即「今日的素餡包子」。歐陽修《歸田錄》卷下載:「京師食店賣酸饊者,皆大出牌榜於通衢。而俚俗昧於字法,轉酸從食,饊從臽。有滑稽子謂人曰:『彼家所賣餕饊,不知為何物也。』飲食四方異宜,而名號亦隨時俗言語不同,至或傳者轉失其本。」酸餡有肉、素兩種。肉酸餡見於《夢粱錄》卷十六〈葷素從食店〉中。素類酸餡有七寶酸餡等。

宋代的包子是一種有餡、發麵或半發麵的蒸製麵食。製作方法與饅頭相同,但形狀有異,故吳自牧在《夢粱錄》卷十六〈葷素從食店〉中分別述之。它在北宋時已成為朝野流行的一種麵食。據王楙《燕翼詒謀錄》卷三載:大中祥符八年(一〇一五)二月丁酉,值仁宗皇帝誕生之日,真宗皇帝喜甚,宰臣以下稱賀,宮中出包子以賜臣下,其中皆金珠也。由此可見,當時宮中已流行食用包子。而一些權貴富豪之家,更是將包子視為美食,精心製作。而軟羊諸色包子、豬羊荷包等，在民間更是成為市肆名食。《東京夢華錄》卷三〈大內西右掖門外街巷〉載汴京城內的「王樓山洞梅花包子」為「在京第一」；另外，鹿家包子也很著名。到了南宋，包子更成為一種大眾食品，種類已經比較繁多，人們以甜、鹹、葷、素、香、辣諸種輔料食物製成各種各樣的餡心包子，其中僅吳自牧《夢粱錄》、周密《武林舊事》等書中就載有大包子、鵝鴨包子、薄皮春繭包子、蝦肉包子、細餡大包子、水晶包兒、筍肉包兒、江魚包兒、蟹肉包兒、野味包子等十餘種。

(二)菜餚

宋代菜餚的種類甚多，大致可以劃分為肉禽類、水產類、蔬菜類、羹類、醃臘類五大類。

肉禽類菜餚又可細分為羊肉、雞肉、豬肉、鵝鴨肉、牛肉、馬肉、驢肉、狗肉、野禽肉等。

羊肉被宋人視為貴重食品。如唐慎微《重修政和經史證類備用本草》卷一七〈羖羊角〉所載：「羊肉，味甘，大熱，無毒。主緩中，字乳餘疾，及頭腦大風汗出，虛勞寒冷，補中益氣，安心止驚。」此外，羊髓、羊肺、羊心、羊腎、羊骨等也被宋人用作食療、食補的物品。這種觀念在宋人著述中頗為常見，如朱彧《萍洲可談》卷二稱乳羊肉大補贏；范成大《桂海虞衡志．志獸．乳羊》則稱英州「出仙茅，羊食茅，舉體悉化為肪，不復有血肉，食之宜人。」有鑑於此，人們普遍流行食用羊肉補身，如同今日的甲魚，以至在舉行訂婚大禮時，亦將羊列為必備的禮品之一。據《東京夢華錄》、《夢粱錄》等書所載，宋代以羊肉為主要原料製成的菜餚有：排熾羊、入爐羊、煎羊白腸、羊雜碎、山煮羊等四十餘種。其中，山煮羊的製法在林洪《山家清供》卷下中有載：「羊作臠，置砂鍋內，除蔥、椒外，有一祕法：只用槌真杏仁數枚，活水煮之，至骨糜爛。」

雞在禽肉中的地位要次於羊肉，據《夢粱錄》、《西湖老人繁勝錄》等文獻記載，菜餚有麻飲小雞頭、汁小雞、焙雞、煎小雞、豉汁雞、炒雞、白炸雞等三十多種。

豬肉因其價廉物美，在宋代深受平民百姓的喜愛。其菜餚有燒肉、煎肉、煎肝、凍肉、雜熬蹄爪事件、紅白熬肉等數十種。豬內臟的烹製方法也較多，僅豬腰

▲宋陳居中〈四羊圖〉

▲宋佚名〈子母雞圖〉

▲重慶大足南宋農家養雞石刻

子一項就有焙腰子、鹽酒腰子、脂蒸腰子、釀腰子、荔枝腰子、腰子假炒肺等許多品目。東坡肉相傳為蘇軾創製。據文獻記載，蘇軾性嗜豬肉，貶至僻陋之地黃州當官時，因這裡豬、牛、獐、鹿遍地都是，非常普遍，不值錢；魚蟹、稻米、薪炭同樣不值錢，價賤，因此驚喜不已，天天以豬肉為餚。在食肉的過程中，他逐漸掌握了燒肉的經驗，即「慢著火，少著水，火候足時他自美。」被四川人稱為「東坡燒肉十三字訣」。至今黃州民間還流傳著蘇軾的〈豬肉頌〉：「淨洗鍋，少著水，柴頭罨煙焰不起。待它自熟莫催他，火候足時他自美。黃州好豬肉，價賤如泥土。富人不肯吃，貧人不解煮。早晨起來打兩碗，飽得自家君莫管。」（《蘇軾文集》卷二十）元祐四年（一

▲傳宋趙佶〈鴨圖〉

▲宋馬遠〈梅石溪鳧圖〉

〇八九），蘇軾又至杭州任職，組織民工疏浚西湖。工程完成後，他如法烹製豬肉來慰勞民工，大家食後，感到此肉酥香味美、肥而不膩，遂尊稱為「東坡肉」。從此以後，「東坡肉」成為杭州的一大名菜。

宋代以鵝、鴨肉為主料製成的菜餚也較多，見諸文獻的有熬鴨、八糙鵝鴨、白炸春鵝、炙鵝、糟鵝事件、鮮鵝鮓、煎鵝事件、煎鴨子、炙鴨、熬鵝、鹽鴨子、五味杏酪鵝、間筍蒸鵝、鵝排、小雞假炙鴨等。

牛肉類菜餚，見於宋人文獻記載的有牛脯、煮牛肉等。洪邁《夷堅支丁》卷三〈鄭行婆〉中對其烹製方法有所披露：合州城內有一人名叫鄭行婆，自幼不飲酒、不吃葷，只是默誦《金剛經》，未嘗少輟。紹興年間有一年春天，她因往報恩光孝寺聽悟長老

▲宋佚名〈丹楓呦鹿圖〉

說法，中間路過屠夫的家門，只見屠夫在切割牛肉，她遂對同行的人戲語說：「以此肉切生，用鹽醋澆潑，想見甘美。」

鹿與羊一樣，同樣被宋人視作食補的佳品。除鹿茸用作藥物外，宋人還往往食用鹿肉、鹿血等。蘇頌《本草圖經》卷一三〈獸禽部．鹿茸〉載：「近世有服鹿血酒，云得於射生者，因採捕入山失道，數日飢渴，將委頓，惟獲一生鹿，刺血數升飲之，飢渴頓除。及歸，遂覺血氣充盛異常。人有效其服餌，刺鹿頭角間血，酒和飲之，更佳。其肉自九月以後，正月以前，宜食。他月不可食。」又周煇《清波雜志》卷三〈乳羊〉載：「士大夫求恣嗜欲，有養巨鹿，日刺其血，和酒以飲，其殘物命如此。」

以飛禽走獸製成的野味亦非常豐富，菜譜中常見的有清攛鵪子、紅熬鳩子、八糙鵪子、黃雀、辣熬野味、清供野味、清攛鹿肉、黃羊、獐肉、潤熬獐肉炙、獐豝、鹿脯等二十種左右。

撥霞供是南宋時流傳於江南地區的一道以兔肉為主料的風味菜餚。野兔肉被宋人視為上等的名貴食品，如蘇頌《本草圖經．獸禽部》卷一三載：「兔，舊不著所出州土，今處處有之。為食品之上味……肉補中益氣。然性冷，多食損元氣，不可合雞肉食之。」在宋

▲宋崔白〈雙喜圖〉

▲宋崔白〈寒雀圖〉

代以前，多被製成兔羹、兔醬、兔脯等食用；至南宋時，人們又創製了「涮」的烹調方法。據林洪《山家清供》卷上載：從前去武夷六曲遊覽，拜訪止止師，正好遇上下雪天，在路上獲得一隻野兔，但沒有廚師烹製。止止師說：按我們山裡的吃法，是將兔肉薄批成片，用酒、醬、花椒浸潤一下，然後將風爐安放到桌上，燒上半鍋水，等水開一滾之後，再將筷子分給每個人，讓他們自己箝夾兔肉浸到滾水中擺動氽熟，吃時按每個人的口味蘸佐料汁。於是，大家就按止止師說的這個方法做了。食後，大家都覺得這個方法不但簡便易行，而且還營造了團聚歡快的氣氛。回京以後，大家又將這種食法擴展到豬肉、羊肉。有學者認為，後世盛行的「涮羊肉」當淵源於此。

蛙肉是宋人喜愛的野味之一。蛙，民間俗稱蝦蟆、田雞、石撞等。朱彧《萍洲可談》卷二載福建、浙江、湖南、四川、廣東等地的南方人喜歡吃蛙肉，由此遭到來自中原地區的人的譏笑。而在南方地區，尤以杭州人食蛙最為知名。據彭乘《墨客揮犀》卷六記載，沈遘在杭州為官時，以蛙能食莊稼中的害蟲，因此嚴禁大家捕殺，但從此蛙也不復生。等到沈遘離開杭州，當地人又像過去一樣食蛙，而蛙的生育也因此愈加茂盛。以至於有人認為，牠本來就是給人吃的。南宋時，宋高宗亦曾申嚴禁止，但都人實在喜歡吃蛙肉，其風無法刹住。有一些不法商人，甚至將冬瓜刳開，將蛙肉放到裡面，然後送到食蛙者的家中，時稱為「送冬瓜」。由於市場的需求量較大，因此一些城郊的市民以捕蛙為業，獲利頗豐。成都人同樣如此，以為珍味，每年夏天，山裡人夜持火炬，入深溪或洞間，捕捉大蝦蟆，稱其為「鳳蛤」。用各種佐料和酒炙之，稱「炙蟾」。親朋好友更相互饋送（張世南《遊宦紀聞》卷二）。

蛇肉為南方人喜愛的野味之一，廣南地區更是如此。朱彧《萍洲可談》卷二記載了這個故事：廣東嶺南地區的居民喜歡吃蛇肉，飲食店中常有蛇羹出售。又邵博《邵氏聞見後錄》卷二九載：「廣西人喜食巨蟒，每見之，即誦『紅娘子』三字，蟒輒不動，且誦且以藤蔓擊其首於木，刺殺之。」大文學家蘇軾貶官惠州，曾派老兵到市中買蛇羹給妾朝雲吃，騙她說是海鮮，後朝雲得知自己吃的是蛇肉，立即反胃，噁心得大吐，結果病了數月，最後病死。

水產類菜餚在宋代素餚中佔有非常重要的地位，在南方特別是東南沿海地區尤其如

▲（上）宋劉寀〈落花游魚圖〉
▲（下）宋佚名〈躍魚圖〉

此。如李公端說：「（杭）人善食鮮，多細碎水類，日不下千萬。」（宋李之儀《姑溪居士後集》卷一九〈故朝請郎直祕閣淮南江浙荊湖制置發運副使贈徽猷閣待制胡公行狀〉）據初步統計，宋代有名可查的水產食品當在一百二十種以上，約占人們日常功能表中的一半。

魚類菜餚為水產系的大類，主要有赤魚分明、薑燥子赤魚、魚鰾二色膾、海鮮膾、鱸魚膾、鯉魚膾、鯽魚膾、群鮮膾、燥子沙魚絲兒、清供沙魚拂兒、清汁鰻鱺、酥骨魚、釀魚、兩熟鯽魚、酒蒸石首、酒蒸白魚、酒蒸鰣魚、酒吹鯚魚、春魚、油炸春魚、油炸魴魚、油炸石首、油炸魟鯽、石首玉葉羹、石首桐皮、石首鯉魚、炒鱔、石首鱔生、蓮房魚包、銀魚炒鱔、攛鱸魚清羹、魟鯽假清羹、魟鯽滿盒鰍、江魚假鰄、葷素水龍白魚、水龍江魚、凍石首、凍白魚、凍魟鯽、大魚鮓、魚頭醬、炙鰍、炙鰻、炙魚粉、鰍粉、豝兒江魚膾等。

蟹在宋代被視為「食品之佳味」。如湖州有一位醫生的母親非常喜歡吃蟹，每年蟹的盛產期，天天要到市場上買數十隻置放在大甕中，與兒孫環視，想要吃時，便從大甕中挑

▲宋佚名〈荷蟹圖〉中的螃蟹

▲宋法常〈水墨寫生圖卷〉中的河蝦和螃蟹

▲宋王希孟〈千里江山圖〉中的打魚場景

選螃蟹，放在鍋中蒸。宋孝宗也喜食湖蟹，並因過量食用致病。蟹菜在水產菜餚中的地位僅次於魚菜，主要有醋赤蟹、白蟹辣羹、炒蟹、渫蟹、洗手蟹、酒蟹、蝤蛑簽、蝤蛑辣羹、溪蟹、柰香盒蟹、簽糊虀蟹、棖釀蟹、五味酒醬蟹、糟蟹、蟹鮓、炒螃蟹、蟹釀橙、赤蟹、辣羹蟹、棖醋洗手蟹等二十多種。蟹的烹飪方法也日趨多樣、精緻，有蒸、炒、釀、糟等。

螺類菜餚在以前的基礎上有了進一步的發展，有擷香螺、酒燒香螺、香螺膾、熬螺螄、薑醋生螺、香螺炸肚等多種。這些菜餚深受人們的喜愛，一些人亦專門以此為業。如南宋都城臨安薦橋門外太平橋北小民張四一家，從祖上起便以經銷海螄為業。每當有從浙東來的海船到京，一定要買大量的海螄存放在家中，每天根據居民的需要，入鹽烹炒後出售，深受市民的歡迎（洪邁《夷堅支丁》卷三

〈張四海蝍〉）。

蝦菜種類多達二、三十個，其中深受宋人歡迎的有擷望潮青蝦、酒法青蝦、青蝦辣羹、蝦魚肚兒羹、酒法白蝦、紫蘇蝦、水荷蝦兒、蝦包兒、蝦玉鱔辣羹、蝦蒸假奶、查蝦魚、水龍蝦魚、蝦元子、麻飲雞蝦粉、芥辣蝦、蝦茸、薑蝦米、鮮蝦蹄子膾、蝦根膾等。如酒醃蝦，浦江吳氏《中饋錄》載其製法：「用大蝦，不見水洗，剪去鬚尾。每斤用鹽五錢，醃半日，瀝乾，入瓶中。蝦一層，放椒三十粒，以椒多為妙。或用椒拌蝦，裝入瓶中，亦妙。裝完，每斤用鹽三兩，好酒化開，澆開瓶內，封好泥頭。春秋，五七日即好吃。冬月，十日方好。」其特點是肉味鮮美無比。

此外，還有許多由江瑤、蠣、泆明、蚶子、蛤蜊、蚌等為原料製成的水產菜，如江瑤清羹、酒澆江瑤、生絲江瑤、蟑蚷、酒掇蠣、生燒酒蠣、薑酒泆明、五羹泆明、蟶醬、三陳羹泆明、簽泆明、四鮮羹、生蚶子、炸肚燥子蚶、棖醋蚶、五辣醋蚶子、蚶子明芽肚、蚶子膾、酒燒蚶子、蚶子辣羹、酒焐鮮蛤、蛤蜊淡菜、凍蛤蝤、蛤蜊肉等，多達二十多種。

宋代蔬菜的烹製達到了較高的技術水準。這表現在以下幾個方面：第一，同一種類的蔬菜，可以根據不同節令食用不同的部分；第二，用蔬菜製作的菜餚，種類極其繁多；第三，調味品在蔬食中廣泛運用；第四，出現了以素托葷、葷素結合的新型風味菜式，

▲宋法常〈水墨寫生圖卷〉中的蔬菜

使蔬菜更富滋味。據統計，宋代蔬菜菜餚的種類當在一百餘種以上，其中僅周密在《武林舊事》卷六〈菜蔬〉中就列有薑油多、薤花茄兒、辣瓜兒、藕鮓、冬瓜鮓、筍鮓、茭白鮓、皮醬、糟瓊枝、蓴菜筍、糟黃芽、糟瓜齏、淡鹽齏、鮓菜、醋薑、脂麻辣菜、拌生菜、諸般糟醃、鹽芥等二十餘道素菜食品。林洪《山家清供》所載一〇四種食品，絕大多數也是蔬菜食品。此外，陳達叟所編的《本心齋蔬食譜》載有民間常用的蔬菜二十種。

需要說明的是，豆腐的食用在宋代已很普遍。這表現在兩個方面：一是文獻記載大量出現；二是豆腐菜餚的種類增多。從文獻記載來看，目前已知的「豆腐」名稱最早出現在宋初陶穀的《清異錄》中，該書卷上載：「時戢為青陽丞，潔己勤民，肉味不給，日市豆腐數個。邑人呼豆腐為『小宰羊』。」南宋時，著名詩人楊萬里在〈豆盧子柔傳〉

中還以擬人的筆法介紹了豆腐的身世：「腐，諧音鮒；豆盧子，名腐（鮒）之，世居外黃縣，由黃豆做成，色潔白粹美，味有古大羹玄酒之風。曾隱居滁山，在漢末出現，至後魏始有聽說。」當時豆腐的名稱較多，主要有「乳脂」、「犁祁」、「黎祁」、「鹽酪」等。如蘇軾有「煮豆為乳脂為酥」的詩句，其自注：「謂豆腐也。」陸游〈山庖〉詩有「旋壓犁祁軟勝酥」之句，並自注「犁祁」為四川人對豆腐的稱呼。又因豆腐由豆漿加鹽鹵後凝結而成，故人們也稱鹽酪。時人對豆腐的營養效益也有了進一步的認識，將其與羊肉媲美，稱其為「小宰羊」。而蘇頌《本草圖經》、寇宗奭《本草衍義》、唐慎微《證類本草》等還記載了它的藥性，用它做藥品了。由於豆腐價廉物美、營養豐富，因此深受人們喜愛，以至於民間出現了專門的豆腐羹店，以滿足人們的需要。如陸游《老學庵筆記》卷一載：「嘉興人聞人茂德，名滋，老儒也。喜留客食，然不過蔬豆而已。郡人求館客者，多就謀之。又多蓄書，喜借人。自言作門客牙，充書籍行，開豆腐羹店。」一些商人和農戶，更是將製作豆腐當作一門容易獲利的行業或途徑。朱熹〈豆腐詩〉：「種豆豆苗稀，力竭心已腐。早知淮南術，安坐獲帛布。」洪邁《夷堅支庚》卷二〈浮梁二士〉中就載有「村民售豆腐者」。

宋代豆腐製作的菜餚，種類較多，其中主要有東坡豆腐、豆腐羹、蜜漬豆腐、雪霞羹、煎豆腐。東坡豆腐，相傳為蘇軾（東坡）所創，林洪《山家清供》卷下載其製作方

▲宋代的推磨磚雕

法：「豆腐，蔥油煎，用研榧子一、二十枚和醬料同煮。又方，純以酒煮。俱有益也。」由此可見其製法有兩種：一是將豆腐用蔥油煎後，再取一、二十只香榧炒焦研成粉末，加上醬料，然後同豆腐一起煮；另一種方法，是純用酒煮油煎過的豆腐。雪霞羹，是用豆腐和芙蓉花燒製而成的菜餚，由於豆腐潔白似雪，芙蓉花色紅如霞。林洪《山家清供》卷下載其製法：「采芙蓉花，去心、蒂，湯焯之，同豆腐煮。紅白交錯，恍如雪霽之霞，名雪霞羹。加胡椒、薑，亦可也。」蜜漬豆腐，即以豆腐漬蜜而食。陸游《老學庵筆記》卷七載：「（仲殊長老）豆腐、麵筋、牛乳之類，皆漬蜜食之，客多不能下箸。惟東坡性亦酷嗜蜜，能與之共飽。」煎豆腐，即用食用油煎製豆腐。北宋《物類相感志》：「豆油煎豆腐，有味。」豆腐羹，即豆漿之類。南宋吳自牧《夢粱錄》卷十六〈酒肆〉載：「更有酒店兼賣血臟、豆腐羹。」豆漿在宋代又稱「菽漿」，北宋末年出版的《李師師傳》載李師師出生後，其母即死，她父親以豆腐漿代乳餵她，使其得以不死。

除豆腐外，羹菜在宋代也迅速發展，異軍突起。據《夢粱錄》、《都城紀勝》等書所載，羹類菜餚主要有：鵪子羹、螃蟹清羹、蓮子頭羹、百味韻羹、雜彩羹、群鮮羹、豆腐羹、江瑤清羹、青蝦辣羹、蝦魚肚兒羹、蝦玉鱔辣羹、小雞元魚羹、三鮮大熬骨頭羹、筍辣羹、雜辣羹、攛肉羹、骨頭羹、鴨羹、蹄子清羹、黃魚羹、肚兒辣羹、土步辣羹、百宜羹、魚辣羹、雞羹、耍魚辣羹、豬大骨清羹、雜合羹、南北羹、蛤蜊米脯羹等六十多種。這些名目繁多的羹菜，代表它在當時已經佔有非常重要的地位，成為人們日常飲食中不可或缺的菜餚。甚至宮廷御宴上也少不了它，如宋理宗謝皇后做壽，酒宴上就有肚羹、縷肉羹、索粉羹等。

脯臘與醃菜是中國傳統菜餚中的重要組成部分。在宋代，它與新興的冷凍、生食魚膾等成為冷盤菜餚的重要部分。據《夢粱錄》記載，南宋都城臨安脯臘菜餚主要有野味臘、海臘、糟脆筋、諸色薑豉、波絲薑豉、薑蝦、鮮鵝鮓、大魚鮓、鮮鰉鮓、寸金鮓、筋子鮓、魚頭醬、銀魚脯、白魚乾、金魚乾、梅魚乾、鱭魚乾、銀魚乾、紫魚螟晡絲等，許多已成為筵席上的珍品食物。如紹興二十一年（一一五一）十月，宋高宗趙構巡幸清河郡王張俊府第，張俊設宴招待，筵席上就置有肉線條子、皂角鋌子、雲夢豝兒、蝦臘、肉臘、奶房、旋鮓、金山鹹豉、酒醋肉、肉瓜齏這十味脯臘。與此同時，冷凍菜餚在宋代也迅速推廣開來，主要有凍蛤蝤、凍雞、凍三鮮、凍石首、三色水晶絲、凍三色炙、凍魚、凍鯗、凍肉等十多種，大大豐富了人們的飲食生活。

㈢點心小吃

「點心」一詞出現於唐代。南宋吳曾《能改齋漫錄》卷二〈事始．點心〉曰：「世俗例以早晨小食為點心，自唐時已有此語。」據該書所載，唐代有一官員，其家中傭人準備夫人早晨點心，夫人對其弟弟說：我還在化粧，現在還不能吃早餐，你可先吃點點心。

至宋代，吃「點心」之風已經非常流行，點心小吃的食品更是名目繁多。灌園耐得翁《都城紀勝．食店》載：「市食點心，涼暖之月，大概多賣豬羊雞煎爍、鍬刬子、四色饅頭、灌肺、灌腸、紅燠薑豉、蹄子肘件之屬。夜間頂盤挑架者，如鵪鶉餶飿兒、焦錘、羊脂韭餅、餅餤、春餅、旋餅、澄沙團子、宜利少、獻餈糕、炙䊦子之類。」計十七種左右。而吳自牧《夢粱錄》卷十六〈葷素從食店〉所載的點心小吃，更是多達一百餘種。

四　飲酒風尚

宋代社會飲酒之風盛行。周煇《清波雜志》卷六說：「今祭祀、宴饗、饋遺，非酒不行。田畝種秫，三之一供釀財曲蘖，猶不充用。」這種現象的存在並非偶然，而是有它深厚的社會基礎。

眾所周知，宋代開國史上有「杯酒釋兵權」的動人故事。建隆二年（九六一）七月，宋太祖趙匡胤為了加強專制中央集權，遂與大臣趙普一起策劃了迫使各地禁軍將領交出兵權的歷史事件。先由宋太祖在宮中設置盛大酒宴，款待石守信、王審琦等一批高級將領。然後在他們酒興正濃之時，趙匡胤摒退左右，給他們講了一段自己的苦衷：我不是大家幫忙出力，坐不上皇位。因此，我對大家的功勞銘記在心。然而當天子亦不容易，還不如當一方諸侯的節度使快樂。說句心裡話，我沒有一個晚上能夠踏踏實實地安枕而臥的。大將石守信等忙問原因，趙匡胤解釋說：其實是不難理解的，誰不想做皇帝呢！石守信等人聽了趙匡胤的話都極度惶恐不安，急忙跪下叩頭說：陛下為什麼還要說這話？今天命已定，

▲宋張擇端〈清明上河圖〉中北宋都城開封的大型酒樓正店

誰還敢有異心？趙匡胤回答道：有的。你們雖無異心，但誰能保證你手下的人不想要榮華富貴，一旦以黃袍加你們身上，你雖不想造反，但能做到嗎？於是，赴宴的幾位高級將領只好向趙匡胤請求「可生之途」。趙匡胤安慰大家說：人生如白駒過隙，所為好富貴者，不過是想多積一點金錢，過幸福快樂的生活，使子孫後代不至於貧窮。你們何不釋去兵權，到地方上去做大官，或者買一些好的田地、房子，為子孫立長遠之業，家中多置歌兒舞女，天天飲酒相歡，以終天年！我現在與大家約為婚姻，從此君臣之間可以做到兩無猜疑，上下相安，這不是一件好事嗎！就這樣，趙匡胤在酒宴上不費血刃就將高級將領的兵權全部集中到自己手中（《續資治通鑑長編》卷二）。此外，趙宋統治者為了增加財政收入，攫取豐厚的酒利，也極力鼓勵人們飲酒取樂，於是飲酒之風大行於世。

宋人的飲酒方式和方法五花八門，有所謂囚飲、巢飲、鱉飲、了飲、鶴飲、鬼飲、牛飲，又有對飲、豪飲、夜飲、晨飲、轟飲、劇飲、痛飲、晝夜酣飲等等名目。大臣石延年磊落奇才，知名當世，氣貌雄偉，飲酒過人。他特別喜歡豪飲，並與嗜酒的平民百姓劉潛結為知心的朋友，時常在一起比賽酒量，可謂棋逢對手，不相上下。聞京師沙行王氏新開酒樓，遂與劉潛一起去飲酒。兩人對飲終日，不說一句話。酒樓老闆王氏可以說是見多識廣，見過的酒鬼成千上萬，但他覺得這兩人的酒量非常人可比，是有特異功能的人，因

▲宋張擇端〈清明上河圖〉中北宋京城開封的大型酒樓

▲元夏永所繪南宋都城臨安的大型酒樓豐樂樓

▲（左）宋馬和之〈豳風圖〉中的飲酒觀舞場面
▲（右）宋佚名〈柳蔭醉歸圖〉中的醉漢
◀ 宋劉履中〈田峻醉歸圖卷〉（局部）
▼（左）宋劉履中〈田畯醉歸圖〉（局部）
▼（右）宋劉松年〈醉僧圖〉（局部）

此另眼看待，令上獻上好菜、水果，換上更好的酒。兩人見後，還是飲啖自若，傲然不顧。到了晚上，兩人還沒有喝醉，相揖而去。第二天，京城喧傳王氏酒樓昨天有兩位酒仙光臨。過了很長一段時間，人們才知道兩位「酒仙」是石、劉。他通判海州時，劉潛曾去看望，石延年早早在石闥堰的地方迎接，然後與其劇飲，喝到半夜，帶去的酒也快要喝光了，他看到船中還有醋斗餘，於是將其傾入酒中一併飲。到了第二天早晨，帶去的酒和醋都被他們兩人喝光了。石延年飲酒時還時常別出花樣，史載他每與客人痛飲，披著頭髮，赤著腳，戴著刑具而坐，自稱為「囚飲」。關在木杪裡飲，稱為「巢飲」。以草把自己捆起來，把頭頸伸出來飲，飲好後再將頭頸縮回去，稱為「鱉飲」。總之，他飲酒花樣百出，沒有一天不醉。仁宗皇帝愛惜

▲宋劉松年〈曲水流觴圖〉(局部)

▲宋劉松年〈曲水流觴圖〉(局部)

▲宋馬遠〈月下把杯圖〉（局部）

▲重慶大足宋代男女侍酒石刻

他的才能，曾對大臣們說，希望他能戒掉酒癮。石延年知道後，因此不飲，竟成疾而死。（參見沈括《夢溪筆談》卷九《人事一》、歐陽修《歸田錄》卷二）。

宋人飲酒非常講究環境的選擇，良辰美景、歌舞音樂等都是酒徒們極力追求的。燕王（即宋太祖次子趙德昭）喜歡坐馬桶，坐上了以後則久久不起來，肚子餓了，就在馬桶上飲食，往往乘興讓樂師在他面前奏樂，酣飲終日（歐陽修《歸田錄》卷二）。江鄰幾喜歡飲酒、鼓琴、圍棋，他通判廬州時，有酒官擅琴，因工作的原因不得外出，於是江鄰幾天天上門去請他一起飲酒（《宋人軼事彙編》卷九引〈詩話總龜〉）。劉改之得一妾，非常喜歡。史載他赴京考試，在道上曾賦〈天仙子〉，每夜飲，輒使小童歌唱。至建昌，遊麻姑山，也是多次唱這首歌，以致聽得落淚。二更後，有美人執拍板來，願

▲宋劉松年〈十八學士圖卷〉中的文人飲酒聽曲情景

▲（左）宋佚名《女孝經圖卷》中的飲酒歌舞場景
▲（右）宋佚名〈春宴圖卷〉中的飲酒聽曲情景

唱一曲勸酒，即賡前韻說：「別酒未斟心已醉，忽聽陽關辭故里。揚鞭勒馬到皇都，三題盡，當際會，穩跳龍門三汲水。天意命吾先送喜，不審君侯知得未？蔡邕博識爨桐聲，君抱負，卻如是，酒滿金杯來勸你。」劉改之聽後大喜，遂帶著她一起赴京，結果高中榜第，被任命為荊門教授。至於利用妓女陪酒的現象，在宋代極為普遍，這在文人士大夫階層中尤其如此。周密《齊東野語》卷二〈張功甫豪侈〉就對此作了詳細的記載：張鎡字功甫，號約齋，為循忠烈王諸孫，擅長寫詩，一時名士大夫無不與其交遊。他家的園林、聲妓、服玩之麗甲天下，曾於南湖園作駕霄亭於四枝古松之間，上面用非常粗大的鐵索連結在一起，空懸在松樹的半身。每當風月清夜，他便與客人自梯子爬上去，飄搖雲表，真有一點挾飛仙、溯紫清的味道。王簡卿侍郎曾赴其牡丹會，回來後對大家描述此會的情景：眾位來賓到齊後，坐在一個虛堂中，裡面寂無所有。突然之間，有人問左右說：「香已發未？」回答說：「已發。」於是命把簾捲起來，異香從裡面傳出，郁然滿座。接著，數位女妓捧著酒餚、吹著笛子，次第而至。別有十位穿著白衣的名姬，凡首飾、衣領皆是牡丹圖案，頭上插著照殿紅一枝，執板奏歌侑觴。歌罷，樂作乃退。於是再將簾子垂下，大家紛紛談論著剛才的感受，不久，香再起，再像前面一樣捲簾。有另外十名妓女易服與花而出，大抵簪白花的則衣紫、紫花則衣鵝黃、黃花則衣紅。這樣大家飲了十杯酒，妓女們的衣服和花也換了十次。她們所唱的歌，均是前輩牡丹名詞。等到宴會結束，上百名唱歌和彈樂的妓女一起列行送客。燭光香霧，歌吹雜作，使客人都有一種恍然仙遊的感覺，美不可言，終身難忘。

五　飲茶風尚及其技藝

(一)宋代的飲茶風尚和習俗

宋代的飲茶之風非常流行，在民間，茶等同於米、鹽，一天也不能缺少。上自官府，下至民間，不可或缺。李覯說：茶，「君子小人靡不嗜也，富貴貧賤靡不用也。」（《李覯集》卷十六〈富國策第十〉）人們都以茶為生活的必需品。特別是到了北宋末年，飲茶之風更是達到了高峰。宋徽宗《大觀茶論》說：「本朝之興，歲修建溪之貢，龍團鳳餅名冠天下，而婺源之品亦自此而盛，延及於今，百廢俱舉，海內晏然，垂拱

▲宋張擇端〈清明上河圖〉中的茶樓

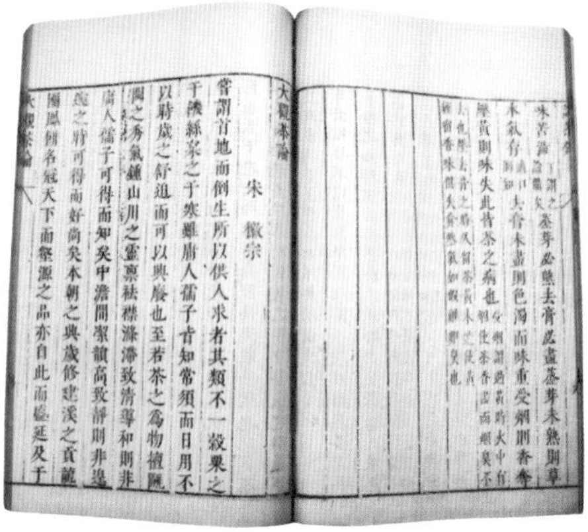
大觀茶論
宋　徽宗
嘗謂首地而倒生所以供人求者其類不一穀粟之
于饑絲枲之于寒雖庸人孺子皆知常須而日用不
以時歲之舒迫而可以興廢也至若茶之為物擅甌
閩之秀氣鍾山川之靈禀祛襟滌滯致清導和則非
庸人孺子可得而知矣中澹間潔韻高致靜則非遑
遽之時可得而好尚矣本朝之興歲修建溪之貢龍
團鳳餅名冠天下而壑源之品亦自此而盛延及于

▲宋徽宗趙佶《大觀茶論》書影

▲宋佚名〈飲茶圖〉

密勿，幸致無為。縉紳之士，韋布之流，沐浴膏澤，薰陶德化，盛以高雅相推從事茗飲。故近歲以來，採擇之精，製作之工，品第之勝，烹點之妙，莫不盛造其極。」

鬥茶習俗就是隨著當時的飲茶風尚而產生的。所謂鬥茶，即審評茶葉品質和比試點茶技藝高下的一種茶事活動。這種活動是在唐代「煎茶」飲法的基礎上形成的，具有比較濃厚的審美趣味。因此，一開始便成為人們（尤其是文人士大夫階層中）高雅的文化娛樂活動，被稱為「盛世之清尚」。據文獻記載，鬥茶最初流行於建州（今福建建陽），此後才向全國各地擴展，並從民間流入宮廷之中。蔡襄《茶錄．點茶》載：「建安鬥試，以水痕先者為負，耐久者為勝，故較勝負之說，曰：『相去一水兩水。』」

三嗅，是宋代鬥茶的第一道程式。所謂「三嗅」，即在烹點前對茶品進行嗅香、嘗味、鑑色，觀看其色、香、味、形。活動大多在清晨進行，宋人認為這時人的嗅覺、味覺器官特別靈敏。

鬥茶對用水非常講究。宋人江鄰幾記載了一個鬥茶故事：蘇軾與蔡襄鬥茶，蔡襄用的茶葉好，故此選用惠山泉；而蘇軾用的茶葉差，只得改用竹瀝水煎，遂能取勝，以此足見水在鬥茶中的重要作用。鬥茶使用的茶品，自然品質要高。「鬥品」是宋代鬥茶活動中所用的極品名茶，黃儒《品茶要錄．白合盜葉》載：「茶之精絕者曰鬥，曰亞鬥，其次揀

▲中國茶葉博物館展廳內的宋代鬥茶蠟像

▲宋劉松年〈撵茶圖〉中的煮茶場景

▲宋鎏金銀湯瓶

▲宋天藍釉盞托

▲宋曜變黑釉盞

▲宋影青刻花葵口茶盞

▲宋建窯兔毫盞

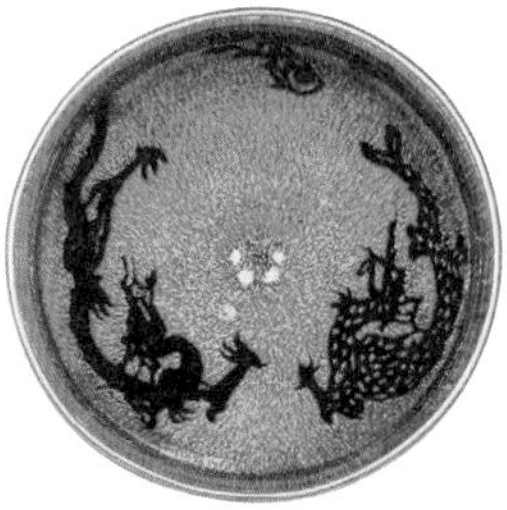

▲宋吉州窯剪紙貼花龍鳳紋茶盞

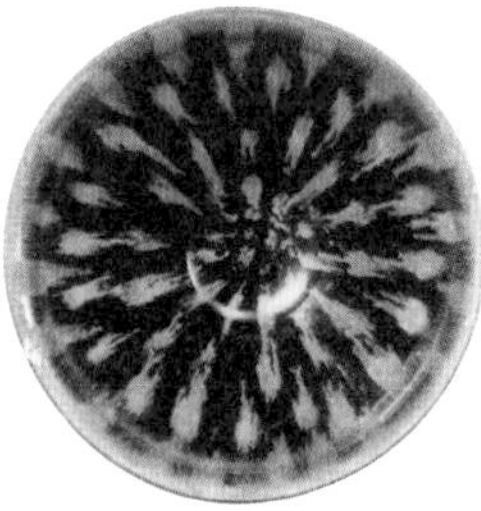

▲宋建窯曜變黑釉盞

▲宋臨汝窯印花纏枝葡萄紋盞

▲蔡襄畫像

▲宋蔡襄《茶錄》(局部)

▲宋蔡襄《茶錄》(局部)

芽、茶芽。鬥品雖最上，園戶或止一株，蓋天材間有特異，非能皆然也。……其造一火曰鬥，二火曰亞鬥，不過十數銙而已。揀芽則不然，遍園隴中擇其精英者耳。」鬥茶用的茶盞，有一些比較特殊的要求，據《大觀茶論．盞》所說：「盞色貴青黑，玉毫條達者為上，取其煥發茶采色也。底必差深而微寬。底深則茶宜立而易以取乳；寬則運筅旋徹，不礙擊拂。然須度茶之多少，用盞之小大。盞高茶少，則掩蔽茶色；茶多盞小，則受湯不盡。盞惟熱，則茶發立耐久。」建州窯所出的建盞，是宋代最好的鬥茶用盞。蔡襄《茶錄．論茶器》說：「茶盞：茶色白，宜黑盞。建安所造者紺黑，紋如兔毫，其杯微厚，熁之久熱難冷，最為要用。出他處者，或薄或色紫，皆不及也。其青白盞，鬥試家

▲宋劉松年〈鬥茶圖〉

自不用。」

在宋代盛行的鬥茶活動中，出現了許多名家高手，宋徽宗趙佶就是其中的佼佼者。據蔡京〈延福宮曲宴記〉載：宣和二年（一一二〇）十二月癸巳，宋徽宗召集文武大臣和親王等於延福宮舉行茶宴，他命近侍取來茶具，親手注湯擊拂。一會兒，便見白乳浮出盞面，如同疏星淡月。宋徽宗回頭對大家說：可以飲了。大家飲畢，都一致稱讚，感謝皇上讓大家飲到這樣好的茶。由此可見，宋徽宗的點茶技藝已達到了極高的水準。深受宋徽宗寵愛的道士張繼先也是一名鬥茶高手，孟宗寶《洞霄詩集》載其〈恒甫以新茶戰勝因詠歌之〉詩：「人言青白勝黃白，子有新茶賽舊芽。龍舌急收金鼎火，羽底爭認雪甌花。蓬瀛高駕應鬢髮，蔡君須入陸生家。」而王庭珪則沉湎於鬥茶而不能自拔，其〈劉端行自建溪歸，

▲陝西西安宋墓出土的珍貴白茶

數來鬥茶，大小數十戰；予懼其堅壁不出，為作鬥茶詩一首，且挑之使戰也〉：「亂雲碾破蒼龍璧，自言鏖戰無勁敵。一朝倒壘空壁來，似覺人馬俱辟易。我家文開如此兒，客欲造門憂水厄。酒兵先已下愁城，破睡論功如破賊。唯君盛氣敢爭衡，重看鳴鼉鬥春色。」（《盧溪文集》卷四）而祖無擇〈齋中即事〉詩中「賓歡為鬥茶」（《御選宋詩》卷三六）一語，則道破了宋人鬥茶的遊戲和娛樂性質。

宋代文人對當時的鬥茶風尚多有描述，其中范仲淹〈和章岷以事鬥茶歌〉是傳頌千古的名作，詩中說：「北苑將期獻天子，林下雄豪先鬥美。鼎磨雲外首山銅，瓶攜江上中泠水。黃金碾畔綠塵飛，紫玉甌心翠濤起。鬥餘味兮輕醍醐，鬥餘香兮薄蘭芷。其間品第胡能欺，十目視而十手指。勝若登仙不可攀，輸同降將無窮恥……」此外，南宋畫家劉松年的〈茗園賭市圖〉也描繪有市井小民鬥茶的景象。

㈡宋代的茶藝

在空前濃厚的飲茶氛圍中，宋代的茶藝也達到了前所未有的水準。據一些學者的研究，宋代的茶藝主要為點茶、分茶等。

點茶是宋代最為風行的一種技藝，包括炙茶、碾茶、羅茶、烘盞、候湯、擊拂、烹試等一整套程序。所謂炙茶，就是將陳茶置微火上烘烤，以收取香濃、色鮮、味醇之效。碾茶，即將乾茶塊放入茶碾槽中碾成粉面。羅茶即用茶羅對碾碎的茶葉進行篩選，粗細適中，以保證點茶的效果和品質。候湯是點茶的重要技能之一，蔡襄《茶錄．論茶》說：「候湯最難，未熟則沫浮，過熟則茶沉。前世謂之蟹眼者，過熟湯也。沉瓶中煮之不可辨，故曰候湯最難。」熁盞，即以火煎迫茶盞使其溫熱。蔡襄《茶錄．論茶》曰：「凡欲點茶，先須熁盞令熱，冷則茶不浮。」點茶是點茶道的最重要技能，也是關鍵所在。其要訣：一是要掌握好茶和湯的比例；二是擊拂；三是面色要鮮白，著盞無水痕。蔡襄《茶錄．點茶》對此有詳細闡述。在這三個要點中，又以擊拂最為重要。宋徽宗《大觀茶論．點》中說：「點茶不一，而調膏繼刻。以湯注之，手重筅輕，無粟文蟹眼者，謂之靜麵點。蓋擊拂無力，茶不發立，水乳未浹，又復增湯，色澤不盡，英華淪散，茶無立作矣。有隨湯擊拂，手筅俱重，立文泛泛，謂之一發點。蓋用湯已故，指腕不圓，粥面未凝，茶力已盡，霧雲雖泛，水腳易生。妙於此者，量茶受湯，調如融膠。環注盞畔，勿使浸茶。

勢不欲猛，先須攪動茶膏，漸加擊拂，手輕筅重，指繞腕旋，上下透徹如酵蘖之起面，疏星皎月，燦然而生，則茶之根本立矣。第二湯自茶面注之，周回一線，急注急上，茶面不動，擊拂既力，色澤漸開，珠璣磊落。三湯多置。如前擊拂，漸貴輕勻，同環旋復，表裏洞徹，粟文蟹眼，泛結雜起，茶之色十已得其六七。四湯尚嗇。筅欲轉稍寬而勿速，其清真華彩既已煥發，雲霧漸生。五湯乃可少縱，筅欲輕勻而透達。如發立未盡，則擊以作之；發立已過，則拂以斂之。結浚靄，結凝雪，香氣盡矣。六湯以觀立作，乳點勃結，則以筅著，居緩繞拂動而已。七湯以分輕清重濁，相稀稠得中，可欲則止。乳霧洶湧，溢盞而起，周回凝而不動，謂之咬盞。宜勻其輕清浮合者飲之。《桐君錄》曰：『茗有餑，飲之宜人，雖多不為過也。』」在這裡，宋徽宗趙佶對點茶

▲宋劉松年〈茗園賭市圖〉

▲宋劉松年〈攆茶圖〉

▲宋代鐵茶碾

▲宋代黑釉茶臼

的方法作了深刻而透徹的闡述，完備而精闢，充分反映了宋代茶道技藝之高超。

分茶也是宋代盛行的一種茶藝，又稱「茶百戲」、「湯戲」或「幻茶」。始行於宋初，陶穀《清異錄》卷下〈茗荈門．茶百戲〉載：「茶至唐始盛，近世有下湯運匕，別施妙訣，使湯紋水脈成物象者。禽獸蟲魚花草之屬，纖巧如畫，但須臾即就散滅。此茶之變也，時人謂之茶百戲。」又同書〈生成盞〉曰：「饌茶而幻出物象於湯面者，茶匠通神之藝也。沙門福全生於金鄉，長於茶海，能注湯幻茶成一句詩，並點四甌共一絕句，泛乎湯表。小小物類，唾手辦耳。檀越日造門求觀湯戲，全自詠曰：『生成盞裏水丹青，巧畫功夫學不成。卻笑當時陸鴻漸，煎茶贏得好名聲。』」曾幾、陸游、陸子約、李清照、史浩等都是宋代的分茶高手（方健〈唐宋藝茶述論〉，《農業考古》一九九七年第四期）。

當然，色香味的統一也是宋代茶藝極力追求的目標。茶白是宋人鬥茶中崇尚的藝術境界。所謂茶白，即是指鬥茶時出現的湯花，必須色澤潔白，有所謂「淳淳光澤」，民間稱為「冷粥面」，意即湯花如米粥冷後稍有凝結時的情景（參見劉昭瑞〈宋代的「鬥茶」藝術〉，《文史》第三十二輯）。宋代曾慥《高齋漫錄》中所載的司馬光與蘇軾的一段玩笑

◀宋錢選〈盧仝煮茶圖〉

▲福建邵武故縣銀器窖出土的南宋鏤空銀茶匙

▲福建邵武故縣南宋銀器窖藏出土銀鎏金梅梢月紋盤盞

話，便從一個側面反映了宋人崇尚茶白的傾向。司馬光曾問蘇軾：「茶與墨正相反。茶欲白，墨欲黑；茶欲重，墨欲輕；茶欲新，墨欲陳。君何以愛此二物？」蘇軾回答說：「奇茶妙墨俱香，公以為然否？茶可於口，墨可於目。奇茶妙墨俱香，是其德同也；皆堅，是其操一也。」

真香、真味，又是宋代茶藝注重的目標。宋代民間的飲茶法大多承襲唐代，有以薑、鹽、桂、椒等雜物入茶同煎飲用的習慣。如蘇轍〈和子瞻煎茶〉詩：「年來病懶百不堪，未廢飲食求芳甘。煎茶舊法出西蜀，水聲火候猶能諳。相傳煎茶只煎水，茶性仍存偏有味。君不見閩中茶品天下高，傾身事茶不知勞。又不見北方俚人茗飲無不有，鹽酪椒薑誇滿口。我今倦遊思故鄉，不學南方與北方。銅鐺得火蚯蚓叫，匙腳旋轉秋螢光。何時茅簷歸去炙背讀文字，遣兒折取枯竹女煎湯。」（《欒城集》卷四）此外，宋人尚有用蔥、梅、雞蘇、胡麻等與茶同煎的。如李之儀〈訪瑫上人值吃蔥茶〉詩：「蔥茶未必能留坐，為愛高人手自提。」（《姑溪居士前集》卷十一）然而，這種飲茶方法深為宋代茶藝所深惡痛絕。蔡襄《茶錄．茶論》便說：「茶有真香，而入貢者微以龍腦和膏，欲助其香。建安民間試茶，皆不入香，恐奪其真。若烹點之際，又雜珍果香草，其奪益甚，正當不用。」宋徽宗《大觀茶論．香》曰：「茶有真香，非龍麝可擬。要須蒸及熟而壓之，及乾而研，研細而造，則和美具足，入盞則馨香四達，秋爽灑然。或蒸氣如桃人夾雜，則其氣酸烈而惡。」

▲宋畫中的煮茶情景

宋代茶藝還追求高雅的藝術氛圍，吟詩、聽琴、觀畫、賞花、聞香等成為茶藝活動中常見的項目。如梅堯臣〈依韻和邵不疑以雨

▲ 宋蘇軾〈一夜帖〉

▲ 宋蘇軾〈啜茶帖〉

止烹茶觀書聽琴之會〉云：「彈琴閱古畫，煮茗仍有期。」（《宛陵集》卷四六）張耒〈遊武昌〉詩：「看畫烹茶每醉飽，還家閉門空寂歷。」（《柯山集》卷十）宋徽宗趙佶的〈文會圖〉，便生動描繪了宋人將茶、酒、花、香、琴、畫等相融合的情景。

宋代茶道中所極力追求的藝術氛圍，在茶肆中也得到了淋漓盡致的發揮。據吳自牧《夢粱錄》卷十六〈茶肆〉載：「杭城茶肆……插四時花，掛名人畫，裝點店面。……向紹興年間，賣梅花酒之肆，以鼓樂吹〈梅花引〉曲破賣之。……今之茶肆，列花架，安頓奇松異檜等物於其上，裝飾店面，敲打響盞歌賣。」民間百姓也競相仿效，附庸風雅，以至民間俗諺稱「燒香、點茶、掛畫、插花」為「四般閒事」。

六　湯、乳酪和果汁

湯飲在北宋風行一時，時人往往將其與茶合稱為「茶湯」，而喝牛奶之俗也自北而南，在江南推廣開來。

(一) 湯的種類及飲用習俗

湯在宋代是第三大飲料，其地位僅次於酒和茶，是一種用藥物配製的飲料，取藥材甘香者屑之，或溫或涼，未有不用甘草者，此俗遍天下。甘草，一名蜜甘，或美草、蜜草、蕗草，生於河西川谷積沙山及上郡。二月、八月除日採根，曝乾十天即成。其種類不一，以堅實斷理者為佳；其輕虛縱理及細韌者最差，這種貨只賣給商家製湯所用。其性味甘平、無毒，長久服用，具有輕身延年的效果。因此，有人認為「客至設湯，是飲人以藥也。」但也有不用甘草的，如武臣楊應誠家，每當有客人至，多以蜜漬橙、木瓜之類為湯，讓客人飲用（參見唐慎微《證類本草》卷六、蘇頌《本草圖經》卷四、佚名《南窗紀談》）。其時，湯的種類甚多，僅陳元靚《事林廣記．別集》卷七〈諸品湯〉就列有乾木瓜湯、縮砂湯、無塵湯、荔枝湯、木犀湯、香蘇湯、橙湯、桂花湯、濕木瓜湯、烏梅湯等十餘種湯品，並附有配方、服法。又趙希鵠《調變類編》卷二〈清飲〉中也載有諸般湯品，如橘湯、暗香湯、天香湯、茉莉湯、柏葉湯、橙湯等。陸游《家世舊聞》卷上載有「菉豆粉山藥湯」。陳直《養老奉親書》載有薑湯、薑桔皮湯、杏湯等。如：「食治老人飲食不下或嘔逆虛弱，生薑湯方：生薑二兩去皮，細切；漿水一升。右和少鹽煎取七合，空心常作開胃進食。」、「食治老人冷氣、心痛，薑桔皮湯方：生薑一兩，切；陳桔皮一兩，炙為末。右以水一升，煎取七合，去滓，空心食之，日三兩服尤益。」、「老人可常服杏湯：杏仁板兒炒熟。麻子芝麻子作湯服之，亦能通利。」

啜湯之俗在北宋極為盛行，「先茶後湯」是當時特定的一種待客食俗。據宋代朱彧《萍洲可談》卷一所載：北宋時習俗，客到則啜茶，欲去則啜湯。此俗不知起於何時，然至北宋時，上自官府，下至閭里，都廣為流行。如在宮廷，一天真宗與知制誥晏殊談話，坐下便賜茶，談話完畢，「真宗點湯既起」。仁宗在宮內講讀時，講讀官講讀前先「賜坐飲茶」，講讀畢復坐，「飲湯乃退」。上行而下效。文人士大夫紛紛仿效先茶後湯的習俗。據晁以道《晁氏客語》載：范純夫每當「進講」這天的前夕，往往要在家中預講，其弟子皆來聽講，講畢「煮湯而退」。民間更是如此，如《東京夢華錄》卷五〈民俗〉載：「或

◀宋李嵩〈賣漿圖〉（局部）

▲宋林椿〈果熟來禽圖〉

▲宋魯宗貴〈橘子、葡萄、石榴圖〉

▶宋佚名〈荔枝圖〉

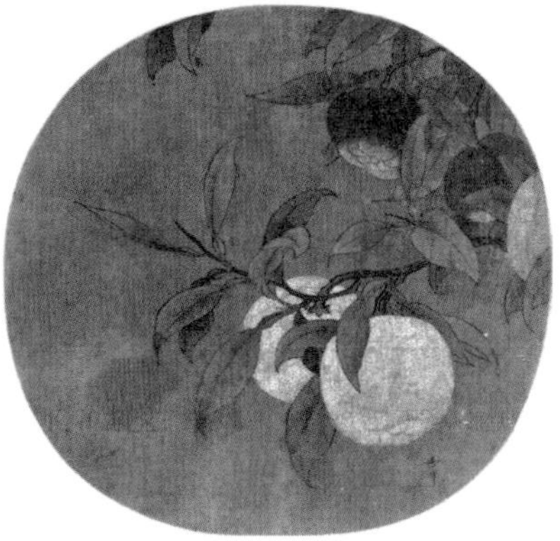

◀宋馬麟〈橘綠圖〉

▲貴州遵義南宋楊价夫人墓室出土金臺盞

有從外新來，鄰左居住，則相借措動使，獻遺湯茶。」據薛瑞兆研究，客罷點湯，其緣起或如宋佚名著《南窗紀談》所說：「客坐既久，恐其語多傷氣。」實際上，這種彬彬禮節的背後，卻明白無誤地表示：或客至稍久，欲結束會晤；或惡客臨門，不願接待，以點湯示意其速去。但至南宋，這種先茶後湯的習俗已趨於消失。袁文《甕牖閑評》卷六就載：「古人客來點茶，茶罷點湯，此常禮也。近世則不然，客至點茶與湯，客主皆虛盞，已極好笑。而公廳之上，主人則有少湯，客邊盡是空盞，本欲行禮而反失禮，此尤可笑者也。」但湯仍是待客之飲料。如乾道六年陸游到四川時，曾遊青山李太白祠堂，途中，「有兩道人持湯飲迎勞於松石間。」（參見薛瑞兆〈元雜劇中的「點湯」〉，載《文史》第二十一輯，中華書局，一九八三年版）。

(二) 乳奶與鹿血

乳奶是宋人常常飲用的飲料之一。這種飲食習慣的盛行，當與時人對其營養價值的充分認識有關。如唐慎微《重修政和

▲宋李公麟臨韋偃〈牧放圖〉（局部）

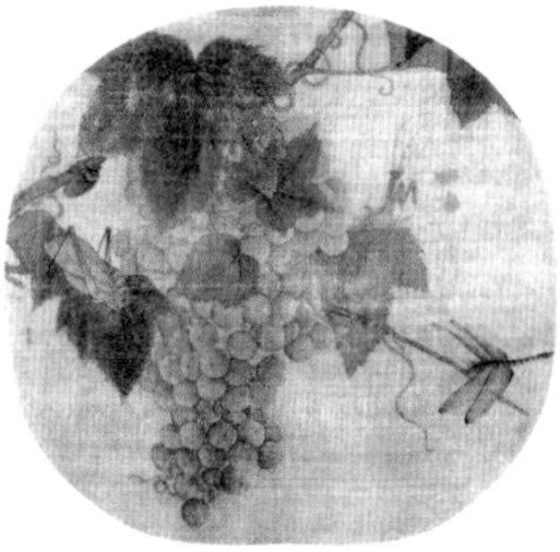
▲宋佚名〈葡萄草蟲圖〉

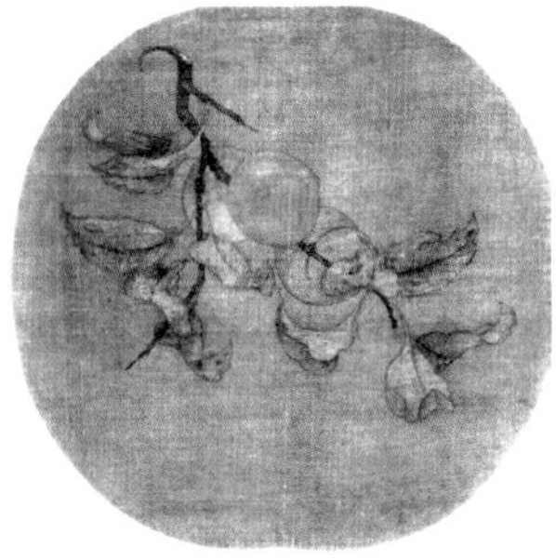
▲宋趙昌畫作中的桃子

▲宋趙令穰〈橙黃橘綠圖〉

經史證類備用本草》卷一七引陶隱居說：「牛乳、羊乳實為補潤，故北人皆多肥健。」又說羊乳「溫，補寒冷虛乏」；馬乳「味甘，治熱，性冷利」，「飲之止渴」。蘇頌《本草圖經》卷一三載：「水牛、犛牛、黃牛取乳及造酥、酪、醍醐等，然性亦不同，水牛乳涼，犛牛乳溫，其肉皆寒也。……馬乳、驢乳、羊乳，大抵功用相近。而驢、馬乳冷利，羊乳溫補，馬乳作酪彌佳耳。」由此可見，宋人飲用的動物乳奶有牛奶、馬奶、驢奶、羊奶數種，其中尤以牛奶最為普遍。

牛奶不僅為北方人經常飲用的乳品，而且也深受南方人的喜愛。如張仲文《白獺髓》就載：浙江人以牛乳為素食。當時人們往往將其作為老人的食補之物。陳直《養老奉親書．老人益氣牛乳方》就載：「牛乳最宜老人，平補血脈，益氣長肌肉，令人身體康強潤澤，面目光悅，志不衰，故為人子者，常須供之以為常食，或為乳餅，或作斷乳等，恒使恣意充足為度，此物勝肉遠矣。」

鹿血是宋代貴族士大夫盛行的一種食補飲料。據周煇

▲宋佚名〈撲棗圖〉

▲宋劉松年〈十八學士圖〉中侍者準備飲料的情景

《清波雜志》卷三〈乳羊〉所載：士大夫為了健身養體，無所不用其極，甚至有人在家中蓄養巨鹿，每天刺其血，和酒以飲。

㈢果汁與涼水

涼水是指冷的飲料，宋代有豆兒水、沆瀣漿、漉梨漿、滷梅水、薑蜜水、綠豆水、椰子水、甘蔗汁、木瓜汁、沉香水、大順散、荔枝膏水（一名荔枝漿）、苦水、金橘團、白水、雪泡縮皮飲（一作縮脾飲）、楊梅渴水、香糖渴水、木瓜渴水、五味渴水、香薷飲、五苓大順散、紫蘇飲、乳糖真雪、甘豆錫（又稱甘豆湯）、杏酥飲等數十種。這些「涼水」主要是供夏天飲用，配方在《事林廣記》別集卷七中有詳細記載。

住

宋張擇端〈清明上河圖〉(局部)

一 宮殿

宋代宮殿宏大壯麗，金碧輝煌，代表了當時住居建造的最高水準。據周密《癸辛雜識》別集下〈汴京宮殿〉載：京師開封有八卦殿，此殿有八門，門外各有樹木，築有假山，無一相同。假山石皆嵌空，石座亦穿空，與石竅相通。皇上欲有所往，與所幸美人自

▲ 宋趙伯駒〈漢宮圖〉

▲ 宋李嵩〈漢宮乞巧圖〉

一門出，「宮人仙衣，壯士扶輪，一聲水辟歷，則仙樂競奏，雲霄間，石竅間腦麝煙起如霧。」大門省玉虛館階前以玉石建造，殿上椽柱一色，皆用金飾，炫耀奪目。而宋真宗營造玉清昭應宮，更是廣集天下名木、奇石、顏料、漆等建築材料，據載每日動用役使的工匠就達三、四萬人。洪邁《容齋三筆》卷十一〈宮室土木〉對此進行了詳細描述：大中祥符年間，奸佞之臣欺騙真宗以為符瑞，大興建築，以為道宮。其中，玉清昭應宮的建造，便是其中的一項主要工程。在這一工程的建造中，權臣丁謂任修宮使，每天指揮三、四萬工匠，日夜不停地建造。所用的建築材料，幾乎涉及境內的所有地區。有來自秦、隴、

▲宋佚名〈蓬萊仙館圖〉

▲宋佚名〈九成宮避暑圖〉

岐、同的松樹，嵐、石、汾、陰的柏樹，潭、衡、道、永、鼎、吉的栟、楠、櫧樹，溫、台、衢、吉的檮樹，永、澧、處的槻、樟樹，潭、柳、明、越的杉樹，鄭、淄的青石，衡州的碧石，萊州的白石，絳州的斑石，吳越地區的奇石，洛水的石卵，桂州的丹砂，河南的赭土，衢州的朱土，梓、信的石青、石綠，磁、相的黛，秦、階的雌黃，廣州的藤黃，孟、澤的槐華，虢州的鉛丹，信州的土黃，河南的胡粉，衛州的白堊，鄆州的蚌粉，兗、澤的墨，歸、歙的漆，萊蕪、興國的鐵。又於京師置局，化銅為鍮、冶金薄、鍛鐵，以供應工程所需。這一工程自經始及告成，總共花費了十四年的時間。其中，從大中祥符

▲宋佚名〈蓬萊仙館圖〉（局部）

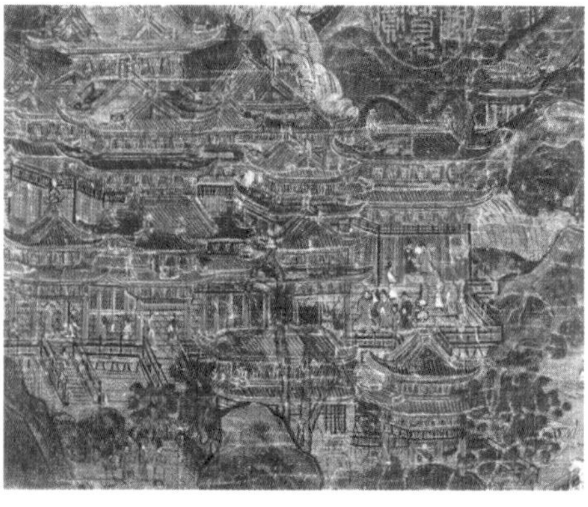
▲宋佚名〈九成宮避暑圖〉（局部）

▲宋代繪畫中的宮殿建築

▲宋馬遠〈華燈侍宴圖〉中的宮廷建築

▲宋徽宗趙佶《瑞鶴圖卷》

▲宋佚名〈唐宮乞巧圖〉

二年四月開始營建，至大中祥符七年十一月建成的玉清宮，規模極大，凡東西三百一十步，南北百四十三步，總共二千六百一十區。田況《儒林公議》卷上稱「其宏大瑰麗，不可名似。遠而望之，但見碧瓦凌空，聳耀京國。每曦光上浮，翠彩照射，則不可正視。其中諸天殿外，二十八宿亦各一殿。……朱碧藻繡，工色巧絕，甍栱欒櫨，全以金飾。入見驚恍褫魄，迷其方向。所費巨億萬，雖用金之數，亦不能會計。天下珍樹怪石，內府奇寶異物，充牣襞積，窮

▲ 宋佚名〈江山殿閣圖〉表現的南宋臨安宮殿建築

▲ 宋佚名〈太清觀書圖〉

極侈大。餘材始及景靈、會靈二宮觀，然亦足冠古今之壯麗矣。議者以為玉清之盛，開闢以來未始有也，阿房、建章固虛語爾。」又《宣和遺事．前集》載：「九月丙午，葆和殿成，上飾純綠，下漆以朱，無文藻繪畫五彩，垣墉無粉澤：淺墨作寒林平遠禽竹而已。前種松、竹、木、犀、梅、桐、橙、橘、蘭、蕙，有歲寒、秋香、洞庭、吳會之趣。後列太湖之石，引滄浪之水，陂池連綿，若起若伏，支流派別，縈紆清泚；有瀛洲、方壺、長江、遠渚之興，可以放懷適情，遊心玩思而已。」、「秋九月，宴蔡京父子於保和新殿……於是由臨華殿門入，侍班東曲水，朝於玉華殿；上步至西曲，循茶蘼洞，至太寧閣，登層巒、琳霄、褰風、垂雲亭至保和。屋三楹，時落成於八月，而高竹崇檜，已森陰蓊鬱；中楹置御榻，東西二間列寶玩與古鼎、彝、玉芝。」張知甫《可書》載：「宣和末，都城起建園囿，殆無虛日，土木之工，盛冠古今。如擷芳園、山莊、錦莊、筠莊、壽岳、輞川、華子岡、鹿寨、鵝籠、曲江、秋香谷、檀欒館、菊坡、萬花岡、清風樓等處不可舉，皆極奢侈，為一時之壯觀。」、「元符初，後苑修造所，言內中殿宇修造，用金箔一十六萬餘片。」對此，連素以侈靡著稱的宋徽宗也看不過去，說：「用金箔以飾土木，靡壞不可復收，甚無謂也。請支金箔內臣，令內侍省按治。」（周煇《清波雜志》卷上）。

南宋都城臨安的宮殿亦然，《馬可．波羅行紀》描述說：「蠻子國王之宮殿，是為世界最大之宮，周圍廣有十哩，環以具有雉堞之高牆，內有世界最美麗而最堪娛樂之園囿，世界良果充滿其中，並有噴泉及湖沼，湖中充滿魚類。中央有最壯麗之宮室，計有大而美之殿二十所，其中最大者，多人可以會食。全飾以金，其天花板及四壁，除金色外無他色，燦爛華麗，至堪娛目。並應知者，此宮有房室千所，皆甚壯麗，皆飾以金及種種顏色。」（馮承鈞譯《馬可．波羅行紀》第二卷第一五一章〈蠻子國都行在城〉）。

二　貴族官僚等的第宅

關於臣民的住居，宋朝政府有嚴格的等級規定。據《宋史・輿服志六》記載：「私居，執政、親王日府，餘官日宅，庶民日家。諸道府公門得施戟，若私門則爵位穹顯經恩賜者，許之。……六品以上宅舍，許作烏頭門。父祖舍宅有者，子孫許仍之。凡民庶家，不得施重栱、藻井及五色文采為飾，仍不得四鋪飛簷。庶人舍屋，許五架，門一間兩廈而已。」

景德四年（一〇〇七）九月，真宗下詔：「自今皇城內外、親王宮宅、寺觀、祠廟用石灰泥，諸司庫務、營舍、廳堂、門屋用破灰泥，自餘止麥糠細泥。營舍、廳堂、門屋用赤色裝，如自備泥飾者聽。」（宋真宗〈諸色房屋用泥飾詔〉，《宋會要輯稿》食貨五十五之三）大中祥符元年（一〇〇八）六月丁酉，真宗又詔：上至宮殿苑囿，下至皇親臣庶的第宅，不得以五彩為飾（《續資治通鑑長編》卷六九，大中祥符元年六月丁酉條）。仁宗天聖七年（一〇二九），詔令士庶、僧道不得以朱漆飾床榻。九年，禁止京城製作朱紅器皿（《宋史・輿服志五》）。景祐三年（一〇三六）八月，又詔：天下士庶之家，屋宇如果

▲傳宋蕭照〈胡笳十八拍圖卷〉中的豪宅

▲宋佚名〈寒林樓觀圖〉（局部）

不是旅館店鋪，或者樓閣臨近街市，不得為四鋪作及鬭八*；非品官，不得起門屋。非宮室、寺觀，不得彩繪棟宇及間朱黑漆梁柱窗牖、雕鏤柱礎。凡器用，不得表裡用朱漆、金漆，下面也不得襯朱。非三品以上官員及宗室、戚里的家庭，不得用金扣器具；如果是用銀扣的，不得塗金。非宮禁，不能用玳瑁酒食器；如果是純金器，且是皇帝賞賜的，允許使用。……凡帷幔、帘幕、簾旌、床襦，不得純用錦繡。宗室、戚里茶檐、食盒，不得覆以緋紅（《續資治通鑑長編》卷一一九，景祐三年八月己酉條）。南宋寧宗嘉泰初，以風俗侈靡，詔令官民營建辦

▶宋趙大亨〈荔院閑眠圖〉中的富家小院

▶宋佚名〈桐蔭玩月圖〉中描繪的富家園林別墅

▼傳宋李唐〈竹閣延賓圖〉中的富家住宅

公用房和住宅，一定要遵守政府的規定，務從儉樸。

然而，上述這些規定在宋代並無多大的約束力，有錢的達官貴人和富室往往是一擲千金，營造自己的宅第和園林，並進行豪華裝修。對此，北宋時的司馬光就批評說：「宗戚貴臣之家，第宅園圃、服食器用，往往窮天下之珍怪，極一時之鮮明。惟意所致，無復分限。以豪華相尚，以儉陋相訾。愈厭常而好新，月異而歲殊。」（司馬光《溫國文正公文集》卷二三〈論財利疏〉）張大經更是一針見血地指出：「近習甲第名園，越法逾制，別墅列肆，在在有之，非賂遺何以濟欲？」（《宋史・張大經傳》）。

與唐代的渾樸雄闊相比，宋代貴族等的第宅，極盡精飭妍麗。周煇《清波雜志》卷八〈垂肩冠〉說：「大抵前輩治器物、蓋屋宇，皆務高大，後漸從狹小。」這句話反映了宋代住宅從高大宏偉到小巧精緻的發展趨勢。趙普、王拱辰、陳升、蔡京、秦檜、王繼先等人的住宅就是其中的代表，這些住宅均是金釘珠戶，碧瓦盈簷。四邊紅粉泥牆，兩下雕欄玉砌，如同神仙洞府、王者之宮。趙普為北宋初年的宰相，他的府第「外門皆柴荊，不設正寢。始入門，小廳事三間。堂中位七間，左右分子舍三間；南北各七位，與堂相差。每位東西廡鑿三井。後苑亭榭，制作雄麗。」宋太祖趙匡胤見之，也以為過於奢侈（《宋稗類鈔》卷二〈奢汰〉）。張融「自密直守蜀，歸為樞密副使，建第差壯麗。」（李心傳《舊聞證誤》卷一）王拱辰的宅第高大雄壯，時有「巢居」之譏。歐陽修〈壽樓〉詩詠道：「碧

▼宋劉松年〈四景山水圖〉中的富人四宅院

▲宋夏圭〈雪堂客話圖〉的富家建築

＊鬪八，裝飾天花板的技術，有凸出的方形、彩色圖案。

▼宋劉松年〈秋窗讀易圖〉中的瓦房，院子大門，圍以柴荊

▲宋劉松年〈山館讀書圖〉（局部）

瓦照日生青煙，誰家高樓當道邊？昨日丁丁斤且斫，今朝朱欄橫翠幕。主人起樓何太高，欲誇富力壓群豪。」（歐陽修《居士外集》卷四）「北京留守王宣徽洛中園宅尤勝，中堂七間，上起高樓，更為華侈。」（龐元英《文昌雜錄》）宰相陳升之「治第於潤州，極為閎壯，池館綿亙數百步。」（沈括《夢溪筆談》卷二五《雜誌二》）北宋奸相蔡京的府第同樣如此，《清波別志》卷下〈王黼擁帳〉載：「蔡京賜第在都城之東，周圍數十里。」如他府第中的一六鶴堂，高四丈九尺，「人行其下，望之如蟻。」（陸游《老學庵筆記》卷五）王黼宅府「宏麗壯偉」，周圍數里，其家正廳以青銅瓦覆蓋，後堂起有高樓大閣。宋徽宗嘗親至王黼私第，目睹其宅「堂閣張設，寶玩山石，侔擬宮禁，喟然歎曰：『此不快活

耶！』」（徐夢莘《三朝北盟會編》卷三一，靖康元年正月二十四日）秦檜宅在臨安城望仙橋東，紹興十五年（一一四五）由高宗所賜，相府內閣中「格天閣」匾額係高宗親書，地面鋪有「錦地衣*」。其建築風格頗為獨特，如陸游《老學庵筆記》卷十載：「秦太師……折樣第中窗上下及中一二眼作方眼，餘作疏欞，謂之『太師窗』。」據《宋史・秦檜傳》

▲宋劉松年〈山館讀書圖〉中的文人書房及書桌、凳子和窗簾

載，其家「富敵於國，外國珍寶，死猶及門。」鄭良，字少張，英州人。宣和中，仕至右文殿修撰、廣南東西路轉運使。「既奉使兩路，遂於英築大第，堊以丹碧，窮工極麗，南州未之有也。」南宋御醫王繼先之宅號快樂仙宮，據《三朝北盟會編》等書所載，顯仁太后曾服王繼先藥病癒，故對其十分寵信，於是舉朝文武大臣阿附，甚至有人稱為門生。王繼先恃寵，強佔豐樂橋官地，營建府宅。其宅第屋宇宏麗，都人謂為「快樂仙宮」。顯仁太后死後，王繼先也被黜貶至福州，其宅隨之敗落（《宋史・佞幸列傳》）。韓侂胄不僅府第宏大，而且還「鑿山為園，下瞰宗廟，窮奢極侈，僭

*錦地衣，鋪在地上的紡織品。

擬宮闈。」（葉紹翁《四朝聞見錄》戊集〈閱古南園〉）「楊和王居殿岩日，建第清湖洪福橋，規制甚廣。自居其中，旁列諸子舍四，皆極宏麗。」（周密《齊東野語》卷四〈楊府水渠〉）侍郎秦塤，「棟宇閎麗，前臨大池，池外即御書閣，蓋賜第也。」（陸游《入蜀記》第二）「汪莊敏公築宅於浮梁邑中，高明閎廣，子弟列房居之不能遍。」（洪邁《夷堅支志丁》卷四〈汪莊敏宅〉）秦九韶「與吳履齋交尤稔。吳有地在湖州西門外，地名曾上，正當苕水所經入城，面勢浩蕩，乃以術攫取之。遂建堂其上，極其宏敞，堂中一間橫亘七丈，求海桅之奇材為前楣，位置皆自出心匠。凡屋脊兩翬搏風，皆以磚為之。堂成七間，後為列屋，以處秀姬、管弦。」（周密《癸辛雜識》續集下〈秦九韶〉）。

當然普通官員的住宅，無論是規模還是裝飾都沒有上述的華麗，佈局也簡單得多。如南宋陸游任職大理寺司直時，在都城臨安的居所則是兩間小屋子，其〈煙艇記〉描寫說：「陸子寓居得屋兩楹，甚隘而深，若小舟然，名之曰煙艇。客曰：異哉！屋之非舟，猶舟之非屋也。以為似歟？舟固有高明奧麗逾於宮室者矣，遂謂之屋，可不可耶？」〈居室記〉：「陸子治室於所居堂之北，其南北二十有八尺，東西十有七尺。東西北皆為窗，窗皆設簾障，視晦冥寒燠為舒卷啟閉之節。南為大門，西南為小門。冬則析堂與室為二，而通其小門以為奧室，夏則合為一，而辟大門以受涼風。歲暮必易腐瓦，補罅隙，以避霜露之氣。……」（以上參見陸游《渭南文集》卷一七、卷二十）。

三　平民百姓的住宅

宋代平民百姓的住宅，有院子、窯洞等類型。院子是北宋都城開封城內流行的一種平民住宅。據孟元老《東京夢華錄》卷三〈諸色雜賣〉載：「其後街或閒空處，團轉蓋局屋。向背聚居，謂之院子，皆小民居止。」

當然，平民百姓的住宅，因限於財力等原因，無論是建築規模還是內部裝飾等，很難與貴族官僚及富家大族的住宅攀比。城中居民由於地價昂貴，無力購置一塊稱心的土地建房，即使是有錢購置地皮，能夠建得起房屋的也是寥寥無幾。如南宋都城臨安，家中有財力可以蓋房屋的，千萬之家中不過一二；至於蓋屋以後，還能有生事者又是屈指可數。在此情況下，大多數居民只能租房子而居，數十個人局促於一隅，擁擠不堪。如洪邁《夷堅三志壬》卷三〈沈承務紫姑〉載「沈居武雄營門，無廳事，只直頭屋一間，逼街狹小，室僅容膝。」而農村地區農民的住房條件更差，如婺州（今浙江金華）蘭溪「有鐵之工家，窶甚。視其廬，蓬茨穿漏，隘不逾五十弓，僅灶而床焉。工手鞴而冶，妻燎茅竹以爨。試染指其釜，則淡無鹺醯，特水與莧藿沸相泣也。一稚兒臥門旁，嗚嗚然，若啼飢。其人皆黴黧疲曳，殆鬼而生者。」（范浚《香溪集》卷五〈鐵工問〉）從他們的住宅結構來看，極其隘陋，沒有堂、寢、階、戶等功能之分，「欲行之亦不可得」（陸游《家世舊聞》卷下）。

從宋代平民百姓住宅使用的建築材料來看，主要有瓦房和草房兩種。

瓦房因以瓦蓋頂，故名。又因以磚瓦為主要建築材料建成，故又名磚瓦房。其擁有者，從社會階層來看，一般為財力較為豐厚的地主和商人。如周去非《嶺外代答》卷四〈居室〉載：廣西各郡的富家大戶，家中的房屋都是瓦房，不施棧板，唯敷瓦於椽間。仰視其瓦，只取其不藏老

▲宋王希孟〈千里江山圖〉中的村落民居

▲宋王希孟〈千里江山圖〉中的村落民居

鼠，由此即使是日光穿漏，也不以為厭。而小民則是壘土為牆，牆上架橫梁，全部不施柱。或者用竹剖開，仰覆在牆上為瓦；或者織竹笆兩重，任其漏滴。廣中居民，四壁不加塗泥，夜間焚膏，其光四出於外，因此有「一家點火十家光」之譏。之所以如此，是因為這裡天氣非常炎熱，意在讓其通風，不利堙窒。也因為如此，這裡的居民不建透風性能不好的茅屋。從地區來看，瓦房則以城市居多。如李元綱《厚德錄》卷四載：鄭建中，其先本雍人，五代時移居到安陸，家中積累了上萬銀子的巨額財產，在安陸城中營造了許多瓦房，城中居民多向他租房居住。每當大雨之後，他派人用車子載著瓦片，問租客所住的房子有沒有漏水，如有，則用瓦片補上。如果房客自建有房屋，他也幫其修繕好。農村中的瓦房雖不普遍，但也可以見到一些。范成大《驂鸞錄》就載：「十日，宿上江。兩日來，帶江悉是橘林。翠樾照水，行終日不

▲宋王希孟〈千里江山圖〉中的中型住宅

▲宋王希孟〈千里江山圖〉中的小型住宅

▲宋張擇端〈清明上河圖〉中沿街而建的瓦房

絕，林中竹籬瓦屋，不類村墟，疑皆得種橘之利。江陵千本，古比封君，此固不足怪也。」

瓦房的建築格局和結構，雖然各地多有差異，但大多採用長方形平面，梁架、欄杆、櫺格、懸魚、惹草等具有樸素而靈活的形體。屋頂多用懸山或歇山頂，除草葺與瓦葺外，山面的兩廈和正面的庇簷（或稱引簷）則多用竹篷或在屋頂上加建天窗。而轉角屋頂往往將兩面正脊延長，構成十字相交的兩個氣窗。稍大的住宅，外建門屋，內部採取四合院形式。有些院內還蒔花植樹，美化環境。從王希孟〈千里江山圖〉中所繪的住宅圖景來看，都有圍牆、大門和東西廂房，而主要部分是由前廳、穿廊、後寢等所構成的工字屋。

▲宋王希孟〈千里江山圖〉中的中型住宅

▲宋王希孟〈千里江山圖〉中的中型住宅

另有少數較大住宅則在大門內建照壁，前堂左右附以挾屋。這些都在一定程度上反映了當時大中地主住宅的情況。（參見劉敦楨主編《中國古代建築史》，頁一八五—一八六，中國建築工業出版社，一九八〇年版）。

磚瓦業在宋代有了突飛猛進的發展，據北宋李誡《營造法式》所載，磚型有十三種；而瓦則按質分為素白、青棍、琉璃三大類，按功用又可分為筒瓦、板瓦、脊瓦三類。筒瓦在宋代有六種，覆於兩行板瓦之間，不僅具有束水功能，而且因其上面往往做有紋飾，故又有裝飾的功用。從文獻記載及出土的實物來看，其圖案種類甚多，除傳統的動植物、神像、文字（一般多為吉祥語、宮殿或官署名等）外，還增加了龍鳳、花草等花樣。板瓦有七種，仰鋪於屋頂。

而在邊遠城鎮及鄉村，民居除少量瓦房外，極大多數是比較簡陋、低矮窄狹的茅草屋。如莊綽《雞肋編》卷下載：「新州城中甚隘，居人多茅竹之屋。有兩人於附郭治花圃，創為一堂，前後兩廡，頗極爽麗。」陸游《入蜀記》卷五也多處記載這種茅屋，如該書記載鄂西歸州（今湖北秭歸）「滿目皆茅茨」，惟州宅才有「蓋瓦」；江陵一帶「道旁民屋，苫茅皆厚尺許，整潔無一枝亂。」公安「民居多茅屋，然茅屋尤精緻可愛。」巴東縣「自令廨而下皆茅茨，了無片瓦。」而在少數民族地區，這種茅屋就更為普遍了。朱輔《溪蠻叢笑．打寮》載：「山瑤穴居野處，雖有屋以庇風雨，不過剪茅義木而已，名打寮。」

當然，這種茅草房在宋代都城中也可見到。如淳熙七年（一一八〇）六月二十三日臨安府說：「奉詔本府居民添蓋，接簷突出，並蘆席木，侵佔街道，及起造屋宇，侵佔河岸……」（《宋會要輯稿》方域十〈道路篇〉）又張仲文《白獺髓》載：「紹興初，行都童謠曰：『洞洞張河爺娘，一似六軍之教場。』忽民間遺火，自大瓦子至新街約數里，是時皆葦席屋……」

▲宋王希孟〈千里江山圖〉的小型住宅

當時，不僅民居如此，連軍營也往往是茅草搭建的房屋。如仁宗康定元年（一〇四〇）

▲宋巨然〈山居圖〉

▲宋錢選〈山居圖〉

▲宋佚名〈人物故事圖〉中的草房

▲宋喬仲常〈後赤壁賦圖〉中的民居（此為側面圖）

▲宋喬仲常〈後赤壁賦圖〉中的民居（此為正面圖）

六月，有官員奏道：「陝西、湖北營房，大率覆以茨苫。」（《續資治通鑑長編》卷二二七，康定元年六月甲申）。

茅屋的房架由梁、檁、椽組成，頂部用稻草或麥稈、黍稈、蘆葦等覆蓋。簷下一般留有較大的空隙，便於通風出煙。牆身很矮，使人有低矮狹窄之感。它雖然造價低廉，但使用壽命較短，經不住長時期的風吹雨淋，往往「年深損爛，不堪居住。」（《宋會要輯稿》兵六之二十六）張耒〈蘆藩賦〉便反映了這一情況：「張子被謫，客居齊安。陋屋數椽，織蘆為藩。疏弱陋拙，不能苟完。晝風雨之不禦，夜穿窬之易幹。上雞棲之蕭瑟，下狗竇之空寬。先生家貧，一裘度寒。曾胠篋之不恤，何藩籬之足言？……公宮侯第，兼瓦連甍。紫垣玉府，十仞塗青。何嘗知淮夷之陋俗，窮年卒歲乎柴荊也哉！」（《張耒集》卷一）。

茅屋外面往往圍建有籬笆，如陸游〈初春〉詩：「茅屋三間圍短籬。」（《劍南詩稿》卷七四）又其《入蜀記》卷五載西南地區的農家，「雖茆荻結廬，而窗戶整潔，藩籬堅壯。」這些籬笆的材料，一般為竹或蘆葦、茅草等。

草房的居住者除勞動人民外，還有一些隱士或僧、道等也往往在山林幽僻處「結草為廬」。這種茅屋「僅庇風雨」（《宋史．種放傳》），極為簡陋。

除瓦房和草房外，還有以竹樓、木船和洞穴為住宅的。

竹樓又稱竹屋，流行於南方，頗具地方特色。北宋王禹偁〈黃州新建小竹樓記〉：「黃

▲宋佚名〈雪窗讀書圖〉中的茅房與院落大門

▲宋馬和之〈女孝經圖〉的農居

宋佚名〈豳風圖〉中的土豪住宅

▲傳宋高克明〈溪山雪霽圖〉中的農村住宅

岡之地多竹，大者如椽，竹工破之，刳去其節，用代陶瓦。比屋皆然，以其價廉而工省也。……聞竹工云：『竹之為瓦僅十稔，若重覆之，得二十稔。』」（王禹偁《小畜集》卷一七）趙彥衛《雲麓漫鈔》卷十還詳細記載了竹樓的建造方法：「截大竹長丈餘，平破開，去其節，編之；又以破開竹覆其縫脊，簷則橫竹夾定，下施窗戶，與瓦屋無異。」

以船為家的一般是漁民或船夫。如北宋蔡襄記福州水上漁民生活說：「福唐水居船，舉家棲於一舟，寒暑、食飲、疾病、婚姻，未始去是，微哉其為生也！然觀其趣，往來就水取直以自給。」（《蔡忠惠公文集》卷三一〈集說〉）范致明〈岳陽風土記〉也記載當地風俗：「中戶之產，不過五十緡，多以舟為居處，隨水上下。漁舟為業者，十之四五，所至為市，謂之潭戶，其常產即湖地也。」蘇軾〈魚蠻子〉詩就描繪了這一情景：「江淮水為田，舟楫為室居。魚蝦以為糧，不耕自有餘。異哉魚蠻子，本非左衽徒。連排入江住，竹瓦三尺廬。」（《蘇軾詩集》卷二一）又吳自牧《夢粱錄》卷十二〈河舟〉載運河中載米的船夫「其老小悉居船中，往來興販。」高翥有詩描述曰：「盡將家具載輕舟，來往長江春復秋。三世兒孫居舵屋，四方知識會沙頭。老翁曉起占風信，少婦晨粧照水流。自笑此生漂泊甚，愛渠生理付浮悠。」（《信天巢遺稿・船戶》）此外，在南方一個名叫「疍」的少數民族也以舟楫為家。如范成大《桂海虞衡志・志蠻》載：「疍，海上水居蠻也。以舟楫為家，採海物為生，且生食之。」

宋人以洞穴為家的，盛行於北方黃河流域，這種土洞即今日所說的窯洞。如華陽人上官融《友會談叢》載：「麟州府在黃河西，古雲中之地，乃蕃漢雜居。黃茅土山，高下相屬，極目四顧，無十步平垣，廟宇覆之以瓦，民居用土，止若棚焉。架

▲傳宋燕文貴〈江村圖〉中的農戶人家住宅

▲宋燕肅〈山居圖〉中的山村住宅

▲宋佚名〈豳風圖〉中的農村住宅

險就平，重複不定，上引瓦為溝，雖大澍亦不浸潤，其梁柱榱題，頗甚華麗，在下者方能細窺。城邑之外，穹廬窟室而已。」

另外，在少數民族地區還流行一種干欄式建築。如周去非《嶺外代答》卷二〈海外黎蠻〉載海南黎族「居處皆柵屋」；又在卷四〈巢居〉中說：「深廣之民，結柵以居，上設茅屋，下豢牛豕。柵上編竹為棧，不施椅桌床榻，唯有一牛皮為裀*席，寢食於斯。牛豕之穢，升聞於棧罅之間，不可向邇，彼皆習慣，莫之聞也。考其所以然，蓋地多虎狼，不如是，則人畜皆不得安。無乃上古巢居之意歟？」卷十〈蠻俗門．蠻俗〉：「民編竹苫，茅為兩重，上以自處，下居雞豚，謂之麻欄。」

*裀，指墊褥。

四 園林

宋代園林在當時人們的生活中具有重要的作用，周密《齊東野語》卷一九〈賈氏園地〉說道：「園囿一也，有藏歌貯舞，流連光景者；有曠志怡神，蜉蝣塵外者；有澄想遐觀，運量宇宙，而遊特其寄焉者。」從其所屬關係來看，可以分為皇家園林、私家園林、府署園林、寺院園林四大類，其中又以前兩類最為盛行。

(一) 皇家園林

北宋都城開封的皇家園林較多，有大內後苑、艮岳、瑞聖園、瓊林苑、金明池、宜春苑等。

大內後苑位於大內後半部景福殿、廣聖宮的北面，據《宋會要輯稿》等書記載，後苑有大清樓藏四庫書，宜聖殿奉祖宗聖容，還有些殿貯四方貢珍果等。除了眾多的殿、閣、亭、榭、假山、池沼外，在後苑的苑園中還種植各種樹木、花卉，甚至南方的花木也移植

▼宋佚名〈玉樓春思圖〉

苑中。如荔枝樹在宣和殿前結實，柳丁也掛滿枝頭，楊樹高入雲霄，柳樹鬱鬱蔥蔥；苑中有四季常青的松、柏、竹，還有牡丹、芍藥、菊花、荷花等應時花卉。據李燾《續資治通鑑長編》卷七二載，太祖乾德三年（九六五），引金水河水貫皇城，歷後苑，使得內庭池沼水源充足。後苑內池沼一度有龍舟划行，可見水域之廣闊。此外，還有眾多鳥禽在這裡活動，雖然面積不大，但建築密集，「崇石峭壁，高百丈，林壑茂密諸景色。」（王明清《揮麈後錄·餘話》卷十），表現出濃厚的山林野趣。

而艮岳則是北宋東京皇家園林中的代表作。據《艮岳記略》載：徽宗登極之初，皇子不多，有方士對他說：京城東北隅，風水較好，可惜形勢稍微低了一些，如果能夠增高一點，則可以使皇嗣繁衍了。於是在政和七年（一一一七）十二月，徽宗命戶部侍郎孟揆於上清寶籙宮東築山，山似杭州的鳳凰山，取名日萬歲山。又因山在國之艮位，故亦名艮岳。宣和六年（一一二四），以金芝產於艮岳之萬壽峰，故詔令改名壽岳；又因岳之正門

▲宋劉松年〈四景山水圖〉之一

▲劉松年〈四景山水圖〉之二

稱華陽門，故又稱華陽宮。艮岳在宣和四年（一一二二）大體建成，然自政和訖靖康，一直沒有停止過修築。據宋徽宗趙佶御製〈艮岳記〉、蜀僧祖秀〈華陽宮記〉等記載：艮岳面積極大，周十餘里，其最高一峰達九十步。內設洞庭、湖口、絲溪、仇池四個大湖，泗濱、林慮、靈壁、芙蓉諸座山。園中奇珍異草甚多，如枇杷、橙柚、橘柑、榔栝、荔枝等木，金蛾、玉羞、虎耳、鳳尾、素馨、渠那、茉莉、含笑等花草，其中僅梅樹就種植了一萬株，命名為「梅嶺」。又種丹杏鴨腳，稱「杏岫」。又增土疊石，間留隙穴以栽黃楊，曰「黃楊巘」。又開閘注水而為瀑布，稱「紫石壁」或「瀑布屏」。至於裡面的宮室臺榭極多，其中知名的有瓊津殿、絳霄樓、萼綠華堂。總之，此園「括天下之美，藏古今之勝，於斯盡矣。」靖康之難時，金兵圍城，詔令取艮岳山禽水鳥十餘萬隻，投諸汴渠；拆艮岳中的房子木頭為薪，鑿石為炮，伐竹為籬笆。園中所養的數千頭大鹿，全部殺掉作為士兵的糧食。於

▲劉松年〈四景山水圖〉之三

▲劉松年〈四景山水圖〉之四

是，一代名園毀於一旦。

瑞聖園為北宋東京四大名園之一。初名北園，太平興國初年改稱含芳園。真宗大中祥符三年（一〇一〇），以崇奉天書，曾將天書奉安於此，更名為瑞聖園。園內有大面積耕地和茂密的竹林，其收入供祭祀之用。曾鞏有詩：「北上郊園一據鞭，華林清集綴儒冠。方塘渰渰春先漲，密竹娟娟午更寒。流渚酒浮金鑿落，照庭花並玉闌干。君恩倍覺丘山重，長日從容笑語歡。」（《曾鞏集》卷八〈上巳日瑞聖園錫燕呈諸同舍〉）北宋亡後，園廢。

瓊林苑為北宋東京四大名園之一。建於宋太祖乾德二年（九六四），與金明池南北相對，曾為宴請進士的場所。「大門牙道*皆古松怪柏，兩傍有石榴園、櫻桃園之類，各有亭樹。」徽宗政和間（一一一一—一一一八），在苑之東南隅「創築華觜岡，高數十丈，上有橫觀層樓，金碧相射。下有錦石纏道，寶砌池塘，柳鎖虹橋，花萦鳳舸。」（《東京夢華錄》卷七〈駕幸瓊林苑〉）並有福建、兩廣及江浙各地所進素馨、茉莉、山丹、瑞香、含笑、射香等南方地區特有的花卉。月池、梅亭、牡丹之類諸亭，不可悉數。每年三月一日開苑，命士庶縱觀。

金明池位於新鄭門外。周回九里三十步，池西直徑七里許。據《宋東京考》卷十載：「周顯德四年，欲伐南唐，始鑿以習水戰。」政和中（一一一一－一一一八），又興土木，使金明池更加壯觀。《東京夢華錄》卷七〈三月一日開金明池瓊林苑〉載：「入池門內南岸西去百餘步，有面北臨水殿，車駕臨幸觀爭標，錫宴於此……又西去數百步乃仙

▲宋佚名〈宮苑嬰戲圖軸〉

▲宋佚名〈盥手觀花圖〉

＊牙道，官府開闢的路徑。

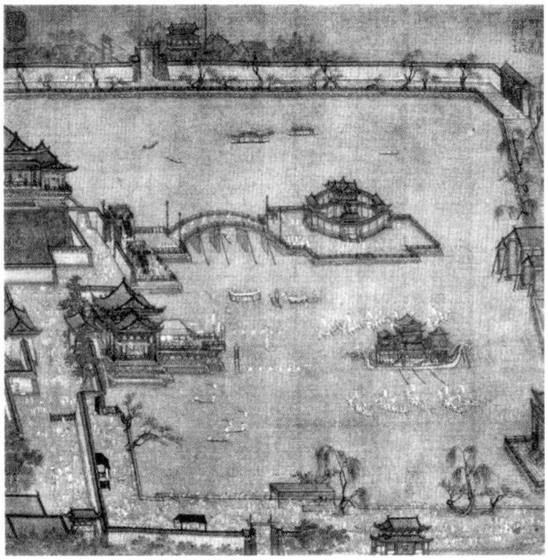
▲宋佚名〈金明池爭標圖〉

▲宋佚名〈高閣凌空圖〉

橋，南北約數百步，橋面三虹，朱漆闌楯，下排雁柱，中央隆起，謂之駱駝虹，若飛虹之狀。橋盡處，五殿正在池之中心……橋之南立櫺星門，門裏對立綵樓……門相對街南有磚石甃砌高臺，上有觀樓，廣百丈許，曰寶律樓。前至池門，闊百餘丈，下闞仙橋水殿，車駕臨幸觀騎射百戲於此。」殿之南有晏殿，殿西有射殿。每歲三月一日開池，由御史臺在宜秋門貼出皇榜曉示，許人遊賞，大抵於四月初八日閉池。後為金兵所毀。

南宋都城臨安的皇家園林也不少，其中主要有皇宮後苑、德壽宮後苑、玉津園、聚景園、延祥園、慶樂園、集芳園、玉壺園、下竺御園、富景園、屏山園、五柳園等。其中皇宮後苑又稱大內御苑，位於今杭州市區鳳凰山的西北部，園內有大龍池、萬歲山等景區。大龍池又名小西湖，是整個御園的核心，面積約為十畝，分東、西、南、北四個景區。四個景區景色各異，可觀春、夏、秋、冬四季的景色。萬歲山又名小飛來峰，高十餘丈，由人工疊石而成。登上峰頂，全園景色一覽無遺。周密《武林舊事》卷四〈故都宮殿〉載其「亭榭之盛，御舟之華，則非外間可擬。」德壽宮後苑則位於望仙橋之東，紹興三十二年（一一六二），高宗在原秦檜府第的基礎上擴建而成。乾道初年，孝宗又對其進行了改造和拓建。據李心傳《建炎以來朝野雜記．乙集》卷三〈南北內〉載：「凡禁苑周回分四地分：東則香遠、清深、月臺、梅坡、松菊三徑、清妍、芙蓉岡；南則載忻、忻欣、射廳、臨賦、燦錦、至樂、半丈紅、清曠、瀉碧；西則冷香、文杏館、靜樂、浣溪；北則絳華、旱船、俯翠、春桃、盤松。」聚遠樓是德壽宮後苑內最為壯觀的建築。《武林舊事》卷四〈故都宮殿〉載：「高宗雅愛湖山之勝，恐數蹕煩民，乃於宮內鑿大池，引水注之，以象

▲南宋皇宮（臨安風情畫）

西湖冷泉；疊石為山，作飛來峰。」因取蘇軾詩「賴有高樓能聚遠，一時收拾與閒人。」之句命名。登上此樓，德壽宮東區花景可一覽無遺。周必大有詩讚道：「聚遠樓高面面風，冷泉亭下水溶溶。人間炎熱何由到，真是瑤臺第一重。」

玉津園在城南嘉會門南四里，洋泮橋側。建於紹興初年，沿用「東都舊名」，其建築佈局也類比東都玉津園。因園林靠山沿江，故景色極佳，曾懷〈和御製玉津園燕射〉詩讚其「江山秋色冠輕煙，別苑風光勝輞川。」故深得高宗、孝宗、光宗諸帝的喜愛，每年元旦都要率太子及文武大臣等到這裡舉行宴射禮。金國使者

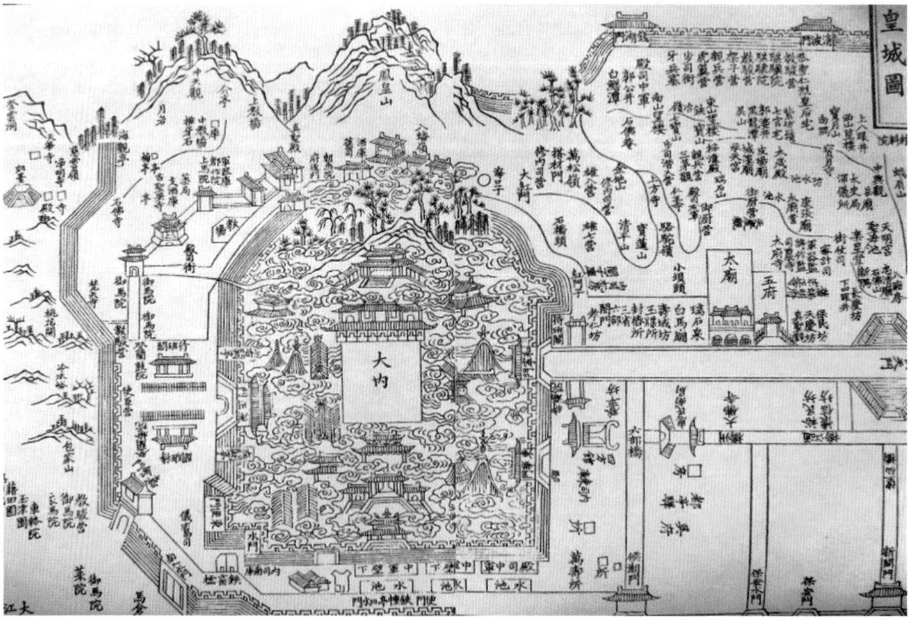

▲南宋咸淳四年（1268）《臨安志》中的《皇城圖》

來賀，也曾在園中宴射。園內摩崖上有蕭燧、王佐、宇文炌、韓彥直、洪邁等正書題名，記載著當時的宴射盛事。元時園廢，所存有景鐘。

聚景園在清波門外西湖之濱，是孝宗為奉養高宗而建。其範圍東起流福坊，西臨西湖，北至湧金門外，南起清波門外。園內台榭殿堂齊備，據載主要有會芳殿，瀛春、攬遠兩堂，芳華、花光、瑤津、翠光、桂景、灩碧、涼觀、瓊芳、彩霞、寒碧、花醉、澄瀾、錦壁、清輝等亭榭及學士、柳浪兩橋。此外「疊石為山，重巒窈窕。」湖光瀲灩，繁花似錦，深得南宋孝、光、寧三帝的喜愛，時常臨幸。理宗以後，此園開始荒落，僅

▲宋佚名〈梧桐庭院圖〉（局部）

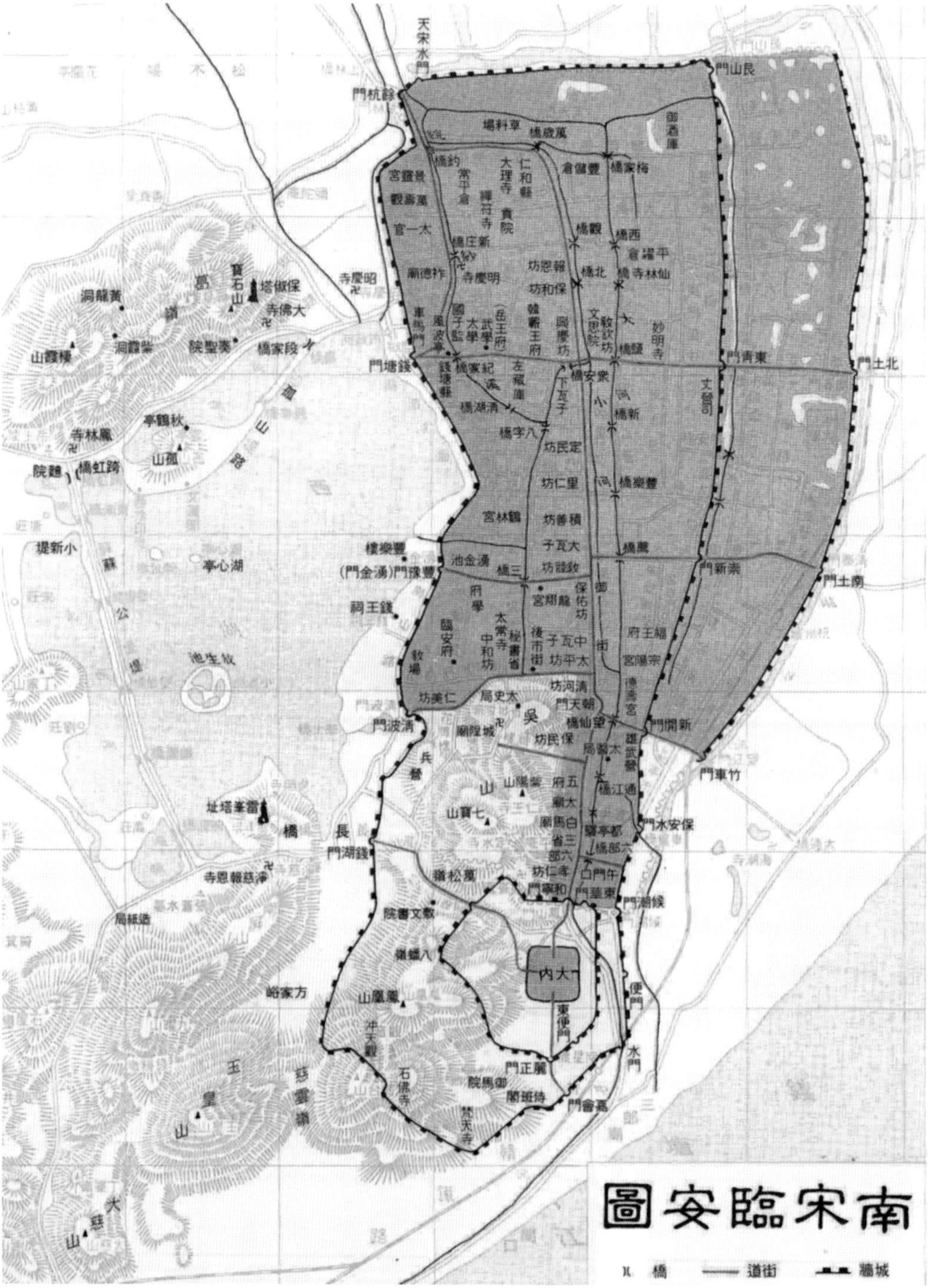
天宗水門
餘杭門
艮山門
東青門
北土門
崇新門
南土門
新開門
竹車門
保安水門
候潮門
便門
水門
嘉會門
麗正門
和寧門
東華門
錢湖門
清波門
豐豫門(湧金門)
錢塘門
草料場
萬歲橋
梅家橋
豐儲倉
御酒庫
景靈宮
萬壽觀
太一宮
新庄橋
祚德廟
明慶寺
報恩坊
保和坊
北橋
仙林寺橋
平糴倉
西橋
昭慶寺
保俶塔
寶石山
大佛寺
葛嶺
黃龍洞
棲霞山
紫霞洞
秦聖院
段家橋
秋鶴亭
孤山
鳳林寺
跨虹橋
麴院
小新堤
湖心亭
蘇公堤
放生池
豐樂樓
湧金池
三橋
錢王祠
府學
臨安府
牧場
太常寺
秘書省
後市街
中和坊
龍翔宮
保佑坊
中瓦子
太平坊
福王府
宗陽宮
德壽宮
仁美坊
清河坊
朝天門
太史局
吳山
城隍廟
保民坊
望仙橋
太醫局
雄武營
通江橋
紫陽山
七寶山
五府
太廟
白馬廟
三省六部
孝仁坊
午門口
都亭驛
六部橋
萬松嶺
敷文書院
八蟠嶺
鳳凰山
冲天觀
石佛寺
梵天寺
方家峪
造紙局
雷峰塔址
長橋
淨慈報恩寺
玉皇山
慈雲嶺
大慈山
大內
東便門
御馬院
待班閣
鶴林宮
積善坊
大瓦子
致語坊
定民坊
里仁坊
八字橋
清湖橋
紀家橋
錢塘縣
左藏庫
下瓦子
眾安橋
小河
新橋
豐樂橋
薦橋
御街
國子監
太學
武學
岳王府
韓蘄王府
興慶坊
大理寺
仁和縣
常平倉
祥符寺
貢院
風波亭
車馬門
兵營
南宋臨安圖
城牆
街道
橋

存一堂兩亭，故時有「盡日垂楊覆御舟」及「空鎖名園日暮花」之句。元代曾在此興建佛寺，並將其作為回民的墓地。

延祥園，南宋臨安御園之一。紹興年間，宋高宗在西湖孤山四聖延祥觀內建延祥園，故又稱四聖延祥觀御園。《夢粱錄》卷一九〈園囿〉載「此湖山勝景獨為冠」。園內有涼臺、瀛嶼、六一泉、瑪瑙坡、陳朝柏、閑泉、金沙井、僕夫泉、小蓬萊泉、香月亭、香蓮亭、挹翠堂、清新堂等勝景。亭館窈窕，宛若圖畫，美不勝收。周紫芝〈四聖觀後山亭〉詩：「附山結真祠，朱門照湖水。湖流入中池，秀色歸淨幾。風簾遝旌幢，神衛森劍履。清芬宿華殿，瑞露蒙王扆*。彷佛還神京，想像輪奐美。」（《太倉稊米集》卷二八）可見此園花明水潔，氣象幽雅。至元後，園為楊璉真伽所據，遂日益荒廢。

慶樂園位於錢湖門外瑞石山麓。寧宗慶元二年（一一九六），由吳皇后賜給權臣韓侂胄，遂更名為南園。韓死後復歸官家所有，改名為慶樂園。園內有梅關、桂林之勝，且蓄養有眾多的珍禽異獸。園內亭館也極多，據《武林舊事》卷五〈湖山勝概〉所載有「許閑堂和容射廳、寒碧臺、藏春門、凌風閣、西湖洞天、歸耕莊、清芬堂、歲寒堂、夾芳、豁望、矜春、鮮霞、忘機、照香、堆錦、遠塵、幽翠、紅香、多稼、晚節香等亭。秀石為

*扆，門窗之間的空間或屏風。

上，內作十樣錦亭，並射圃流杯等處。」

(二)私家園林

宋代私家園林極多，其中以北宋東京開封、西京洛陽和南宋都城臨安最多。

袁褧《楓窗小牘》卷下載：「汴中園囿亦以名勝當時，聊記於此。州南則玉津園，西去一丈佛園子、王太尉園、景初園。陳州門外園館最多，著稱者奉靈園、靈嬉園。州東宋門外麥家園，虹橋王家園。州北李駙馬園。州西鄭門外下松園、王太宰園、蔡

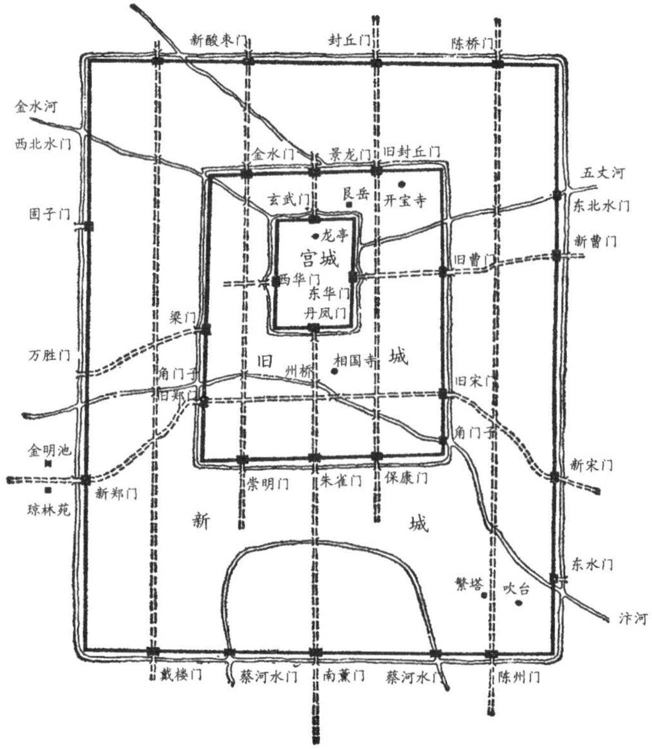

◀北宋都城東京示意圖

▲ 今日開封清明上河園夜景

太師園。西水門外養種園。州西北有庶人園。城內有芳林園、同樂園、馬季良園。其他不以名著約百十，不能悉記也。」在其列舉的許多園林中，大多為私家園林。其中當以蔡太師園最為知名。蔡京當權，京師有多處府第，每處均為一別墅式園林。其中城西金明池西南一處園第，異花佳木繁茂，怪石疊山而立，徑路交互彎曲，時稱蔡太師花園。蔡京常住的在閶闔門外南邊的賜第，建有東西兩園，其中東園裡面「嘉木繁陰，望之如雲。」西園亦是一座非常漂亮的園林，蔡京〈與范謙叔飲西園〉詩：「一日趨朝四日閑，荒園薄酒願交驩。三峰崛起無平地，二派爭流有激湍。極目榛蕪惟

▲宋張先〈十詠圖〉中達官貴人家中建築精緻高大的水亭

▲宋趙伯驌〈五雲樓閣圖〉中的園林建築

野蔓，忘憂魚鳥自波瀾。滿船載得圭璋重，更掬珠璣洗眼看。」（張邦基《墨莊漫錄》卷二）可見花園內設有太湖石壘成的假山、魚池等。王黼第園也是北宋東京著名的私家宅園之一。朱勝非《秀水閒居錄》載：「王黼作相，初賜第相國寺東，又賜第城西竹竿巷，窮極華侈，壘奇石為山，高十餘丈，便坐二十余處，種種不同。如螺鈿閣子，即梁柱、門窗、什器皆螺鈿也。琴光漆花欏木雕花鑲玉之類悉如此。第之西號西村，以巧石作山徑，詰屈往返，數百步間以竹籬茅舍為村落之狀。」成為北宋末年東京權臣第宅園林的代表。

洛陽是宋代私家園林最為興盛的地區之一，蘇轍〈洛陽李氏園池詩記〉：「洛陽古帝都，其人習於漢唐衣冠之遺俗，居家治園池，築臺榭，植草木，以為歲時遊觀之好。其山川風氣，清明盛麗，居之可樂。平川廣衍，東西數百里。嵩高、少室、天壇、王屋，岡巒靡迤，四顧可挹。伊洛瀍澗，流出平地。故其山林之勝，泉流之潔，雖其閭閻之人與其公侯共之。一畝之宮，上矚青山，下聽流水，奇花脩竹，布列左右。而其貴家巨室，園囿亭觀之盛，實甲天下。」（蘇轍《欒城集》卷二四）蘇轍之言並非過譽，僅北宋李格非《洛陽名園記》中就載有名園十九處，它們是：天王花園子、歸仁園、李氏仁豐園、董氏西園、董氏東園、劉氏園、叢春園、松島、東園、紫金臺張氏園、水北胡氏園、獨樂

▲宋摹本〈唐宮七夕乞巧圖〉

▲宋佚名〈水閣納涼圖〉中的園林建築

▲宋燕文貴〈層樓春眺圖〉（局部）

園、呂文穆園、富鄭公園、環溪、苗帥園、趙韓王園、大字寺園、湖園。天王花園子在今洛陽市舊城一帶，園中設有池亭等建築，獨有牡丹數十萬本，因稱花園子。《洛陽名園記》載：「凡城中賴花以生者，畢家於此。至花時，張幕幄，列市肆，管弦其中。城中士女，絕煙火遊之。」獨樂園為司馬光的私家花園，在今洛陽市舊城，建造於熙寧六年（一〇七三）。取名獨樂園，是表示園主人反對不了「新法」，只好獨善其身之意。司馬光在〈獨樂園記〉中說：熙寧六年，在洛陽「買田二十畝於尊賢坊北，辟以為園。其中為堂，聚書五千卷，命之曰『讀書堂』。堂南有屋一區，引水北流，貫宇下。中央為沼，方深各三尺。疏水為五派注沼中，狀若虎爪，自沼北伏流出北階，懸注庭下，狀若象鼻。自是分為二渠，繞庭四隅，會於西北而出，命之曰『弄水軒』。堂北為沼，中央有島，島上植竹，圓周三丈，狀若玉玦，攬結其杪，如漁人之廬，命之曰『釣魚庵』。沼北橫屋六楹，厚其墉茨，以禦烈日。開戶東出，南北列軒牖，以延涼颸。前後多植美竹，為清暑之所，命之曰『種竹齋』。沼東治地為百有二十畦，雜蒔草藥，辨其名物而揭之。畦北植竹，方徑丈，狀若棋局，屈其杪，交相掩，以為屋，植竹於其前，夾道如步廊，皆以蔓藥覆之，四周植木藥為藩援，命之曰『採藥圃』。圃南為六欄，芍藥、牡丹、雜花各居其二，每種止植兩本，識其名狀而已，不求多也。欄北為亭，命之曰『澆花亭』。洛城距山不遠，而林薄茂密，常苦不得見，乃於園中築台，作屋其上，以望萬安、軒轅，至於太室，命之曰『見山台』。」宋代李格非《洛陽名園記．獨樂園》認為，此園與洛陽其他園林相比，無論是其面積還是裝飾，顯得卑小，無法相比。然而由於司馬光的原因，其園為人所欣慕，諸亭臺詞也頗行於世。

南宋都城臨安，王侯將相的

▲宋佚名〈寒林樓觀圖〉表現達官貴人的精美園林建築

▲宋何筌〈草堂客話圖〉中鄉村園林的草亭

園林相望。僅《夢粱錄》、《武林舊事》、《都城紀勝》、《西湖老人繁勝錄》等書提到的名園就有五十餘處。據《都城紀勝．園囿》所載：「在城則有萬松嶺內貴王氏富覽園，三茅觀東山梅亭、慶壽庵，褚家塘御東園（係瓊華園），清湖北慈明殿園、楊府秀芳園、張府北園、楊府風雲慶會閣。城東新開門外，則有東御園（今名富景園）、五柳御園。城西清波、錢湖門外聚景御園（舊名西園）、張府七位曹園。南山長橋則西有慶樂御園（舊名南園）、淨慈寺前屏山御園、雷峰塔前張府真珠園（內有高寒堂，極華麗）、白蓮塔後內貴甘氏湖曲園、羅家園、白蓮寺園、霍家園、方家峪劉園。北山則有集芳御園、四聖延祥御園（西湖勝地，惟此為最）、下竺寺御園。錢塘門外則有柳巷、楊府雲洞園西園、劉府壺園、四井亭園、楊府水閣。又具美園、又飲綠亭、裴府山濤園、趙秀王府水月園、張府凝碧園。孤山路口，內貴張氏總宜園、德生堂、放生竹亭、新建公閣（袁樞尹天府就寺重建）。沿蘇堤新建先賢堂園（本裴氏園，袁樞新建）。又有三賢堂園（本新亭子，袁樞於水仙王廟移像新建）、九里松嬉遊園（天府酒庫）。湧金門外則有顯應觀、西齋堂、張府泳澤園、慈明殿環碧園（舊是清暉御園）、大小漁莊。其餘貴府富室大小園館，猶有不知其名者。城南嘉會門外，則有玉津御園（虜使時射弓所），又有就包山作園以植桃花，都人春時最為勝賞，惟內貴張侯壯觀園為最。城北北關門外，則有趙郭家園。東西馬塍諸園，乃都城種植奇異花木處。」

宋代蘇州的私家園林較多，據史籍約略統計，有五十多處，如隱圃、沈氏園亭、梅家園、范家園、復軒、小隱堂、秀野堂、丁家園、五畝園（梅園）、章園、賀鑄別墅、同樂園、孫覿山莊、蝸廬、西園、閑貴堂、藏春園、招隱堂、石湖別墅、范村、晝錦園、桃園、蒙圃、邵氏園亭、張郎中園亭、千株園、張處士溪居、樂庵、墨莊、北園、依綠園、西園、櫟齋、陳氏園、止足堂（鄭氏園）、陳陸園、翁氏園、孫氏園、洪氏園、水竹墅、五柳園、光祿亭、何子園亭、萬華堂、漁隱、環谷、道隱園、盤野、郭氏園、就隱、三瑞堂、楊園、衹園、盧園、徐都官山亭、石澗書隱、定軒等（參見魏嘉瓚《蘇州歷代園林錄》，燕山出版社，一九九二年版）。這些大小不一的私家園林，其特點之一是非常精巧，如姚氏所建的三瑞堂，龔明之《中吳紀聞》卷二認為其頗足雅致。而朱勔的同樂園宏麗精緻，不僅面積廣大，而且建造也十分精美，名揚於時。元代陸友仁《吳中舊事》載：「（朱）勔有園極廣，植牡丹數千本。花時，以繒綵為幕帟覆其上，每花飾金為牌，標其名，如是者里許。園夫畦子，藝精種植及能壘石為山者，朝釋負擔，而暮紆金紫，如是者不可數計。園中有水閣，作九曲路以入，春時縱婦女遊賞……」又洪邁《夷堅支志戊》卷六〈太歲堂〉載：「姑蘇張比部，家極富盛，名園甲第，冠於兩浙。」

南宋紹興私家園林甚多，陳鵠《西塘集耆舊續聞》卷十載：「南渡初，南班宗子寓居，會稽為近屬，士子最盛，園亭甲於浙東。一時坐客，皆騷人墨客。」

宋代湖州的私家園林亦較盛，周密《癸辛雜識》前集〈吳興園圃〉載：「吳興山水清遠，升平日，士大夫多居之。其後，秀安僖王府第在焉，尤為盛觀。城中二溪橫貫，此天下之所無，故好事者多園池之勝。」該記所載當時吳興私家園林有三十六處，其中著名的有南沈尚書園、北沈尚書園、章參政嘉林園、牟端明園、趙府北園、丁氏園、蓮花莊、趙氏菊坡園、程氏園、丁氏西園、倪氏園、趙氏南園、葉氏園、李氏南園、王氏園、趙氏園、趙氏清華園、俞氏園、趙氏瑤阜園、趙氏蘭澤園、趙氏繡谷園、趙氏小隱園、趙氏蜃洞、趙氏蘇灣園、畢氏園、倪氏玉湖園、章氏水竹塢、韓氏園、葉氏石林、劉氏園、錢氏園、程氏園、孟氏園等。

除上述數地之私家園林外，靈璧的張氏園亭、海陵的南園、濟南張氏園亭等亦都曾名聞一時。

值得注意的是，私家園林在農村中也可見到。如陸游《入蜀記》卷五載：「泊畢家池，地勢爽塏，居民頗眾。有一二家雖茅荻結廬，而窗戶整潔，藩籬堅壯，舍傍有果園甚盛，蓋亦一聚之雄也。」、「六日，過東場。並水皆茂竹高林，堤淨如掃，雞犬閒暇，鳧鴨浮沒，人往來林樾間，亦有臨渡喚船者，使人恍然如造異境。舟人曰：『皆村豪園廬也。』」

▲ 宋佚名〈玉樓春思圖〉中的園林建築

㈢官署園林

宋代地方官署往往建有園林，真州東園就是一處著名的官署園林。據歐陽修〈真州東園記〉等載，此園建於北宋皇祐四年（一〇五二），為施正臣、許子春、馬仲塗三人為官真州時合建。園林占地一百畝。前橫流水，右浸清池，北起高臺。內造有拂雲亭、澄虛閣、清宴堂、射賓圃，都很高大宏麗，水光日影，佳花美木。嘉令時節，州中的士女往往至此遊覽，唱歌跳舞，熱鬧非凡。官員們往往在此設宴招待四方來賓。但至南宋初年，此園已毀於兵火，後雖有修葺，然已失去昔時的風貌。

㈣寺廟園林

宋代各地的寺院大多設有或大或小的園林。秦靈園就是北宋東京著名的寺觀園林之一。此園在南熏門外東北普濟水門西北會靈觀南。據《國朝會要》載：「大中祥符八年八月，詔會靈觀池以凝祥為名，園以奉靈為名。」該園風景幽雅，且具特色，為都人遊賞之地。《東京夢華錄》卷二〈朱雀門外街巷〉載其「夾岸垂楊菰蒲蓮荷，鳧雁游泳其間。橋亭臺榭，棋布相峙。」西都洛陽北寺應天禪院也在後院內設有花園，「植牡丹萬本，皆洛中尤品。」（《宋朝事實類苑》卷三三〈應天院建聖像殿〉）。蘇州郡城東北的大慈寺，「旁辟池亭，四圍栽樹，花木一時稱盛。遊人過章園、梅園者，必一至其地。」（張烺《燼餘錄》）。

▲宋李成〈晴巒蕭寺圖〉

五　住宅裝飾

宋人對住宅的裝飾非常重視，特別是一些富貴人家。《宣和遺事》前集載宋徽宗微服私訪時，「見一座宅，粉牆鴛瓦，朱戶獸鈈，飛簾映綠鬱鬱的高槐，繡戶對著青森森兒瘦竹。」徽宗一行進去後，「轉曲曲迴廊，深深院宇；紅袖調筝於屋側，青衣演舞於中庭，竹院、松亭、藥欄、花檻，俄至一所，鋪陳甚雅：紅床設花裀繡褥，四壁掛山水翎毛。打起綠油吊窗，看修竹湖山之景。」

從地區來看，當以杭州人最為看重。江少虞說：「杭人素輕誇，好美潔，家有百千，必以太半飾門窗，具什器。荒歉既甚，鬻之

▲宋佚名〈著色人物圖〉中豪宅室內佈置

▲宋佚名〈挖耳圖〉中的屏風、桌子和凳子等

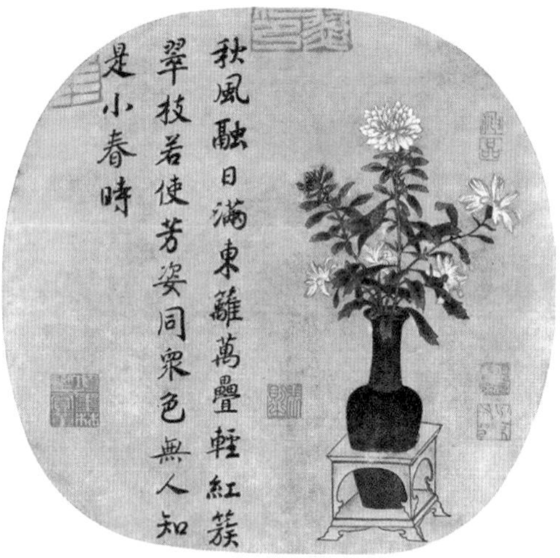

▲宋姚月華〈膽瓶花卉圖〉

亦不能售，多斧之為薪，列賣於市，往往是金漆薪。」（《宋朝事實類苑》卷六〇〈杭人好飾門窗什器〉）張仲文《白獺髓》載杭州風俗說：「行都人多易貧乏者，以其無常產，借夫借錢造屋，棄產作親，此浙西人之常情，而行都人尤甚。其或借債等，得錢首先充飾門戶，則有漆器裝折，卻日逐糴米而食，妻孥皆衣弊衣，跣足而帶金銀釵釧，夜則賃被而宿。似此者非不知為費，欲其外觀之美而中心樂為之耳。」

用書畫裝飾房間，是宋人的普遍現象。如前述的名妓李師師臥室，就在「四壁掛山水翎毛」。當然，宋人房中亦有懸掛肖像畫的現象，如黃庭堅家中就懸掛有蘇東坡的肖像畫。又因蘇東坡有德於杭州和毗陵人民，故當地百姓「家有畫像，飲食必祝，又作生祠以報。」（《宋史・蘇軾傳》）毗陵「士大夫家，廣摹畫像，或朝服，或野服，列於壁間。」（費袞《梁谿漫志》卷四〈毗陵東坡祠堂記〉）。

鮮花或人工製作的絹花等，也是宋人裝飾房間的重要物品。洪邁《夷堅支志丁》卷八〈周氏買花〉載：「臨安豐樂橋側，開機坊周五家，有女頗美姿容。嘗聞市外賣花聲，出戶視之，花鮮妍豔麗，非時所見者比。乃多與直，悉買之，遍插於房櫳間，往來諦玩，目不暫釋。」又宋代說經話本《花燈轎蓮女成佛記》載：潭州城裡李小官人「每日要見這蓮女，沒來由，只是買花。買花多了，沒安處，插得房中滿壁都是花。」從文獻或考古資料來看，當時已有專門

▲宋李嵩〈花籃圖〉

▲宋佚名〈調鸚圖〉

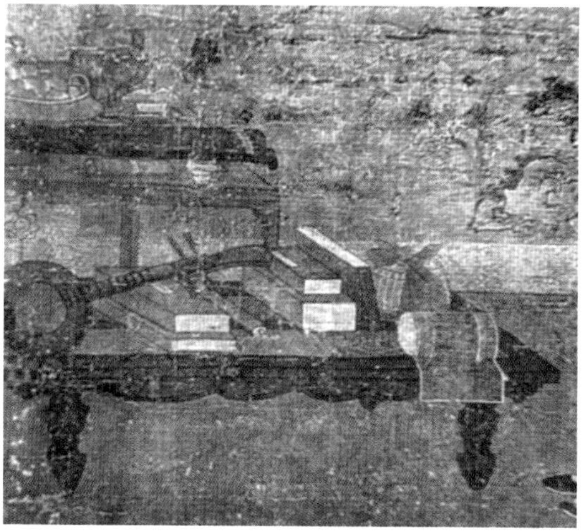

▲宋佚名〈勘書圖〉中桌子上的樂器

的花瓶，常見的有瓷瓶、玻璃瓶等。周密《齊東野語》卷十八〈琴繁聲為鄭衛〉有「供客以玻璃瓶插花」之句。蘇軾《格物粗談》卷上〈培養〉還詳細記載了當時人插花的許多經驗和風俗，如：「醃肉滾汁，徹去浮油，熱入瓶，插梅花，可結實。煮鯽魚湯亦可。荷花以亂髮纏折處，泥封其竅，先入瓶底，後灌水，不令入竅，則多存數日。養荷花，以溫水入瓶中，以紙蒙固，將花削尖簪，則花開且久。蜀葵花削煨，以石灰蘸過令乾，插滾水瓶中，塞口，開至頂而葉不軟。鳳仙、芙蓉同此法。養梅花用煮肉汁，撇去面上肥油，其餘放冷，用養，則花盡開而久難謝。牡丹、芍藥、梔子，並刮去皮，火燒，以鹽擦，插花瓶中，加水養之……」

此外，在文人士大夫的書房中還往往置放有琴等樂器。如《齊東野語》卷十六〈文莊公滑稽〉載：「外大父文莊章公，自少好雅潔，性滑稽。居一室必泛掃巧飾，陳列琴、書。」

六 起居用具

在宋代，自商周以來的跪坐方式發生了根本性的變化，開始逐步實行垂足而坐的起坐方式，於是與其有關的起居用品也隨之出現了。南宋陸游《老學庵筆記》卷四載：「往時士大夫家，女子坐椅子、兀子，則人皆譏笑其無法度。梳洗床、火爐床家家有之，今猶有高鏡臺，蓋施床則與人面適平也。或云禁中尚用之，特外間不復用也。」當時新式的高足家具不僅已盛行於民間，而且還形成了完整的系列組合，日益排擠著傳統的供席地起居的舊的家具組合，迫使它們退出歷史舞臺，從而為中國古代家具步入成熟期奠定

▲河南禹州白沙宋墓壁畫中的桌、椅、腳床子、屏風

了基礎，最後迎來了中國古代家具的黃金時代，形成在藝術造型、工藝技巧和實用功能都日臻完善的明式家具。河南禹州白沙北宋墓的墓室壁畫就生動地表現了這一點：從第一號趙大翁墓壁畫表現的宴飲畫面中，使用了桌、椅、腳床子和上繪水紋的屏風，並繪出居中設桌，左右兩側各放一椅，椅前設腳床子，椅後樹立屏風的陳設方式。在表現居室內婦女對鏡著冠的畫面中，使用了杌、椅、衣架、盆架、鏡臺等家具。類似畫面的壁畫和雕磚家具圖像，在河南、河北、山東乃至湖北、陝西、甘肅等地都有發現（楊泓〈家具經緯——古代家具的演變與造型〉，載《美術考古半世紀》下編，文物出版社，一九九七年版）。

▲宋佚名〈勘書圖〉中的起居用具

(一)家具

宋代的日用家具，時稱為「家生」。如吳自牧《夢粱錄》卷一三〈諸色雜貨〉載：

「家生動事，如桌、凳、涼床、交椅、兀子、長桃、繩床、竹椅、柎笄、裙廚、衣架、棋盤、面桶、項桶、腳桶、浴桶、大小提桶、馬子、桶架……」據此可知，宋代的家具主要有桌、椅、床、几、凳、屏風、架子、茵席、箱櫃、櫥等。

桌子在宋代名目繁多，按其造型來說，有方桌、長方桌、圓桌等類型；按其功能來說，則有飯桌、書桌、琴桌、案桌、茶桌及床上所用的小炕桌等。八仙桌是宋代新出現的一種餐具，桌面呈四方形，下安四腿，多用硬木為之；因其每邊可坐兩人，共坐八人，與唐代「酒中八仙」之數相合，遂名。北宋晁補之《雞肋集》卷三二有〈八仙案銘〉：「東皐松菊堂，飲中八仙案。」

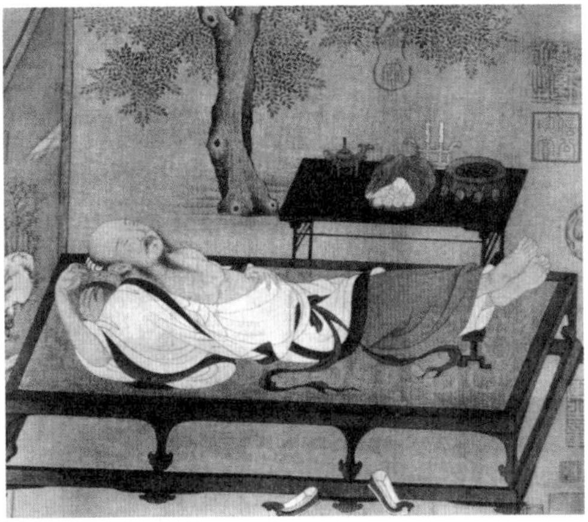
▲宋佚名〈槐蔭消夏圖〉中涼榻、床屏和香桌

宋代重文，故往往在書房中設置有書桌。案桌在宋代又稱為供床，放在神像前，供放置香燭祭品等用。茶桌專供人們吃茶用，如羅大經《鶴林玉露·乙編》卷六〈臨事之智〉載：「從善命於市中取茶卓（桌）一樣三百只，糊以清江紙，用朱漆塗之，咄嗟而成。」在宋代，當推杭州、溫州、台州、廬陵等地所造的螺鈿椅桌最為名貴。李心傳

▲宋佚名〈十八學士圖〉中的凳子和桌子

▲宋佚名〈蕉蔭擊球圖〉中的平頭案和圓背交椅

《建炎以來繫年要錄》卷一七一載：「紹興初，徐康國為浙漕，進台州螺鈿椅桌，陛下即令焚之，至今四方歎誦聖德。上指御座曰：『如一椅子，只黑漆便可用，何必螺鈿？』」螺鈿又稱螺填，周煇《清波雜志》卷一〈思陵儉德〉載宋高宗趙構登基之初，躬行儉德，風動四方。他曾詔令有司毀棄螺填椅子、桌子等家具，認為螺填家具為淫巧之物，不可留在宮中。但明曹昭等《新增格古要論》卷八〈古漆器論螺鈿〉卻載：「螺鈿器皿出江西吉安府廬陵縣。宋朝內府中物及舊做者俱是堅漆，或有嵌銅錢者，甚佳。」

宋代的案几隨著人們起居習慣的改變，從矮形逐漸演變為高足的桌案。其種類也較多，有專門用於宴會的宴几、用於燒香祈禱的香几、在炕上使用的炕几、供讀書寫字用的書几，以及祭祀祖先放祭品用的靈几等等。宴几在宋代又稱為燕

▲宋馬遠〈西園雅集圖〉中的大型書案

▲宋劉松年〈琴書樂志圖〉中的琴桌

几，其形象在黃長睿所著的《燕几圖》中可見。該圖中的燕几由七件組成，有一定的比例規格。其特點是多為組合陳設，根據需要，可多可少，可大可小，可長可方，可單設可拼合，運用自如。香几則是一種承放香爐所用的高腿家具，在官僚士大夫家中極為常見，當時文人士大夫因有好焚香的習俗，故往往要在書室中擺一個或數個香几。炕几為一種置放在床榻上或炕上使用的矮形家具。

椅子的種類較多，從材料來說，有木椅、竹椅、藤椅、石椅等；從形式來說，又有交椅、靠背椅、排椅等。從文獻和考古資料來看，宋代的椅子一般用木料製作，其中高級的有檀香椅。陸游《老學庵筆記》卷一載：「高宗在徽宗服中，用白木御椅子。錢大主入覲，見之，曰：『此檀香椅子耶？』張婕妤掩口笑曰：『禁中用煙脂皂莢多，相公已有語，更敢用檀香作椅子耶？』……」竹椅在民間頗為流行，南宋高宗南逃台州臨海時，曾在一個寺院的竹椅中休息過（趙彥衛《雲麓漫鈔》卷七）。交椅又名「交床」、「胡床」、「繩床」等，是一種可以折疊的輕便坐具。程大昌《演繁露》卷一四載：「今之交床，制本自虜來，始名胡床，桓伊下馬據胡床取笛三弄是也。隋以讖有胡，改名交床。」陶穀《清異錄》卷下〈逍遙座〉：「胡床，施轉關以交足，穿便條以容坐，轉縮須臾，重不數斤。」周密《齊東野語》卷十八〈晝寢〉：「飽食緩行初睡覺，一甌新茗侍兒煎。脫巾斜倚繩床坐，風送水聲來枕邊。」但在宋代禮制中，其地位不及靠背椅、排椅等，但因其攜帶方便，故官員出行時有帶交椅的習慣。「太師椅」為交椅之一種，是從栲

▲宋金處士〈十殿閻王像〉中的書案和圈椅

▲宋佚名〈十八學士圖〉中的桌子和凳子

栲栳圈椅*發展而來的，也是南宋官僚家庭常用的一種家具。張端義《貴耳集》卷下說：「今之校椅，古之胡床也。自來只有栲栳樣，宰執侍從皆用之，因秦師垣在國忌所偃仰，片時墜巾，京尹吳淵奉承時相，出意撰製荷葉托首四十柄，載赴國忌所，遺匠者頃刻添上。凡宰執侍從皆有之，遂號太師樣。今諸郡守倅必坐銀校椅。此藩鎮所用之物，今改為太師樣，非古制也。」由此可見，「太師椅」之名是從秦檜開始的。除太師椅外，背靠交椅也

▲宋劉松年〈四景山水圖〉中的懶架

▲宋劉松年《真跡冊》中的交椅

＊栲栳圈椅，指竹或柳條製的圈椅。

▲宋王居正〈紡車圖〉中的小木凳

▲宋蘇漢臣〈秋庭嬰戲圖〉中製作精緻的漆木圓凳

在南宋初年得到推廣。史載梁汝嘉任臨安府尹，有人推薦使用一種便於假寢的靠背交椅，用木料製成荷葉形狀，且以一柄插於靠背的後面，使人可以仰首而寢。從此以後，這種背靠交椅迅速推廣應用，達官貴人都喜愛這種靠背交椅（王明清《揮麈三錄》卷三）。懶架是一種可半坐半躺的椅子，如《宣和遺事・前集》載：「天子倚著懶架兒暫歇坐間，忽見粧盒中一紙文書。」曲錄床是宋代寺院法堂中僧師說法時的一種座椅，時人又稱為曲錄木或曲錄木頭。如《密庵語錄・示覺禪人》：「一旦業緣成就，被人推出，向曲錄床上胡言

▲宋李公麟〈會昌九老圖〉中亭子裡的圓凳

漢語，欺賢罔聖。」在一些貴族家中，椅子往往精雕細刻。如潘汝士《丁晉公談錄》載：竇儀曾雕起花椅子兩把，以便右丞及太夫人同坐。

宋代凳子的使用比過去更為普遍，且結構更加合理，造型更加優美。其形制除過去常見的圓凳、方凳、長凳、矮凳等外，還出現了帶托泥的凳子和四周開光的大圓墩。方凳從形制來說，可分為長方凳和短方凳兩種；從製作工藝來說，又可分為帶托泥和不帶托泥兩種。不帶托泥的長方凳，在王居正的〈紡車圖〉中即可見到。這種小方凳，四足與凳面為透榫，製作非常粗糙。帶托泥的方凳比前一種要漂亮得多，其足一般有花飾，下有托泥，如宋畫〈粧鏡圖〉中就有這種凳的形象。圓凳也分帶托泥和不帶托泥兩種，帶托泥的一般稱作墩，如〈會昌九老圖〉中即有刻有如意紋且六面開光的圓墩形象。不帶托泥的圓凳與唐代圓凳相似，面呈圓形，近月牙凳，四足為馬蹄形足，宋畫〈中興瑞應圖〉、〈妃子浴兒圖〉等都有此種圓凳的形象。小矮凳在宋代稱為杌子，徐敦立說往時士大夫家婦女坐

▲宋馬和之《書畫孝經圖冊》中的三屏床榻

▲宋馬興祖〈香山九老圖〉中的藤編圓凳

椅子、兀子，會被人譏笑為不知法度（陸游《老學庵筆記》卷四）。但男子則無此議，王銍《默記》卷中載王安石在蔣山，曾與李茂直坐於路傍，王安石坐的是兀子，而李茂直則坐胡床。凳子上往往還置放坐褥或蒲團等物，坐褥一般以柔軟的物品製成。如林洪《山家清供》說，宋人每年採集蒲花製作坐褥或臥褥。而一些富貴人家更是以貴重的羽毛為坐褥，朱彧《萍洲可談》卷一載：「（猻）脊毛最長，色如黃金，取而縫之，數十片成一座，價值錢百千。」

宋代的床榻從功用來說，可分為臥榻和坐榻兩種，形式大體上沿襲唐五代時的遺風，

▲（左）宋徽宗〈文會圖〉中的藤編圓凳
▲（中）宋李嵩〈聽阮圖〉中的床榻和香几
▲（右）宋周季常〈五百羅漢應身觀音〉中的椅子與腳踏

流行無圍子的床榻，時稱「四面床」。如南宋《白描羅漢冊》第一幅所繪的禪床，李公麟〈高會學琴圖〉和〈維摩像〉中的坐榻，〈梧蔭清暇圖〉中的坐榻，〈槐蔭消夏圖〉、〈宮沼納涼圖〉以及〈白描大士圖〉中所繪的床榻，都沒有圍欄。使用無圍欄的床，一般需使用憑几或直几作為輔助家具。如〈梧蔭清暇圖〉中使用的直形腋下几，〈白描大士圖〉中使用的天然樹根三足曲几等（胡德生《中國古代家具》，頁八一九，上海文化出版社，一九九二年版）。床的形制除四腳床外，還有三足床。如洪邁《夷堅甲志》卷一三〈馬簡冤報〉載：「張公為桂林守，嘗令曝書於簷間，簡取三足木床登之。」此外，帶屏床榻在宋代官僚士大夫家中也頗為流行。這種帶屏床榻一般多為單屏，當然也有多屏的，如〈孝經圖〉中就有三屏床榻的形象。

更有一些富貴人家還在床前或椅子前置設有腳

踏。如宋仁宗時，劉貴妃曾在盛夏「以水晶飾腳踏」，結果遭到宋仁宗的嚴厲呵斥（《宋史・劉貴妃傳》）。腳踏在當時又稱為踏床，如《宋史・輿服志二》：「皇后乘肩輿龍檐，襯腳床褥，靠背坐褥及踏床各一。」

從製作材料來說，宋人的床榻又有木床、竹床、藤床、土床、石床之分，木床最為流行，一些富貴人家還往往用朱漆等裝飾。如宣和年間蔡行家中所用臥榻是以「滴粉銷金為飾」（周煇《清波雜志》卷七〈臥榻縷金〉）。允則家「床榻皆吳、越漆作。」（蘇轍《龍川別志》卷下）。宋仁宗節儉，用的是「素朱漆床」（邵伯溫《邵氏見聞錄》卷三）。竹床又稱為竹方床，在宋代頗為多見，南宋楊萬里《誠齋集》卷三一〈竹床〉詩：「已製青奴一壁寒，更揩綠玉兩頭安。」周密《齊東野

▲宋劉松年〈唐五學士圖〉中的書櫥

▲〈春遊晚歸圖〉中的箱子

語》卷十八〈晝寢〉中對此也有記載。但多用於炎熱的夏天，如《夷堅支志癸》卷五〈白雲寺行童〉載：「淳熙三年夏，吳伯秦如安仁，未至三十里，投宿道上白雲寺，泊一室中。喜竹榻涼潔，方匹馬登頓頗倦，不解衣曲肱而臥。」藤床在宋代也比較普遍，如朱彧《萍洲可談》卷三載：「王荊公妻越國吳夫人，性好潔成疾，公任真率，每不相合。自江寧乞骸歸私第，有官藤床，吳假用未還，吏來索，左右莫敢言。公一旦跣而登床，偃仰良久，吳望見，即令送還。」

土床流行於北方地區，張載〈土床〉詩：「土床煙足紬衾暖。」（《宋文鑑》卷二八）這種土床便是俗稱的土炕。南方也有土床，郭彖《睽車志》卷一載：「儀真報恩長老子照言：紹興間，嘗與同輩三人行腳至湖南，經山谷間，迷惑失道。暮抵一古廢蘭若，相與投宿。牆屋頹圮，寂無人聲，一室掩戶，若有人居中，惟土榻地爐，以灰掩微火……」石榻頗為少見，多為寒士和貧苦

▲浙江東陽太平山宋墓出土的篾質夾紵胎漆奩

▲浙江東陽南寺塔出土的宋代貼金彩繪石雕經函

百姓家使用。

櫥子在宋代有多種用途，往往用來貯藏衣被、書籍及食品等，時人分別稱為衣櫥、書櫥、食品櫥。如周密《癸辛雜識》後集〈修史法〉載：「李仁甫為長編，作木櫥十枚，每櫥作抽替匣二十枚，每替以甲子誌之。」

照臺是一種類似於今日梳妝臺的家具，它由架子支撐鏡子，是當時女子出嫁時的必備之物。《夢粱錄》卷二十〈嫁娶〉載：「花瓶、花燭、香毬、沙羅、洗漱、粧盒、照臺、裙箱、衣匣、百結……」

箱子在宋代有衣箱、書箱等之分。用來貯存衣物的衣箱，在宋代極為普遍。而書箱顧名思義就是用來貯藏書籍的，如一九五六年江蘇蘇州虎丘塔維修時發現的一個宋代木箱，長三七．八釐米，寬十九．二釐米，高二一釐米，係用楠木製成。箱子外面塗以本色油漆，各部接縫處都鑲包銀質鎏金花

▲宋劉松年〈十八學士圖卷〉中的書案、圓凳和大型屏風

▲宋劉松年〈羅漢圖〉中的三折屏風

▲宋劉松年《真跡冊》（局部）

邊，用圓形小釘釘牢。箱口搭鏈處扣有鎏金花鎖一把，鑰匙掛在鎖上。

此外，在宋代還有一種出門旅行時所用的套箱。這種套箱形體不大，常用來置放行李。宋人所繪的〈春遊晚歸圖〉中就有僕人挑箱子的形象。

宋代屏風的使用非常普遍，上自帝王，下至富家大族，都流行此物。屏風是一種用來擋風或隔斷後部視線的家具，一般放在寬敞的室、堂進門不遠處。從文獻記載來看，當時屏風的形制較多，從製作的材料來看，有木屏、竹屏、紙屏、布屏、石屏、玉屏等；從不同的功用來看，又有廳堂屏、床屏、座屏、枕屏；從裝飾來說，則有畫屏、雕屏、素屏、照屏、漆屏等。這些屏風有的比較高大，有的則較為小巧精緻。它不僅具有擋風和遮蔽的功能，而且還有裝飾的作用。如南宋皇宮選德殿殿內御座後也有這樣一件金漆大屏風，正面「分畫諸道名，列監司、郡守為兩行，以黃簽標識居官者職位姓名。」背面還畫有全國政區、疆域的地圖（《建炎以來朝野雜記．甲集》卷五〈籍記監司郡守〉）。此外，官府公

▲河南禹州白沙宋墓壁畫中的盆架子

▲河南禹州白沙宋墓壁畫〈梳粧圖〉中的衣架

堂和貴家大室也多用此物。如趙善璙《自警編》卷八〈正事〉載：「國初，趙普為相，於廳事坐屏後置二大甕，凡有人投利害文字皆置中，滿，即焚於通衢。」素屏是一種比較平常、沒有什麼裝飾的屏風，如常州宜興張氏家，名將岳飛曾在他家居住過，並在廳堂的屏風上題字（趙彥衛《雲麓漫鈔》卷一）。畫屏和雕屏頗為常見，上面往往描有漆畫或雕鏤各種圖案，有的還雜以金、玉等。而鈿屏則更為高級，它用金片做成花朵形的裝飾品，並在漆屏上用螺殼鑲嵌成各種不同的圖案。如周密《癸辛雜識》別集下〈鈿屏十事〉載：王槦（字茂悅，號會溪）初知彬州，就除福建市舶使。任職即將結束時，他專門製作了十副螺鈿桌面屏風，非常精緻，上面繪權相賈似道十項盛事，並各寫有讚詞，以此獻給賈似道。賈氏看到禮品非常高興，每次宴請客人，一定把它放置在廳堂上。枕屏形狀較小，放置在枕頭前擋風。如「仁宗皇帝時……後苑作匠進一七寶枕屏。」（《邵氏聞見錄》卷二）熙寧年間，邵雍過一士友家中，就曾見過一種畫有小兒捉迷藏的枕屏，枕屏上題有「遂令高臥人，欹枕看兒戲。」的詩句（《邵氏聞見錄》卷二十）。北宋歐陽修出使契丹時，攜有「盡素屏」一副，夜裡睡覺時則「開屏置床頭，輾轉夜向晨。」（《居士集》卷六〈書素屏〉）紙屏在宋代也深受人們喜愛，史載王欽若未考中進士時，壽王曾經過他居住的地方，王欽若見後，馬上取紙屏擋風（胡仔《苕溪漁隱叢話．前集》卷二五〈王文穆〉）。石屏一般以花崗石製作，具有自然之美。范成大《驂鸞錄》載永州祁陽縣「新出一種板，甓疊數重，每重青白異色，因加人工，為山水雲氣之屏，市賈甚多。」床屏在《宋朝事實類苑》卷四二〈王元澤〉中有載：「戊午歲，元澤病中，友人魏道輔（泰）謁於寢。對榻一片屏，大書曰：『宋故王先生之墓，名雱，

▲ 宋王詵〈繡櫳曉鏡圖〉中的鏡架照臺和銅鏡

▲宋劉松年〈唐五學士圖〉中的家具

字元澤。登第於治平四年，釋褐授星子尉。起身事熙寧天子，才六年，拜天章閣待制，以病廢於家。』後尚有數十言，掛衣於屏角覆之，不能盡見……」

值得注意的是，宋代還出現了一種多扇直立板屏。這種屏風在過去不多見，由幾扇屏拼在一起為一塊整體直立板屏。宋畫〈孝經圖〉中有此屏風的形象。

架子在宋代有衣架、巾架、鏡架、盆架、燈架、花架等。衣架，顧名思義就是掛衣服的架子，在當時頗為普遍，這從出土的文物中可以清楚看出。如河南禹州白沙宋墓壁畫〈梳粧圖〉中的衣架，由兩根立柱支撐一根橫杆，橫杆兩頭長兩柱，兩頭微向上翹，並做成花朵狀。下部用兩橫木墩以穩定立柱。在上橫杆下部的兩柱之間，另加一根橫棖，以發揮加固作用。又河南鄭州南關外北宋磚室墓磚雕家具中，也有衣架的形象。該衣架形體較大，中間安二道橫棖，之間加三支小立柱（俗稱矮老）上橫杆長出兩立柱，兩頭微向上翹。鏡架的形制，在宋代也有三足或四足之分。三足鏡架見河南洛陽澗西十三號宋墓西壁正中浮雕鏡臺一件，鏡架為三足，側面兩足作曲折狀，中部位置有蓮花形圓盤（張劍、王愷〈洛陽澗西三座宋代木構磚室墓〉，《文物》一九八三年第八期）。四足鏡架如河南禹州白沙宋墓墓室壁上浮雕的鏡臺，上端為花葉及雕飾，下為方框托著鏡框，底部有花瓣形小足。盆架始見於宋代，如河南禹州白沙北宋墓壁畫〈梳粧圖〉中的盆架，為蓬牙三彎腿，腿間有橫棖相連。河南洛陽澗西十三號宋墓中浮雕的盆架，三足略向外捲曲。燈架，如河南禹州白沙宋墓墓室壁上浮雕的圖像。

宋代在家具的造型和結構方面，也出現了顯著的變化。首先是梁柱式的框架結構代替了隋唐時期沿用的箱形壺門結構。其次，大量應用了裝飾性的線腳，豐富了家具的造型。如桌面下開始用束腰，梟混曲線的應用也十分普遍；桌椅四足的斷面除了方形和圓形以外，往往還做成馬蹄形。這些造型與結構的特徵，都為後來明清家具的進一步發展打下了堅實的基礎。

宋代家具的室內佈置有一定的格局，大體上有對稱和不對稱兩種方式。一般廳堂在屏風前面正中置椅，兩側又各有四把椅子相對，或僅在屏風前置兩把圓凳，供賓主對坐。但書房與臥室的家具佈局採取不對稱的方式，沒有固定的格局。另外，為適應宴會等特殊要求，家具的佈置也出現了若干新變化。

(二) 被褥與帳子

宋人被褥，從使用的時間來說，有單被和夾被之分，單被一般在夏天使用，夾被則在春秋和冬季使用。故時人諺云：「七九六十三，夜眠尋被單。八九七十二，被單添夾被。」從被褥的製作材料來說，則有絲綢被、麻布被、紙被等。絲綢被在宋代又可分為錦被、羅被、絁被、綺被等，為貴族和富人的專用品。如福州南宋黃昇墓就曾出土綾絲錦被、綺夾被、羅夾被各一條。兩條絲綿被中，一為褐黃色花綾面，絹作裡，三幅半縫成，殘長二二五釐米，寬一七〇釐米，絮絲綿；另一為綺面絹裡，三幅半縫成，長二一七釐米，寬一八一釐米，絮絲綿。夾被羅面絹裡，夾層三層為絹，四幅縫成，長二一七釐米，寬一八〇釐米（福建省博物館編《福

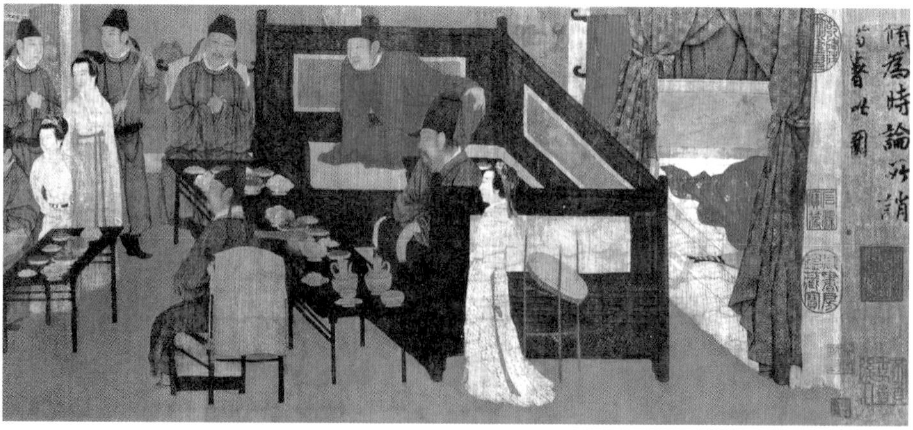

▲宋摹顧閎中〈韓熙載夜宴圖〉中的桌、椅、榻、床、被、褥、帳

州南宋黃昇墓》，頁十九，文物出版社，一九八二年版）。絁被相對要比錦被差一些，如《宋朝事實類苑》卷四〈仁宗皇帝〉載宋仁宗「性恭儉，至和二年春，不豫，兩府大臣日至寢閤問聖體，見上器服簡質，用素漆唾壺盂子，素瓷盞進藥，御榻上衾褥皆黃絁，色已故暗，宮人遽取新衾覆其上，亦黃絁也。然外人無知者，惟兩府視疾，因見之爾。」麻布被又稱為紗被或布被，在宋代最為常見，消費者多為下層勞動人民。如畢仲游〈即事〉詩：「屋破風斜漏不休，布衾無裡臥窮秋。」（《西臺集》卷二十）范公偁《過庭錄》載：范純仁自從當官以後，門下多食客，隨著他官職的升遷，這支隊伍愈加龐大了。他擔任陳州知州時，曾以自己的官俸製作了數十幅布衾，送給門下的寒士。為此，時人曾說：「孟嘗有三千珠履客，范公有三千布被客。」譏笑他節儉。范純仁聽到社會的議論後，自己也做了一幅布衾享用，並寫銘文加以辨正。於是，范鎮、司馬光皆仿效他。紙被也常被宋人用來禦寒，如陸游〈謝朱元晦寄紙被〉詩：「紙被圍身度雪天，白於狐腋暖於綿。」（《劍南詩稿》卷三六）而在一些少數民族地區，還有茅花被，朱輔《溪蠻叢笑》載：「仡佬無棉，揉茅花絮布被。一被數幅，聯貫而成。山瑤皆臥板，夜燃以火。」

此外，在一些達官貴人家中還有翠毛裀褥、貂褥等。如司馬光家中有人所贈送的貂褥（《司馬溫公文集》卷十二）；又朱熹纂集《宋名臣言行錄．後集》卷一四載：劉恕（字道原）家貧，甚至到了無以自給的地步，即使如此，他一毫也不妄取於人。相傳他從洛陽南歸時，

▲河南禹州白沙二號宋墓壁畫中的帳幔

時已十月，天氣已經非常冷了，但他沒有寒衣，司馬光見了非常同情，強行送給他一兩款衣襪及舊的貂褥。而南宋權臣韓侂胄家則有翠毛裀褥（周密《癸辛雜識》後集〈簿錄權臣〉）。

帳子在宋代又稱為幬，主要是為了防止蚊子的侵害。如陸游《入蜀記》卷一載：「自到京口無蚊，是夜蚊多，始復設幬。」其形制甚多，有錦帳、珍珠帳、綿帳、繡帳、粉青帳、流蘇帳、芙蓉帳、青紬帳、紗帳、布帳、紙帳等。錦帳以織錦製作而成，色彩華麗，顯得富麗堂皇；繡帳就是指繡有花紋圖案的帳子，均為達官貴人的享用品。高文虎《蓼花洲閑錄》引《南遊紀舊》載：王安石以次女嫁蔡卞為妻，其夫人吳氏因家中驟貴，又愛此女，乃以錦為女兒做了一床帳子。還沒到辦婚禮，此事已經人盡皆知，甚至連皇帝也知道了。有一天，神宗問王安石說：您是一個大儒，怎麼還用豪華的錦帳嫁女？王安石聽了愕然，無言回答皇帝的責問。他回家後馬上去問夫人，果然其事為真。於是，他把這床錦帳捨給開寶寺福勝閣下為佛帳。第二天他上朝時，又向神宗謝罪。又史載司馬光為兒子娶媳婦，聽說其家有繡帳陪贈，他毅然不許兒媳婦入門。珍珠帳也是富家的奢侈品。《夷堅甲志》卷二〈張夫人〉載：「太常博士張子能再娶鄧洵仁右丞之女，成禮之夕，鄧洵仁賜真珠復（一作寢）帳，其直五十萬緡。」綿帳則由絲綿製成，如沈括《夢溪筆談》卷九〈人事一〉載：「夏文莊性豪侈……人有見其陸行，兩車相連，載一物巍然，問之，乃綿帳也，以數千兩綿為之。」南宋權臣韓侂胄用的是「青紬帳」（葉紹翁《四朝聞見錄》戊集〈考異〉）。普通官員用的多是細紗織的床帳，如《鬼董》卷五〈裴端夫〉載：「溫州人（忘其名），知華亭縣，以裴端夫為客。至之明日，午夜被酒，起坐紗幬中。」而一般平民百姓往往用的是布帳或紙帳。此外，在宮中大婚還流行一種百子帳，袁褧《楓窗小牘》卷下載：「今禁中大婚百子帳，則以錦繡織成百小兒嬉戲狀。」

(三)枕頭、竹夫人和席子

枕頭在宋代名目較多，從形狀來說，有圓枕、方枕、扁枕、長枕、短枕等之分；從材料來分，又有瓷枕、瓦枕、竹枕、石枕、木枕、水晶枕、菊花枕等。瓷枕在宋代頗為盛行，張耒〈謝黃師是惠碧瓷枕〉詩：「巩人作枕堅且青，故人贈我消炎蒸。」（《柯山集》卷十）從產地來說，當以磁州所產最佳。有臥伏呈娃娃狀的，稱「孩兒枕」；有臥伏呈獸狀的，如「獅子枕」、「臥虎枕」等。此外，還有長方形、腰圓、雲頭、花瓣、雞心、八

▲宋磁州窯三彩刻花枕

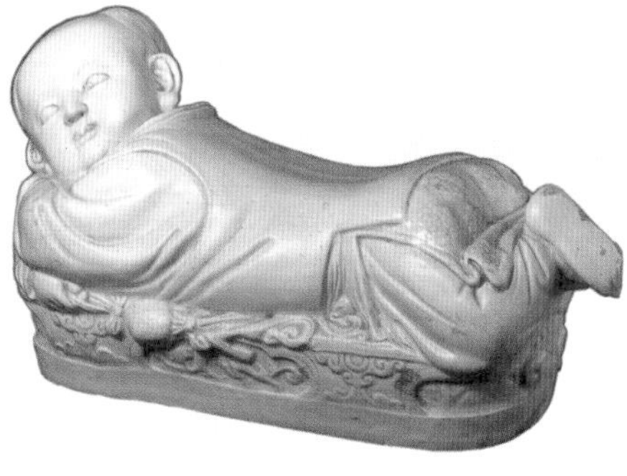

▲宋定窯白釉瓷孩兒枕

方、橢圓、銀錠等式樣。石枕常被宋人用作夏天時的臥具，如歐陽修曾得端溪綠石枕與蘄州竹簟，喜不自禁，「呼兒置枕展方簟，赤日正午天無雲。」（《文忠集》卷八〈有贈余以端谿綠石枕與蘄州竹簟皆佳物也余既喜睡而得此二者不勝其樂奉呈原父舍人聖俞直講〉）。黃庭堅稱石枕在六月有「一臥洗煩勞」之樂（《山谷外集》卷十二〈石枕〉）。竹枕亦頗為常見，鄭剛中《北山文集》卷二二〈春晝〉詩有「竹枕榜屏山」之句。胡寅《斐然集》卷一也有〈竹枕〉詩。木枕也比較普遍，司馬光以圓木為「警枕」，小睡片刻即起來讀書。陸游《劍南詩稿》卷五五〈秋曉〉詩有「布衾木枕伴殘更」之句。瓦枕見於楊萬里〈初秋戲作山居雜興俳體〉詩：「竹床移偏兩頭冷，瓦枕翻來四面香。」（《宋詩鈔》第三冊頁二二九九）又蔡持正詩：「紙屏瓦枕竹方床，手倦拋書午夢長。睡起莞然成獨笑，數聲漁笛在滄浪。」（周密《齊東野語》卷十八〈晝寢〉）方枕常被用於炎熱的夏天。王安石曾言「夏日晝睡，方枕為佳，問其何理，曰：『睡久氣蒸枕熱，則轉一方冷處。』是則真知睡者耶。」（趙彥衛《雲麓漫鈔》卷一四）。藥枕在宋代得到了應用和發展，《宋朝事實類苑》卷五九〈百藥枕〉載：「益州有藥市，期以七月七日，四遠皆集，其藥物多，品甚眾，凡三日而罷，好事者多市取之。淳化中，有右正言崔邁，任峽路轉運，邁苦多病，素有柏枕，方令齎萬錢，遍市藥百餘品，各少取置柏枕中，周環鑽穴以徹其氣。臥數月，得癩疾，眉鬢盡落，投江水死。說者以為藥力薰髮骨節間疾氣。」菊花枕亦是當時出現的新形制，乃於秋天採菊花為之，田錫《咸平集》卷七〈菊花枕賦〉言其有「當夕寐而神寧，迨晨興而思健。」的功效。

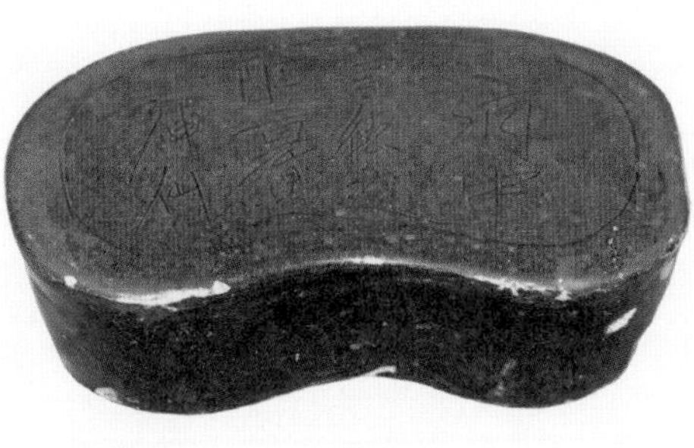

▲浙江博物館藏宋代刻詩文褐釉瓷枕

▲宋代瓷枕

竹夫人即竹几，是一種避暑用具。用竹編成長籠，或取整段毛竹，中間通空，周圍有孔，可以通風，置於床席之間，用以取涼。羅大經《鶴林玉露·甲編》卷四〈竹夫人制〉載：「李公甫謁真西山，丐詞科文字。西山留之，小飲書房。指竹夫人為題曰：『蘄春縣君祝氏，可封衛國夫人。』公甫援筆立成，末聯云：『於戲！保抱攜持，朕不忘兩夜之寢；輾轉反側，爾尚形四方之風。』西山擊節。蓋八字用《詩》、《書》全語，皆婦人事，而形四方之風，又見竹夫人玲瓏之意。其中頌德云：『常居大廈之間，多為涼德之助。剖心析肝，陳數條之風刺；自頂至踵，無一節之瑕疵。』」又由於其具有擱臂憩膝的功能，故黃庭堅風趣地稱它為「青奴」：「趙子充示〈竹夫人〉詩，蓋涼寢竹器，憩背休膝，似非夫人之職，而冬夏青青，竹之所長，故易名青奴耳。」（黃庭堅《山谷集》卷九）這種用具在市場上有售，《夢粱錄》卷一三〈諸色雜貨〉載：「枕頭、豆袋、竹夫人、懶架。」

供坐臥鋪墊用的茵席（或稱茵褥），在宋代有涼席和暖席兩大類。涼席大多由竹、藤、葦、草等編織而成，個別用絲麻加工而成。暖席則多以棉、毛及獸皮製成。竹席在宋代最為流行，王安石〈次韻信都公石枕蘄簟〉詩：「端溪琢枕綠玉色，蘄水織簟黃金紋。」（王安石《臨川集》卷五）這裡說的「蘄簟」就是一種蘄水地區所產的竹席。此外，賓州所產的竹席品質也比較好（鄭剛中《北山文集》卷二一）。當時，人們還往往以竹席為禮物送人。如曹修睦知邵武軍時，曾以竹簟贈送給禪僧仁曉，因作偈說：「翠筠織簟寄禪齋，半夜秋從枕底來。」（吳處厚《青箱雜記》卷十）草席在宋代當推菅席最為流行，價格不低，陸游〈冬夜〉詩有「百錢買菅席」之句；又其〈秋曉〉詩：「菅席多年敗見經，

▲宋錢選〈芭蕉唐子圖〉中的茵席

▲宋李公麟〈蓮社圖卷〉中的茵席

布衾木枕伴殘更。」（《劍南詩稿》卷二六、卷五五）當然，這些竹席、草席對貴族來說不值一顧，他們使用的往往是更為昂貴的席子，珠褥就是其中之一，陳師道《後山談叢》卷五載：宰相王安石嫁女兒給蔡氏，慈壽宮賜珠褥，價值數十萬。另邵伯溫《邵氏聞見錄》卷三載宮中有「黃絹緣席、黃隔織縟。」

㈣燈具和蠟燭

燈和蠟燭是宋人日常照明的必備之物。形制較多，僅以燈來說，名目十分繁多，《李師師外傳》載宋徽宗送給名妓李師師的燈具有

「藉絲燈、暖雪燈、芳苡燈、火鳳銜珠燈各十盞。」而在民間，燈品則更多了。從製作材料來說，有銅燈、鐵燈、瓷燈等；從形狀來說，則有蓮燈等。從功用來說，則有書燈、省油燈等。

銅燈多為富人使用，陸游〈秋思〉詩有「臨海銅燈喜夜長」之句。陶瓷製的燈則為平民所用，如陸游〈夏中雜興〉詩有「樵父供藜杖，陶人售瓦檠。」之句（《劍南詩稿》卷七七、卷八三）。這種陶瓷製作的燈具在考古發掘中多有出土，如山西太原小井峪四十九座宋墓出土瓷燈三十一盞；陝西旬邑安仁古窯址出土的宋代瓷燈有六十八盞。從各地出土的宋代陶瓷燈具來看，造型較隋唐時更為豐富多彩，且尺寸也較過去要矮，一般在四—十六釐米之

▲宋佚名〈溪堂客話圖〉中的蠟燭

間。造型的基本形式為直口或敞口，口部較寬，腹部或直或曲，或深或淺；足部都有較高的圈足，有的呈階梯喇叭口狀。裝飾紋樣多為花草紋，裝飾技法有貼塑、刻花、剔花、繪花、鏤空等。釉色有黑釉、醬釉、青釉、白釉、影青釉、綠釉、黃釉等。山東冠縣古窯址出土的一件白釉刻花珍珠地瓷燈，斂口，寬邊折沿，直壁折腹，喇叭形圈足，白灰色胎，白釉微顯黃色；沿部刻畫二周赭紅弦紋圈，圈內飾雲朵紋，直腹部飾垂瓣紋，垂瓣裡為多裂葉瓣，紋飾以外的空間飾珍珠地紋，裝飾特點與北方最有代表性的民間瓷窯——磁州窯瓷器一致。陝西耀州窯出產的花口燈，亦是宋代瓷燈比較出色的一種。燈身花口淺碗形，下承筒形支柱，接以盤形托。筒形支柱上部有精緻的花朵形鏤孔，中間貼塑六獸裝飾。燈身、底托呈圓面形，上下對稱，燈體豐滿穩重。三彩燈同樣是宋代瓷燈中的代表作品之一。河南魯山段店窯窯址出土的宋三彩陶燈，造型與一般折沿的瓷燈相差無幾，但腹部貼印製的蓮瓣紋，蓮瓣圓肥，層層疊壓，相當精美。山東聊城出土的一件宋三彩瓷燈，造型則較特殊：燈盞作寬沿盆形，外塑仰蓮，盆下面為四覆蓮瓣形托，四周有欄杆；四隅斜出螭首，束腰方形須彌座，四足卷雲形（參見孫建君、高豐著《古代燈具》，山東科學技術出版社，一九九八年版）。省油燈又稱夾瓷盞，是宋代比較流行的一種燈具。陸游《齋居紀事》說：「書燈勿用銅盞，惟瓷盞最省油。蜀中有夾瓷盞，注水於盞唇竅中，可省油之半。」又其所著《老學庵筆記》卷十說：「宋文安公（白）集中有〈省油燈盞〉詩，今漢

▲宋定窯黃釉魚形燈

▲宋綠釉虎形燈

嘉有之，蓋夾燈盞也。一端作小竅，注清冷水於其中，每夕一易之。尋常盞為火所灼而燥，故速乾，此獨不然，其省油幾半。邵公濟牧漢嘉時，數以遺中朝士大夫。」近年來的考古發現證明，省油燈絕不是無稽之談，文物考古工作者就在重慶涪陵石沱墓區挖掘出土一盞宋代的省油燈，與陸游的描述完全一樣。這盞燈的碟壁是一個中空的夾層，碟壁側面有一個小圓嘴，用來向夾層中注水。長明燈流行於僧寺、道宮和神祠等處。曾敏行《獨醒雜志》卷四載：「古者，四時變新火。今人苟簡，家所用火，不知何從來，亦不計其歲年也。兒時在湖湘，見一僧舍有長明燈，眾云燈有神異，其焰不熱。試以指炙之，信然。後加考究，凡道宮、佛屋、神祠中多置此燈，有數百年者。焰青而昏，往往皆不甚熱，蓋久則力盡爾。」

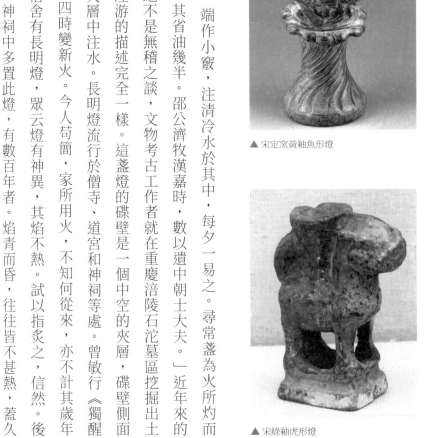

蠟燭是宋人社會生活中重要的日常用品，具有照明和一些重要場合的必要品的雙重屬性。據文獻記載，宋代蠟燭的形制甚多，但以香燭最為名貴。葉紹翁《四朝聞見錄》乙集〈宣政宮燭〉載：「宣、政盛時，宮中以河陽花蠟燭無香為恨，遂用龍涎、沉腦屑灌蠟燭，列兩行，數百枝，焰明而香滃，鈞天之所無也。建炎、紹興久不能進此，惟太后旋鑾沙漠，復值稱壽，上極天下之養，故用宣、政故事，然僅列十數炬。」為此太后很不高興。又周密《齊東野語》卷八〈香炬錦茵〉載：秦檜當權時，每天各地送來的行賄物品堆積如山。當時，方德在廣東擔任經略使，他為了拍秦檜的馬屁，製作了大量的蠟燭，而將名貴的各種香料放在蠟燭中，派人偷偷地送到丞相府中。有一天，秦檜宴客，取方德送的蠟燭來使用，點燃後不久，即異香滿座。他覺得很奇怪，這蠟燭怎麼會發出香氣呢？於是仔細觀察了一番，才知道香氣從蠟燭中散發出來。遂立即命僕人把其餘的幾條蠟燭藏好，數了

▲宋三彩人物陶燈

▲宋青釉省油燈

一下，剛好還有四十九條。呼管家問其原因，管家回答說：經略使方德特意做了五十條蠟燭獻給您，我恐怕您不喜歡，試著點了一條，不敢以他燭來充數。秦檜聽後大喜，以為人家是奉己之專，於是對方德另眼相看，當作親信加以提拔任用。從這些故事可以看出，此種香燭即使在帝王和權貴之家也被視為珍寶。

需要說明的是，宋人對燈燭的使用也是奢儉不一。北宋大臣寇準奢侈，「不點油燈，尤好夜宴劇飲，雖寢室亦燃燭達旦。每罷官去，後人至官舍，見廁溷間燭淚在地，往往成堆。」而杜祁為人節儉，「在官未嘗燃燭，油燈一炷，熒然欲滅，與客相對，清談而已。」（《宋朝事實類苑》卷十〈大臣奢儉不同〉）。

(五) 扇子

宋代扇子的使用十分普遍，時有「一九至二九，扇子不離手」的民諺。形制甚多，按形狀分，有單門扇、團扇、摺扇等；按製作材料分，則有紙扇、羽毛扇、綢扇、蒲扇、葵扇、棕扇、骨扇、麥稈扇等。此外，《宋朝事實類苑》卷五九〈錢昱〉中還載有金花扇，同書卷六八〈物夜有光〉載有油紙扇等。

團扇自漢代流行以來，因其外形美觀、使用方便，至宋代已成為最受人們喜愛的扇子。相傳「太宗每當暑月，御書團扇，賜館閣學士。」（江少虞《宋朝事實類苑》卷二四

▲宋畫中穿盛服、持團扇的貴婦

▲宋劉松年《真跡冊》中手執團扇子的貴婦

〈御書扇賜館閣學士〉）其形制較多，以製作材料分，有絹扇、紈扇、羅扇、紗扇、綾扇、紙扇、筍皮扇等；以形狀分，有圓形、長圓形、扁圓形、團方形、梅花形、葵花形等（參見和惠〈宋代團扇和雕漆扇柄〉，《文物》一九七七年第七期）。《夢粱錄》卷一三〈諸色雜貨〉載南宋都城臨安店鋪中出售的團扇種類，有細畫絹扇、細色紙扇、異色影花扇、細扇、張人畫山水扇及漏塵扇柄、梅竹扇面兒。這些團扇，有的上面繪有精美的圖畫，《春渚紀聞》卷六〈寫書白團扇〉就記載了蘇軾為團扇作書畫的故事：蘇軾在杭州任職時，有陳訴負綾絹錢二萬不還的案件。蘇軾呼其來詢問，說：某家以製扇為業，剛好父親去世，加上入春以來連雨天寒，因此所製的扇子銷售非常困難，並非我故意要賴他賬。蘇軾仔細看了他帶

▲宋末元初劉貫道〈夢蝶圖〉中的扇子

來的幾把扇子，說：你去把家中所製的扇子搬來，我來幫你銷售。不一會兒，扇子運到。蘇軾取了二十把白團扇、夾絹扇，就桌上的判筆作行書草聖及枯木竹石，很快就書畫好了。然後，他吩咐說：你可以拿出去馬上出售了，賣得的錢足夠支付你欠的賬了。其人抱扇泣謝而去。一到市場上，這二十把白團扇、夾絹扇便馬上被顧客搶光了，他遂用所賣的錢還光了欠帳。大家知道後，都很感激蘇軾，甚至有感動下淚的。這些宋代扇畫迄今為止尚有許多遺存，其中僅《宋人畫冊》所收的一百幅小品中，就有六十六幅為紈扇畫。題材十分廣泛，所繪山水、人物、花草、鳥獸，意境深遠，方寸之間，或氣勢宏大，或千姿百態，刻畫細膩，種種臻妙。張舜民曾有〈紈扇〉詩加以稱讚。有的則寫有書法作品，或警句，如《湖海新聞夷堅續志後集》卷二〈廟鬼奪人扇〉載：「范魯公質未顯時，坐封丘茶

▲宋馬麟〈秉燭夜遊冊〉紈扇畫

▲宋紈扇〈碧桃圖〉

肆，手持扇，偶題『大暑去酷吏，清風來故人。』」這種在上面繪寫有書畫的團扇在文物考古中也多有發現，如南宋周瑀墓就曾出土兩把團扇，據鎮江市博物館等撰〈江蘇金壇南宋周瑀墓發掘簡報〉稱：「周瑀墓共出土團扇二把，一把木柄杆，竹絲骨，扇面裱紙施柿汗，黑漆邊，竹絲骨子，細如髹*毛，規整而緊密地上呈棕紅色雲紋。柄上裝有一月牙形扇托以護扇面。扇面長二十六釐米，寬二十釐米；扇柄長十六釐米，最粗徑一．六釐米。另一把雕漆鏤空轉柄扇，扇面部分同上一把。扇柄鏤空雕漆三組，對稱的雲頭如意花紋，環繞中間的杆軸自由旋轉。」（《文物》一九七七年第七期）此外，在福州北郊南宋黃昇墓中也出土一把團扇，「出土時上面尚有桃紅色花一朵及二三片帶彩殘葉。柄及扇框髹以黑色，現已脫落。木柄經輪製加工，扇面用棕纖維，做成

＊髹形容赤黑色的，或指赤黑色的漆，以及塗漆於物上。

芭蕉葉形。通長十四．五釐米，寬十三—十八．五釐米。」（福建省博物館編《福州南宋黃昇墓》，文物出版社，一九八二年版）隨著宋代外貿的開展，團扇還流傳到海外。

折疊扇是在北宋初年從日本和朝鮮傳入的，宋太祖端拱元年（九八八），日本僧人來華作貢品進上。這種紙製的折疊扇一進入中國，便深受宋人喜愛，俗稱為「倭扇」。

▲宋錢選〈招涼仕女圖〉中女性手中所執的團扇

郭若虛《圖畫見聞志》卷六〈高麗圖〉載：「高麗使者來中國，或用折疊扇為私覿物＊。其扇用鴉青紙為之，上畫本國豪貴，雜以婦人鞍馬，或臨水為金沙灘，暨蓮荷、花木、水禽一類，點綴精巧；又以銀泥為雲氣月色之狀，極可愛，謂之倭扇，本出於倭國也。近歲尤祕惜，典客者蓋稀得之。」此後，宋人便根據來自日本的折疊扇加以仿製，在國內迅速推廣開來。趙彥衛《雲麓漫鈔》卷四載：「今人用折疊扇，以蒸竹為骨，夾以綾羅，貴家或以象牙為骨，飾以金銀，蓋出於高麗。《雞林志》云：『高麗疊紙為扇，銅獸鐶，加以銀飾，亦以畫人物者，中國轉加華侈云。』」至南宋時，這種扇子便在市場上到處可見了。如《夢粱錄》卷一三〈諸色雜貨〉記都城臨安鋪席中有「周家折疊扇鋪」；鄧椿《畫繼》有「如市井中所製折疊扇者」之語。江蘇常州武進縣村前鄉南宋五號墓出土的一幅〈柳蔭拂暑圖〉中，就有一位仕女執折疊扇的形象，摺扇扇骨歷歷可數。

除團扇、折疊扇外，竹骨扇原以木為長柄，至北宋末年「忽變為短柄，止插至扇半，名不徹頭。」被時人視為不祥之物（陸游《老學庵筆記》卷三）。紙扇隨著宋代造紙業的發達，也大行於世，史載性儉的宋哲宗就在夏天用紙扇引風納涼，「群臣

▲宋代朱漆套金奩上仕女執團扇和折疊扇的形象

＊私覿物，指拜訪時所帶的禮物。

降階稱賀」，以為用紙扇是「人君儉德」（朱弁《曲洧舊聞》卷二）。羽毛扇在宋代頗為珍貴，周去非《嶺外代答》卷六〈器用門・羽扇〉載：「靜江人善捕飛禽，即以其羽為扇。凡扇必左羽，取羽張之，以線索繫住，俟肉乾筋定乃可用。鷲，大禽也，以其羽為扇，長數尺，黑色多風，勇士用之頗壯觀。鷺羽潔白，輕質而風細，士夫多用之。以膠漆塗其筋骨而丹之，頗亦雅尚。」筍皮扇盛行於江東，北宋初年贊寧《筍譜・五之雜說》載：「筍皮扇，今江東人取苦竹筍皮厚可三分，磔開一尺五寸，杉木為柄，漆紙飾緣，內書畫適意，止不受彩耳。」松扇是與折疊扇一起傳入中國的，張世南《遊宦紀聞》卷六就記錄了宋徽宗宣和六年（一一二四）朝鮮使者曾帶來過「松扇三合」。

▲福建邵武南宋黃渙墓出土的剔犀漆柄團扇

▲南宋彩繪團扇

（六）唾壺、溺器、暖水瓶和暖足器

唾壺為富貴家庭必備的日常用品之一，一般以瓷製成。宋仁宗「器服簡質，用素漆唾壺盂子。」名貴者以金製作，如南宋高宗母韋賢妃性儉，有司曾進金唾壺，而韋氏令人換為塗金唾壺（參見《宋朝事實類苑》卷四〈仁宗皇帝〉；《宋史．韋賢妃傳》）。

便溺器在宋代稱為「馬子」，即今天的馬桶。趙彥衛《雲麓漫鈔》卷四載：「漢人目溷器為虎子，鄭司農注《周禮》，有是言。唐諱虎，改為馬，今之云廁馬子者是也。」吳自牧《夢粱錄》卷一三〈諸色雜貨〉載：「家生動事，如……馬子。」

暖水瓶在北宋後期就已經開始製作並使用了。由於有了保溫的暖水瓶，故北宋東京「至三更，方有提瓶賣茶者，蓋都人公私榮幹，夜深方歸也。」（《東京夢華錄》卷三〈馬行街鋪席〉）。

▲浙江溫州南宋趙叔儀妻仇氏墓出土的青銅唾盂

暖足器在宋代稱為「暖足瓶」，俗稱「湯婆子」或「腳婆」。該器用銅或錫製成扁形瓶。王黼《宣和博古圖》載：「漢有溫壺，為注湯溫手足之器，與湯婆子同。」黃庭堅〈戲詠暖足瓶〉詩：「少姬暖足臥，或能起心兵。千金買腳婆，夜夜睡到明。腳婆元不食，纏裹一衲足。天明更傾瀉，顏面有餘燠。」（黃庭堅《山谷集》卷七）又范成大〈戲贈腳婆〉詩：「日滿東窗照被堆，宿窗猶自暖如煨。尺三汗腳君休笑，曾踏靴霜待漏來。」（《石湖居士詩集》卷二十）。

火櫃為一種取暖器具。程大昌〈韻令．碩人生日〉詞：「時新衣著，不待經營。寒時火櫃，春裏花亭。」（《全宋詞》第三冊頁一五二五）。

火桶兒是一種桶形的取暖器，可烘暖被子等。蔡伸〈惜奴嬌〉詞：「雪意垂垂，更刮地、寒風起。怎禁這幾夜意？未散癡心，便指望、長偎倚。只替。那火桶兒、與奴暖被。」（《全宋詞》第二冊頁一〇二六）。

(七) 鏡子

宋代的鏡子因避宋太祖祖父趙敬名諱，改稱為「照子」或「照臺兒」。《宋會要．刑法二》：「欲乞申明銅禁，除照子、磬鈸籍記工匠姓名許造外，餘一切禁止。」一般以青銅製成，常見的種類有素鏡、纏枝花草鏡、花鳥鏡、神仙人物故事鏡、蹴鞠

▲南宋葵口帶柄銅鏡

紋鏡、海舶鏡、八卦紋鏡、紀名號銘鏡等等。這些銅鏡的形狀和圖案豐富多彩，如素鏡的形狀有圓形、葵瓣形、菱花形、方形、有柄形等，其中又以六瓣形、六菱形居多。纏枝花草鏡類的主題紋飾為各種不同形式的花枝、花瓣，如牡丹、芙蓉、桃花、菊花、荷花等，且多用淺細浮雕法處理，弱枝細葉相互盤繞連亙，形成纖巧秀雋的圖案，具有強烈的現實感和韻律節奏感。鏡形以亞字形居多（孔祥星、劉一曼《中國古代銅鏡》，文物出版社，一九八四年版）。

宋時的銅鏡以湖州、饒州所出者為最佳，時人稱湖州鏡、饒州鏡。此外，建康、成都也是宋代著名的銅鏡產地。這些地區所產的銅鏡，常常附有鑄出的長方形印章，標明鑄鏡者的名號，如「湖州真正石家無比煉銅照子」、「蘇州烏鵲橋南繆家真青銅鏡」等。

鏡子不僅是宋代婦人化妝時的必需品，而且同樣是喜好打扮的男子所不可缺少的。如莊綽《雞肋編》

▲浙江東陽南宋厲簡墓出土的蟠螭紋葵花銅鏡

▲宋蹴鞠紋銅鏡

卷中載：「范覺民作相，方三十二歲，肥白如冠玉。旦起與裹頭、帶巾，必皆覽鏡，時謂『三照相公』。」

(八) 香毬和香餅

香毬在宋代十分盛行，一般放在被褥或衣服中，也有的吊掛在臥室內，價格比較昂貴，為貴族和富人的常用品。南宋都城「四司六局」中的香藥局，就「專掌藥楪、香毬」等（《都城紀勝·四司六局》）。陸游《老學庵筆記》卷一載：「京師承平時，宗室戚里歲時入禁中，婦女上犢車，皆用二小鬟持香毬在旁，在袖中又自持兩小香毬。車馳過，香煙如雲，數里不絕，塵土皆香。」

香餅亦是宋人的日常生活用品之一，市場有售。孟元老《東京夢華錄》卷三〈諸色雜賣〉載：「荷大斧斫柴換扇子柄，供香餅子炭團。」

▲南宋「中興復古」香餅（1978年江蘇武進村前蔣塘宋墓出土）

▲南宋龍泉窯青釉簋式爐

(九) 地衣

地衣即今日的地毯，在貴族和富人家中頗為普遍。如周密《癸辛雜識》續集下載：吳妓徐蘭，「其家雖不甚大，然堂館曲折華麗，亭榭、園池，無不具。至以錦纈為地衣，乾紅四緊紗為單衾，銷金帳幔，侍婢執樂音十餘輩，金銀寶玉器玩、名人書畫、飲食受用之類，莫不精妙，遂為三吳之冠。」又周密《齊東野語》卷八〈香炬錦茵〉載：「秦會之當國，四方饋遺日至。……鄭仲為蜀宣撫，格天閣畢工，鄭書適至，遺錦地衣一鋪。秦命鋪閣上，廣袤無尺寸差，秦默然不樂，鄭竟失志，至於得罪。」

▲宋摹本〈搗練圖〉中的地毯

(十) 硯

宋代的硯，以石硯最為流行。而石硯又以端州最為著名。太平老人《袖中錦》將其列

▲江西南豐縣北宋曾鞏墓出土的抄手石硯

▲宋代端石琴式硯（廣東省博物館藏）

▲宋代端石抄手硯（廣東省博物館藏）

為天下第一。蔡襄〈文房四說〉：「硯，端溪無星石，龍尾水心，綠紺如玉石，二物入用，餘不足道也。」歙硯的地位僅次於端硯，李之彥《硯譜．龍尾石》說：「歙石出於龍尾溪，以金星為貴。予少時得金坑礦石，堅而發墨。端溪以北岩為上，龍尾以深為上。龍尾更在端溪上，而端石以後出見貴爾。」又洪邁《歙硯說》：「龍尾石多產於水中，故極溫潤。性本堅密，扣之其聲清越，婉若玉振，與他石不同。」沅芷黎溪硯也知名於世。張世南《遊宦紀聞》卷七載：「沅芷黎溪硯，紫者類端石而無眼，有金束腰、眉子紋，間有潤者。其初甚發墨，久而復滑，或磨以細石，乃仍如新。有色綠而花紋如水波者；有色黑而金星者；有生自然銅於石中，琢以為北斗、三台之類者；有生白線當中而為

▲宋劉松年〈十八學士圖〉中的硯臺

▲宋張激〈白蓮社圖〉中的硯

琴樣者，其類不一。慶元間，單路分煒字丙文，始創為硯，以遺故舊。今遂盛行，終在端、歙之下。」

除石硯外，宋代還有陶硯、玉硯、水晶硯、金硯等。陶硯以武昌萬道人所製最佳，極精緻。相傳他做的硯，用了三十多年，「受墨如初，雖高要、歙溪之佳石不是過也。」（曾敏行《獨醒雜志》卷八）玉硯在宋代亦有，乾道中，范成大出使金國，伴使田皋好論器玩，他對范成大說：宣和玉硯在張浩家曾有收藏，張浩死後作為陪葬品入葬（范成大《攬轡錄》）。

行

〈大駕鹵簿圖〉（局部）

一　行路難

在宋代，人們外出遠行是十分常見的事，如商人出外經商、文人舉子出外遊學、官員外出當官、將士到邊關鎮戍、僧道外出巡禮等。

然而在古代外出遠行並不容易，不僅需要充足的路費，而且往往還要經歷千辛萬苦的跋涉方能到達目的地。宋代文學家曾鞏在福建為官時，曾在〈道山亭記〉描寫當地的道路：「閩中郡，自粵之太末，與吳之豫章，為其通路。其路在閩者，陸出則厄於兩山之間，山相屬無間斷，累數驛乃一得平地，小為縣，大為州，然其四顧亦山也。其途或逆阪如緣絙，或垂崖如一發，或側徑鈎出於不測之谿上，皆石芒峭發，擇然後可投步。負戴者雖其土人，猶側足然後能進。非其土人，罕不躓也。」（《曾鞏集》卷一九）。

范成大《驂鸞錄》對此也多有描述，現錄數段如下：「二十五日，宿七里鋪。自離宜春，連日大雨，道上淖泥之漿如油。不知何人治道，乃亂填塊石，皆刓*面堅滑。輿夫行泥中，則漿深汩沒；行石上，則不可著腳，跬步艱棘，不勝其勞。」、「十六日、十七

＊刓，毀損的。

▲宋范寬〈谿山行旅圖〉

日，行衡、永間。路中皆小丘阜，道徑粗惡，非堅撥即亂石，坳處又泥淖，雖好晴旬餘，猶未乾，跬步防躓，吏卒呻吟相聞。大抵湘中率不治道，又逆旅、漿家，皆不設圊溷，行客苦之。」有鑑於此，後人有「在家千日好，出門一日難。」之歎。

在跋山涉水的艱險上，翻山越嶺有滑下陡坡、摔落深淵之險，也有遭遇毒蛇猛獸之危，因此，人們在走過高山密林、人跡罕至的地方時總是提心吊膽。乘船同樣如此，也有風浪和觸礁之險，時常會遇到船翻人亡的不幸事故。楊萬里〈瓜州遇風〉詩便有「濤頭抛船入半空，船從空中落水中。」、「岸人驚呼船欲沒，舟人絕叫船復出。」（《誠齋集》卷三十）之句。

有的甚至要付出生命的代價，如鄰近長江的鎮江，僅在短短的三年時間裡，便溺船五百餘艘，而死者則為溺船數的十倍以上（《宋會要輯稿・食貨》八之三十六，政和六年八月御筆）。除被風濤溺死外，還有被強盜殺死的。

▲ 宋王希孟〈千里江山圖〉（局部）

▲宋張擇端〈清明上河圖〉中的旅途行人

紹興五年（一一三五）五月，秉義郎靖州東路巡檢宋正國任滿，乘桃源縣船戶客舟東歸，經漢陽白湖時，一家十二口皆慘遭強盜所害（《夷堅三志辛》卷九〈桃源凶盜〉）。有鑑於此，宋人紛紛發出了行路難的感歎。如北宋梅堯臣〈行路難〉詩：「途路無不通，行貧足如縛。輕裘誰家子，百金負六博。蜀道不為難，太行不為惡。平地乏一錢，寸步鄰溝壑。」（《梅堯臣集編年校注》卷一九）。

二 行裝和旅費的籌集

行裝在宋代稱行李或行囊，如蘇軾《與程德孺運使書》之一寫道：「約程四月末間到真州，當遣兒子邁往宜興取行李……始就逮時，僮僕鳥散，行囊旁午道中。」（《蘇軾文集》卷五六）周密《齊東野語》卷一〈林復〉：「搜其行李，得朱椅、黃帷等物，蓋林好祠醮所用者。」又稱為行橐*或囊橐，如陸游《劍南詩稿》卷一三〈衢州早行〉詩有「參差發行橐，迢遞望前頓。」之句。再如《夷堅乙志》卷十二〈章惠仲告虎〉：「及登岸，馬猶立不動，遂乘以行，告敕皆在身，但囊橐為兵攜去。」

▲宋劉松年〈四景山水圖・冬〉中的打傘出行者

▲宋佚名〈風雨歸程圖〉中行人手中的傘被大風吹掉的情景

行李中的物品以出行時換洗的衣服為主，如《邵氏聞見錄》卷一九載：「司馬溫公依《禮記》作深衣、冠簪、幅巾、縉帶。每出，朝服乘馬，用皮匣貯深衣隨其後，入獨樂園則衣之。」除路上換洗的衣服外，傘和藥品也是必不可少的。行人帶傘，或防雨，或阻止日光曝曬。

雨傘在宋代又稱為雨蓋。如岳珂《桯史》卷十一〈番禺海獠〉載：「予之登也，挾二雨蓋，去其柄。既得之，伺天大風，鼓以為翼，乃在平地，無傷也。」

藥品同樣是人們外出時必備的。時人董汲著有《旅舍備要方》，作者在〈自序〉中說：「汲少小多病，因習醫藥。常思世人榮辱汩馳，喜怒妄作，飲食不節，興居無常，倏忽之間，疾起不

＊橐，袋子。

▲宋劉松年〈四景山水圖〉中出行者的行裝

測，迫於倉卒，不暇藥餌，以斯致困，可不惜哉！況宦遊南北，客涉道途，冒觸居多，邪氣易入，方藥備急，尤當究心。且如觸寒心痛，冒熱中暍*，厥風涎潮，伏暑霍亂，急來急治，方可安全。推類求之，不能悉數。汲自業醫以來，收經效奇方，計百餘道，證詳而法略，使覽之者曉然可用，目之曰《旅舍備要方》，為一卷，庶幾道途疾病，治療有歸。不敢私隱，具錄如左。董汲序。」其藥有治療斑疹的神仙紫雪，有治療痰證的小半夏湯、枳實丸，有治療霍亂的丸方及厚朴湯、龍骨湯、大豉湯，有治療腰痛的藥棋子、神功丸，治療婦人疾病的萬安丸，小兒科的麝香膏，以及治療耳、口、牙齒等病的赴筵散、細辛散等等。

旅費在宋代又稱為路費、盤纏、盤費、裹足、行費、裹費等，如《夷堅乙志》卷七〈布張家〉：「邢州富人張翁，本以接小商布貨為業。……張與路費，天未曉，親送之出城。」《清平山堂話本》卷三〈楊溫攔路虎傳〉：「要歸京去，又無盤纏。」《京本通俗小說・西山一窟鬼》：「吳秀才悶悶不已，又沒什麼盤纏，也自羞歸故里。」又《五代史平話・梁史》卷上：「望家鄉又在數千里之外，身下沒些個盤纏。」《朱子語類》卷一三〇：「（唐）坰初欲言時，就曾魯公借錢三百千。以言荊公了，必見逐。貧，用以作裹足。」

長途旅行所需的路費較多，需要經過一番籌備。或經過長期籌備，或典賣田地房產，或向親友求助，或向富人借高利貸。其中借貸在當時頗為常見，如：「縉雲何丞相（執中）在布衣時貧甚，預鄉貢，將入京師，無以為資，往謁大姓假貸。」（《夷堅甲志》卷十一〈何丞相〉）又如《張協狀元》二十出：「你出路日子在眼前，我一夜思之怕沒盤纏，往大公家急忙去借典。」《夷堅支志丁》卷七〈丁湜科名〉載：「湜假貸族黨，得旅費，徑入京師，補試太學，預貢籍。」

＊暍，中暑。

三　行神祭祀

宋人有行前祭神的習俗，這種習俗在古代稱為祖道，張擇端〈清明上河圖〉中有生動的描繪：〈清明上河圖〉中部的平橋與高大的咚咚鼓樓之間，有一輛兩個人前拉後推的重載獨輪車，車前還有一頭瘦驢使勁地蹬地牽引。車上滿載的物品上面有一條寬邊的布幅遮蓋著，布幅上面佈滿了文字花紋。另外還有一把大傘掛在車上。

這種車就是宋代都市中常見的串車。這輛串車的後面緊隨著一行人，一人牽著一頭蹇驢，乘驢之人曳袍重戴；他的後面跟隨著一個僕從，僕人挑著行裝，為防止陰雨天氣，挑擔一頭也掛著一把傘，這傘的形狀與串車所掛的那把傘略同。騎驢人的側後方有三個衣著皂袍的人，兩人恭立，攤手作送別狀；另一個人單膝跪地，他的前面側倒著一隻黃羊。跪地之人仰面望著騎驢之人，口中好像還唸唸有詞，而騎驢之人則回首顧盼，眼中流露出依依惜別之情。他們的行動、言語引起了周圍人的關注。在他們的側後方，有兩個挑擔的人回首張望著他們，另有兩個人面向著他們議論，還有兩個人側視著他們在小聲嘀咕些什

▲宋張擇端〈清明上河圖〉中的重型獨輪車與「祖道」情景

麼。據孔慶贊先生研究，這是典型的「祖道」祭祀場景。首先，祖的地點正在大門之外，這正如今天送客送出大門外一樣；其次，所用祭品正是古代祖道時常用的黃羊或黃狗；再者，跪地之人正在祝告，而騎驢之人正在回首傾聽，面露依依惜別之情；特別值得注意的是，乘驢者正是宋人所說的「策蹇重載」的遠遊士人的典型形象（孔慶贊〈〈清明上河圖〉中的「祖道」祭祀場景〉，《開封師專學報》一九九八年第四期）。

宋人的行神主要可以分為

▲北宋張擇端〈清明上河圖〉中戴笠帽的騎驢者

陸地行神和水上行神兩種，陸地行神有梓潼君、五通神、紫姑神等，水上行神有天妃等。

梓潼君為蜀道行神，據北宋《太平寰宇記》卷八四等載：梓潼君姓張，名惡之（一作亞之），晉人，居蜀之七曲山，後「戰死而廟存」。傳說唐玄宗、唐僖宗奔蜀時曾得其護佑，故封其為「濟順王」。宋代又因其傳說說明宋軍平定王均、李順之亂，故在咸平年間被宋真宗封為「英顯武烈王」。同時，道教將其視為文昌司祿帝君，奉為主宰功名、祿位的神。因此，文人士大夫多將其供奉於家。如蔡絛《鐵圍山叢談》卷四載：「長安西去蜀道有梓潼神祠者，素號異甚。士大夫過之，得風雨送，必至宰相；進士過之，得風雨則必殿魁。自古傳無一失者。」

五通神同樣被一些宋人奉為行神，如《夷堅三志辛》卷五〈吳長者〉載：「樂平故老吳曾，字孝先，潔處重義，里社稱為長者。嘗有異鄉客泊旅邸，置傘於房外，遂失之，來見吳曰：『微物不足惜，但貯五通神像，奉事多年，一旦屬他人，道途無所依倚。知公長者，能為我訪索乎？』」

關於江湖上行神之俗，在陸游《入蜀記》中多有記載：「十三日，至富池昭勇廟，以壺酒特豕謁昭毅武惠愛靈顯王神。……祭享之盛，以夜繼日，廟祝歲輸官錢千二百緡，則神之靈可知也。舟人云：『若精虔致禱，則神能分風以應往來之舟。』」（卷四）「四日，平旦，始解舟。舟人云：『自此陂澤深阻，虎狼出沒，未明而行，則挽卒多為所害。』是日早，見舟人焚香祈神，云：『告紅頭須小使頭長年三老，莫令錯呼錯喚。』問何謂長年三老？云梢工是也，長讀長幼之長。乃知老杜『長年三老長歌裏，白晝攤錢高浪中』之語，蓋如此」。「二十二日……中夜後，舟人祀峽神，屠一豨。」、「二十六日……祭江瀆廟，用壺酒特豕。廟在沙市之東三四里，神曰昭靈孚應威惠廣源王，蓋四瀆之一，最為典祀之正者。」（卷五）。此外，龍王神也是行神。方勺《泊宅編》記鄱陽湖畔的「龍王

▲宋夏圭〈錢塘秋潮圖〉

▲宋馬遠〈溪山無盡圖〉（局部）

本廟」：「士大夫及商旅過者，無不殺牲以祭，大者羊豕，小者雞鵝，殆無虛日。」又周煇《清波雜志》卷二〈小孤祠〉：「煇平生四汎大江，備嘗艱險，共載生死，繫於沉浮之間。每過龍祠，薰爐瀝觴唯謹。」范成大《驂鸞錄》：「閏月一日，宿鄔子口。鄔子者，鄱陽湖尾也。名為盜區，非便風張帆及有船伴不可過。大雪，泊舟龍王廟。二日，雪甚風橫，禱於龍神。午，霽，發船鄔子。」洪邁《夷堅支志丁》卷七〈蕪湖龍祠〉載：「紹熙五年春，江西安撫司將官林應趾部豫章米綱往金陵。抵蕪湖，內一舟最大，所載千斛，中夜忽漏作，水入如湧，舟中之人惶窘無計。林具衣冠向龍祠拜禱……」另外，還有一

▲宋夏圭〈錢塘秋潮圖〉中的海船

些其他神靈被人們視為江湖上的行神。

如方勺《泊宅編》卷中載：「贛石數百里之險，天下所共聞。若雨少溪淺，則舟舫皆艤以待，有留數月者。虔州水東有顯慶廟甚靈，或至誠禱之，則一夕漲水數尺，送舟出石。故無雨而漲，士人謂之清漲。前此，士大夫有禱輒應，刻石以識於廟庭者甚多。」趙蕃《章泉稿》卷一〈舟行〉詩也反映了宋人舟行祭江神時的情景：「夜來投宿定花浦，迄曉占風更前邁。波濤洶湧勢莫遏，顧視吾舟真若芥。是時霜威甚可怖，篙師戰縮不可耐。急溫濁酒澆肺肝，向者肌寒人安在。自憐不比婁師德，未可輕犯垂堂戒。徑搜苦語謝江神，恐懼偷生勿吾怪。」

宋代海上航行的保護神眾多，如「台州臨海縣上亭保，有小刹日真如院，東廡置輪藏，其神一軀，素著靈驗。海商去來，祈禱供施無虛日。」（《夷堅支志庚》卷五〈真如院藏神〉）。而沿海的福建地區就更多了，有仙遊的東甌神女、涵江的靈顯侯、郡北的大官神、福州嶼神、泉州「通遠王神」等數位海神，他們均在各地有較大的影響。如興化軍城北的祥應廟神，為海商所皈依，每當海商要遠行，都到這裡祈福（〈有宋興化軍祥應廟記〉碑）。又如泉州延福寺的「通遠王神」在當地就影響深遠，每年春冬，商賈要到南海暨海外經商，一定祈謝於此（李邴〈延福寺放生池記〉，見懷蔭布《乾隆泉州府志》卷七〈山川〉）。當地市舶司都要在九日山上舉行盛大的祈風儀式，屆時所有文武官員都要出席，並勒石紀勝。曾任泉州知府的真德秀在〈祈風祝文〉中說：「惟泉為州，所恃以足公私之用者，蕃舶也。舶之至時與不時者，風也。而能使風之從律而不愆者，神也。是以國有典祀，俾守土之臣一歲而再禱焉。嗚呼！郡計之殫，至此極矣。民力之耗，亦既甚矣。引領南望，日需其至，以寬倒垂之急者，唯此而已。神其大彰厥靈，俾波濤晏清，舳艫安行，順風揚帆，一日千里，畢至而無梗焉。是則，吏與民之大願也。謹頓首以請。」（真德秀《西山文集》卷五四）但後來隨著天妃（即後人所說的媽祖）信仰的崛起，這一儀式也被取代了。

據文獻及民間傳說，天妃原為五代時閩王統軍兵馬使、莆田湄洲人林願第六女，北宋

▲福建莆田湄洲媽祖廟

建隆元年（九六〇）出生。少時即能知人禍福，且能乘席渡海，雲遊島嶼，人稱為龍女。雍熙四年（九八七）升化後，常穿紅衣飛翻海上，因此民間設廟祭祀，稱其為「通賢神女」。慶元二年（一一九六），泉州首建天妃宮（即媽祖廟）。北宋宣和年間，路允迪奉命出使高麗，中途遭遇大風，八隻船中有七隻沉溺，唯獨路允迪一隻船因有「湄洲神女」保佑而完好無損。於是，路允迪出使回來後，便上奏給朝廷，皇帝賜廟額為「順濟」，正式列入國家祀典。至紹興二十六年（一一五六），統治者又封其為「靈惠夫人」；紹熙三年（一一九二），改封為靈惠妃（潛說友《咸淳臨安志》卷七三〈順濟聖妃廟〉）。於是天妃信仰在民間迅速盛行起來，官員奉命

▲廣東番禺南沙天后宮

出使海外，商人出洋經商，漁民出海捕魚，在船舶啟錨之前，總是要到天妃廟祭祀，祈求天妃保佑順風和安全。時人劉克莊說：「妃廟遍於莆（田），凡大墟市、小聚落皆有之。」（劉克莊《後村大全集》卷九一〈風亭新建妃廟〉）此外，其他沿海地區也相繼建立了天祀廟。如南宋丁伯桂〈艮山順濟聖妃廟記〉：「神之祠不獨盛於莆，閩、廣、浙、淮甸皆祠也。」（《海塘錄》卷十一）劉克莊〈風亭新建妃廟記〉中也說：「非但莆人敬事，余遊北邊，南使粵，見承楚、番禺之人祀妃尤謹，而都人亦然。」

崇福夫人在福建、嶺南也被人們視為海神。如《湖海新聞夷堅續志．後集》卷二〈崇福夫人神兵〉載：「廣州城南五

▲陝西略陽江神廟

里，有崇福無極夫人廟，碧瓦朱甍，廟貌雄壯，南船往來，無不乞靈於此。廟之後宮繪畫夫人梳裝之像，如鸞鏡、鳳釵、龍巾、象櫛、床帳、衣服、金銀器皿、珠玉異寶，堆積滿前，皆海商所獻，各有庫藏收掌。凡販海之人，能就廟祈筊，許以錢本借貸者，縱遇風濤而不害，獲利亦不貲。廟有出納二庫掌之。船有遇風險者，遙呼告神，若有火輪到船旋繞，縱險亦不必憂。凡過廟禱祈者，無不各生敬心。」

行神和道神除了保佑人們交通安全之外，還兼有其他職能。如蔡絛《鐵圍山叢談》卷四載：「長安西去蜀道有梓潼神祠者，素號異甚。士大夫過之，得風雨送，必至宰相；進士過之，得風雨則必殿魁。自古傳無一失者。」又宋人劉昌詩《蘆浦筆記》卷四也有一則題為「草鞋大王事」的故事，傳說蜀道上有一千年古木，樹葉繁茂，蔭可庇一畝，因此往來的行者常常要到這株樹下歇息。歇息時，一些行人在這裡換上新草鞋，而將走破的舊草鞋遺棄，或將舊草鞋掛在樹枝上以為戲，久而久之，這株樹上掛滿了千百雙舊草鞋。後來有人在這株樹下卜問心事，常常應驗，遂敬以為神。有一天，一位士人上城應舉時路過，他在樹上用佩刀刻寫了「草鞋大王，某年月日降」幾個字。等他參加應舉回來時，發現這裡已經立起了四柱小廟堂。士人看後笑而不言的走開了。三年後，當他再次經過，小廟堂已經變成了規模宏大壯麗的祠宇，並且有不少人家居住。他看後大為驚訝，忙問周圍百姓是什麼原因，大家都說是草鞋大王靈驗無比。於是，這一天士人留宿於此，夜裡他託夢問此神：神之名號不過是我一時戲書，為什麼今天奉祠竟然如此之盛？你究竟是誰呢？神告訴他：我本是附近驛傳系統的老鋪兵，平生不敢欺心，被裁汰之後，經常在這裡幫助負重而行走困難的路人。不料天帝竟然記得我這一勞績，但始終未能安排居處，承你書此「草鞋大王」之號，於是才受封並享用奉祀。士人又問道：那麼，為什麼卜問總是很靈驗呢？神答道：這並不是我的神能，不過是及時上奏天帝，帝感其誠，於是才給予答覆。最後，士人請神預告自己的前程。第二夜，士人在夢中見神告道：你一定會在某年登第，將來官職會達到某某品級。果然後來一一應驗。從這個故事我們可以清楚瞭解宋代行神崇拜的情況（參見王子今《跛足帝國——中國傳統交通形態研究》，頁八八—

▲宋佚名〈望賢迎駕圖〉

八九，敦煌文藝出版社，一九九六年版）。

商人乘大船出海貿易時有祈舶趠風的風俗。舶趠風為信風的一種，可使船乘風破浪，快速到達目的地。陳岩肖《庚溪詩話》載：「吳中每暑月，則有東南風數日，甚者至逾旬而止，吳人名之曰『舶趠風』，云：海外舶船禱於神而得之，乘此風到江浙間也。」蘇軾〈船趠風〉詩：「三旬已過黃梅雨，萬里初來舶趠風。幾處縈回度山曲，一時清駛滿江東。驚飄簌簌先秋葉，喚醒昏昏嗜睡翁。欲作蘭台快哉賦，卻嫌分別問雌雄。」另詩序說：「吳中梅雨既過，颯然清風彌月，歲歲如此，吳人謂之舶趠風。是時，海舶初回，云此風自海上與舶俱至云爾。」（《蘇軾詩集》卷一九）。

宋人出行有擇日的習俗，這從當時的文獻記載中可以看出。如陸泳《吳下田家志》載：「出入忌月忌。」又敦煌出土的伯三四〇三《雍熙三年（九八六）曆書》：「正月……二十日己丑火開，歲對九焦九坎療病、嫁娶、出行吉。」但也有不相信的，如邵伯溫《邵氏聞見錄》卷一九載：「（邵）康節先公出行不擇日，或告之以不利則不行。蓋曰：『人未言則不知，既言則有知，知而必行，則與鬼神敵也……』」

四 餞別送行、持金贈行和送別

宋人外出遠行，有餞別送行、持金贈行和送別三種禮俗。

餞別又稱餞行、送行，在宋代頗為盛行。據文獻記載，中外商船出海時，市舶司機構照例要「支送酒食」；有時還要設宴餞行，屆時大小商人和水手、雜工均可參加（《開慶四明續志》卷八；《歐陽文忠公文集．居士集》卷四）。

時人送親朋好友遠行時，往往要在城門外或郊外設送行酒宴。如《涑水記聞輯佚》載：「初，范文正公貶饒州，朝廷方治朋黨，士大夫無敢往別。王待制質獨扶病餞於國門。」吳坰《五總志》載：「蔡元長自成都召還過洛，時陳和叔為留守，文潞公以太師就第，餞行於白馬寺。」陸游《入蜀記》卷一載：「（乾道）六年閏五月十八日，晚行。夜至法雲寺，兄弟餞別，五鼓始決去。」《清平山堂話本》卷一〈柳耆卿詩酒玩江樓記〉：「這柳耆卿詩詞文采，壓於才士。因此近侍官僚喜敬者，多舉孝廉，保奏耆卿為江浙路管下餘杭縣宰。柳耆卿乃辭謝官僚，別了三個行首，各各餞別而不忍舍，遂別親朋，將帶僕人，

▲宋張先〈十詠圖卷〉中的送別場景

攜琴、劍、書箱，迤邐在路。」劉斧《青瑣高議．前集》卷十〈王幼玉傳〉還記載了一對戀人分別時的餞別情景：東都士人柳富與名妓王幼玉相戀，「富因久遊，親促其歸。幼玉潛往別，共飲野店中。玉曰：『子有清才，我有麗質，才色相得，誓不相舍，自然之理。我之心，子之意，質諸神明，結之松筠久矣。子必異日有瀟湘之遊，我亦待君之來。』於是二人共盟，焚香，致其灰於酒中共飲之。是夕同宿之江上。翌日，富作詞別幼玉，

▲宋佚名〈寒山行旅圖〉(局部)

名〈醉高樓〉，詞曰：『人間最苦，最苦是分離。伊愛我，我憐伊。青草岸頭人獨立，畫船東去櫓聲遲。楚天低，回望處，兩依依。後會也知俱有願，未知何日是佳期？心下事，亂如絲。好天良夜還虛過，辜負我，兩心知。願伊家，衷腸在，一雙飛。』富唱其曲以沽酒，音調辭意悲惋，不能終曲，乃飲酒相與大慟。富乃登舟。」劉斧《青瑣高議．別集》卷二〈譚意歌傳〉也記載了這樣的故事：名妓譚意歌與潭茶官張正宇相戀，後張調任他處，譚意歌「乃治行，餞之郊外。張登途，意把臂囑曰：『子本名家，我乃娼類，以賤偶貴，誠非佳婚。況室無主祭之婦，堂有垂白之親。今之分袂，決無後期。』張曰：『盟誓之言，皎如日月，苟或背此，神明非欺。』意曰：『我腹有君之息數月矣；此君之體也，君宜念之。』相與極慟，乃舍去。」筵酒之後，正式出行了！

餞別之俗為古代祖帳的遺風，時人稱為祖席（黃朝英《靖康緗素雜記》卷四〈祖道〉）。金盈之《醉翁談錄．辛集》卷二〈王魁負心桂英死報〉載：「魁行，桂為祖席郊外，仍贈以詩。」而持金贈行是指親朋好友送別時贈以路費。如高登〈辭饋金〉詩序：「頃罷官臨慶，士民丐留不果，乃相與持金贈行。勤勤之意，既不可卻，復不當受，因請買書郡庠，以遺學者，作詩謝。」（《東溪集》卷上）。

宋代重文，因此以詩詞送行的風俗也頗為盛行。這種詩詞，時人稱之為送行詩、送行詞。如羅大經《鶴林玉露．乙編》卷二〈遷謫量移〉載：「呂子約謫廬陵，量移高安，楊誠齋送行詩云：『不愁不上青霄去，上了青霄莫愛身。』蓋祖杜少陵送嚴鄭公云：『公若居台輔，臨危莫愛身。』然以之送遷謫流徙之士，則意味尤深長也。」又周密《齊東野語》卷十一〈蜀娼詞〉載：「傳一蜀妓送行詞云：『欲寄意，渾無所有，折盡市橋官柳。看君著上征衫，又相將放船楚江口。後會不知何日又，是男兒，休要鎮長相守。苟富貴無相忘，若相忘有如此酒。』亦可喜也。」

▲宋張先〈十詠圖〉中的送行情景

宋人送別，當以男女情人之間的別離最為難捨難離。北宋詞人柳永的〈雨霖鈴．秋別〉一詞就對此有極其生動的描述：「寒蟬淒切，對長亭晚，驟雨初歇。都門帳飲無緒，留戀處、蘭舟催發。執手相看淚眼，竟無語凝噎。念去去、千里煙波，暮靄沉沉楚天闊。多情自古傷離別，更那堪、冷落清秋節。今宵酒醒何處？楊柳岸、曉風殘月。此去經年，應是良辰、好景虛設。便縱有千種風情，更與何人說？」（《樂章集》）從這首詞中還可知，宋人送行的時間一般在拂曉。

自然親人之間的生死離別，也是淒慘苦痛的。呂惠卿〈建寧軍節度使謝表〉中所說的「衰疲遠謫，人皆知其難堪；親愛生離，聞者為之太息。」（《宋文鑑》卷六八），就表達了當時官員遠謫偏僻地區、與家人作生死告別時的心情。

而朋友之間的送別同樣令人感動，范成大《吳郡志》中就記載了友人千里送人的動人故事：南宋淳熙四年（一一七七），范成大在四川安撫制置使兼知成都府任上，奉旨召對，離成都回故鄉蘇州時，其友人聞悉後，紛紛與他送別。

宋代出行時還有壯行之俗，屆時親人或朋友往往要為出行之人設酒壯行。如《湖海新聞夷堅續志．後集》卷二〈送夫入學〉載：「宋嘉熙戊戌，興化陳彥章混補試中。次年正月往參大學，時方新娶，其妻作〈沁園春〉以壯其行，詞曰：『記得爺爺，說與奴奴，陳郎俊哉。笑世人無眼，老夫得法，官人易聘，國士難媒。印信乘龍，夤緣葉鳳，還似揚鞭選得來。果然是，西雍人物，京樣官坯。送郎上馬三杯，莫把離愁惱別懷。那孤燈隻硯，郎君珍重，離愁別恨，奴自推排。白髮夫妻，青衫事業，兩句微吟當折梅。彥章去，早歸則箇，免待相催。』一時傳播，以為佳話。」有的還要贈以一些路費，如辛棄疾帥浙東時，曾為劉過壯行色，而且還送上一千緡錢作為路費。

五 橋梁

橋梁是陸路交通的重要組成部分，它的好壞直接影響著交通的暢通。有鑑於此，宋人對橋梁的建設和維護十分重視。

北宋都城開封是當時橋梁最多、規模最為壯觀的地區之一，僅東水門外七里至西水門外這一段汴河，就有虹橋、順城倉橋、便橋、下土橋、上土橋、相國寺橋、州橋（正名天漢橋）、浚儀橋、興國寺橋（亦名馬軍衙橋）、太師府橋（蔡相宅前）、金梁橋、西浮橋、西水門便橋、橫橋等十三座橋梁。此外，蔡河、五丈河、金

▲宋王希孟〈千里江山圖〉中的大型木構橋梁

水河也都有不少橋梁。

這些名目繁多的橋梁中，可以分為以下幾個類型：

一是無腳橋。所謂無腳橋，就是沒有橋柱的橋。又因其形似彩虹，飛跨兩岸，故時人又稱為飛橋、虹橋。據文獻記載，這種橋型早在北宋真宗時就已在汴河上試用，《續資治通鑑長編》卷八九「天禧元年（一〇一七）正月」記事：「先是，內殿承制魏化基言，汴水悍激，多因橋柱壞舟，遂獻無腳橋式，編木為之，釘貫其中。詔化基與八作司營造。至是，三司度所費功逾三倍，乃詔罷之。」仁宗時，夏竦守青州，得一牢城廢卒，修橋成功，其橋是用「壘巨石固其岸，取大木數十相貫，架為飛橋，無柱。」因其堅固耐用，很快就推廣

▲宋張擇端〈清明上河圖〉中東京汴河上的虹橋

開來。「慶曆中，陳希亮守宿，以汴橋屢壞，率嘗損官舟、害人，乃命法青州所作飛橋。至今沿汴皆飛橋，為往來之利，俗名虹橋。」（王辟之《澠水燕談錄》卷八〈事志〉）北宋東京開封城中的虹橋就是這種橋型的典型代表，孟元老《東京夢華錄》卷一〈河道〉描述道：「其橋無柱，皆以巨木虛架，飾以丹雘，宛如飛虹。」〈清明上河圖〉中所繪之東京汴河虹橋，柱拱主要部分為五排巨木組成拱骨，互相搭架，每根拱骨擱於另兩根拱骨的

▲宋佚名〈長橋臥波圖〉中的大型木構長橋

▲宋王希孟〈千里江山圖〉中的亭橋

▲宋王希孟〈千里江山圖〉中的木橋

▲ 宋劉松年〈西園雅集圖〉中的石橋

▲ 福建泉州萬安橋

橫木上，用繩捆紮起來。這樣巨木架橋橫跨寬闊的汴河，對於交通非常便利，故汴河漕船或其他大船可以通過東水門，穿過上下土橋，而直達相國寺前（參見周寶珠《宋代東京研究》，頁一九三—一九四，河南大學出版社，一九九二年版）。有鑑其利，時人韋驤在〈無腳橋〉一詩中讚道：「枘鑿關連壯，橫空不可搖。激波無雁齒，跨岸只虹腰。改制千年取，傾舟眾患消。乘輿濟人者，為惠固相遼。」（韋驤《錢塘集》卷三）。

▲宋王希孟〈千里江山圖〉中的大型木構亭橋

▲宋王希孟〈千里江山圖〉中的木橋

▲宋李唐〈策杖探梅圖〉中的溪橋

▲宋佚名〈雪山行騎圖〉中的小橋

◀（左上）宋李唐〈清溪漁隱圖〉中的溪橋
◀（左中）宋劉松年〈四景山水圖〉中的小橋
◀（左下）宋劉松年〈四景山水圖〉中的小橋
▲（右）宋張激〈白蓮社圖〉中的小木橋

二是石橋。這種橋在南方頗為普遍。如朱長文《吳郡圖經續志》卷中〈橋梁〉載：「吳郡昔多橋梁，自白樂天詩嘗云『紅欄三百九十橋』矣，其名已載《圖經》。逮今增建者益多，皆疊石甃甓，工奇緻密，不復用紅欄矣。」而南宋都城臨安更多，《馬可．波羅行紀》載該城內「有一萬二千石橋」（馮承鈞譯《馬可．波羅行紀》第二卷第一五一章〈蠻子國都行在城〉）。更值得注意的是，宋代還出現了一些巨型的石橋，如泉州萬安渡石橋、盤光橋就是其中的代表。萬安渡石橋建於北宋皇祐至嘉祐年間（一〇四九—一〇六三），長三百六十尺，廣一丈五尺。方勺《泊宅編》卷二載其建造過程說：「泉州萬安渡水闊五里，上流接大溪，外即海也。每風潮交作，數日不可渡。……蔡襄守泉州，因故基修石橋，兩涯依山，中托巨石，橋岸造屋數百楹，為民居，以其僦直入公帑，三歲度一僧掌橋事。春夏大潮，水及欄際，往來者不絕，如行水上。十八年橋乃成，即多取蠣房，散置石基，

▲宋佚名〈雪山行騎圖〉中的小橋

益膠固焉。」盤光橋建於南宋寶祐年間（一二五三—一二五八），長四百餘丈，廣一丈六尺。

三是浮橋。所謂浮橋，就是浮在水上的橋。如南宋唐仲友〈新建中津橋碑〉載臨海中津浮橋：「……為橋二十有五節，旁翼以欄，載以五十舟，舟置一碇，橋不及岸；十五尋（八尺為一尋）為筏，維以柱二十，固以楗，筏隨潮與橋岸低昂，續以版四；鍛鐵為四，鎖以固橋；紐竹為纜，凡四十有二，其四以維舟，其八以挾橋，其四以為水備，其二十有六以繫筏，繫鎖以石囷四，繫纜以石獅子十有一，石浮圖二，纜當道者植木為架……」（宋林表民編《赤城集》卷一三）。

四是吊橋。是設在城濠邊可以起落的一種便橋。陳規《守城錄》卷一載：「壕上作橋，橋中作吊橋，暫時隔敵則可，若出兵則不能無礙。」

五是繩橋。這種橋型流行於西南地區，范成大《吳船錄》中對此多有描述，如卷上載：「將至青城，再度繩橋。每橋長百二十丈，分為五架，橋之廣，十二繩排連之，上布竹笆，攢立大木數十於江沙中，輦石固其根，每數十木作一架，掛橋於半空，大風過之，掀舉幡然。大略如漁人曬網、染家晾綵帛之狀。又須舍輿疾步，從容則震悼不可立，同行皆失色。」

此外，尚有廊橋、長橋、木橋等，不一一贅述。

六　車與轎

車在宋代的陸地交通工具中佔有舉足輕重的地位，是宋代最為常見的交通工具之一。北宋著名詩人梅堯臣〈依韻和張中樂寺丞見贈〉一詩就真切描述了宋人乘車旅行時的感受：「朝車走轔轔，暮車走碌碌。黃埃蔽車輪，赤日爍車屋。」（《梅堯臣集編年校注》卷二三）。

宋代的車可分為客車、貨車和客貨混裝車三大類。

客車主要有以下幾種：① 獨牛廂車。為北宋東京貴族宅眷所坐的一種車子。孟元老《東京夢華錄》卷三〈般載雜賣〉載東京「有宅眷坐車子，與平頭車大抵相似，但棕作蓋，及前後有構欄門垂簾。」又卷四〈皇后出乘輿〉說：「命婦王宮士庶，通乘坐車子，如檐子樣制，亦可容六人。前後有小勾欄，底下軸貫兩挾朱輪，前出長轅約七八尺，獨牛駕之。亦可假賃。」這種車子在其他城市也可見到，如陸游《老學庵筆記》卷二說：「成都諸名族婦女，出入皆乘犢車。」② 三牛廂車。這種車子多用於長途旅行，其形制在〈雪

▲宋佚名〈迎鑾圖〉長卷中裝飾豪華的車子

▲宋佚名〈溪山行旅圖〉中的大型牛車

▲宋張擇端〈清明上河圖〉中的牛車

溪行旅圖〉中有詳細的反映。該圖共有三輛三牛廂車。從圖中來看，這種車子以三牛並頭駕馭，力量大，可載多人，適合於長途運輸。輪子共為兩個，比較巨大，略高於人身。雙層車廂，上層低而寬，下層高而窄，呈拱形。車後身伸出部有兩腿，為停車時穩定用。其中一車上層有人裹被而臥，下層一人開著廂門在閒坐。另一車有人正從下層向上層爬去。一車上下層皆閉門。③細車。周煇《清波雜志》卷二〈涼衫〉：「舊見說汴都細車，前列數人持水罐子，旋灑路過車，以免埃塵蓬勃。」另據周煇《北轅錄》所載，他在出使金國

▲宋佚名〈雪溪行旅圖〉（局部）

時，在淮北也見過這種車子。每車役用十五匹驢子，有五、六個人把車，趕車者不用鞭子而用巨梃擊打驢子。由於役用的驢子較多，故車速極快，「其震盪如逆風，上下波濤間。」④獨輪人力客車。這種車流行於河北地區，「行人以獨輪小車馬鞍蒙之以乘，謂之『木馬』。挽車者皆衣韋褲。」（《夢溪筆談》卷二三〈譏謔〉）。⑤氈車。為婦人乘坐的一種車子。《司馬氏書儀》卷三〈婚儀上．親迎〉載：「今婦幸有氈車可乘，而世俗重檐子，輕氈車。借使親迎時暫乘氈車，庸何傷哉！然人亦有性不能乘車，乘之即嘔吐者。如此，則自乘檐子。」

▲宋佚名〈雪澗盤車圖〉

▲宋趙伯駒〈漢宮圖軸〉中的車子

⑥安車。安車又稱安輿，是一種一個人拉的小車，如《宋史．邵博傳》載：「（邵）博歲時耕稼，僅給衣食，名其居曰安樂窩，因自號安樂先生。……春秋時出遊城中，風雨常不出，出則乘小車，一人挽之，惟意所適，士大夫識其車音，爭相迎候。」另據馬永卿《嬾真子錄》卷三〈安樂窩〉所載，邵雍乘坐的黃牛拉的車子叫安車。⑦臥榻輿。《宋朝事實類苑》卷三六〈張文定〉載：「張司空（齊賢）致仕歸洛，康寧富壽。先得裴晉公午橋莊，鑿渠周堂，花竹照日，與故舊乘小車，攜觴遊釣。……造一臥榻輿，以視田稼。醉則息於木陰，酒醒則起。」由此可見，臥榻輿是宋人發明的一種比較舒適的車子。

宋代貨車的種類比客車要多，約有十餘種：①太平車。太平車是一種載重量極大的四輪大車，邵博《邵氏聞見後錄》卷二一載：「今之民間鍿車，重大椎樸，以牛挽之，日不能行三十里，少蒙雨雪，則跬步不進，故俗謂之太平車。」孟元老《東京夢華錄》卷三〈般載雜賣〉曰：「東京般載車，大者曰太平。上有箱無蓋，箱如構欄而平，板壁前出兩木，長二三尺許。駕車人在中間，兩手扶捉鞭鞖（疑作綏）駕之，前列騾或驢二十餘，前後作兩行；或牛五七頭拽之。車兩輪與箱齊，後有兩斜木腳拖。夜中間懸一鐵鈴，行即有聲，使遠來者車相避。仍於車後繫驢騾二頭，遇下峻險橋路，以鞭唬之，使倒坐縋車，令緩行也。可載數十石。官中車惟用驢差小耳。」〈清明上河圖〉中我們可以看到這種車的具體形象，駕車的車夫持鞭把轅，在騾馬旁邊步行著。南宋周密《癸辛雜識》續集上所載的「北方大車」就是指

▲ 宋張擇端〈清明上河圖〉中的大型獨轅棧車，這是北宋時用於貨物運載的主要交通工具

▲ 宋張擇端〈清明上河圖〉中的大型牛車

▲ 南宋佚名〈盤車圖〉中的大型牛拉獨轅棧車

這種車，他在書中說道：「北方大車可載四五千斤，用牛騾十數駕之。管車者僅一主一僕，叱吒之聲，牛騾聽命惟謹。凡車必帶數鐸，鐸聲聞數里之外，其地乃荒涼空野故耳。蓋防其來車相遇，則預先為避，不然恐有突衝之虞耳。終夜勞苦，殊不類人，雪霜泥濘，尤艱苦異常。或泥滑陷溺，或有折軸，必須修整乃可行，濡滯有旬日。然其人皆無賴之徒，每挾猥娼同處於車箱之下，藉地而寢，其不足恤如此。」由此可見，這種車在北方地區頗為常見。② 平頭車。平頭車是兩輪載物大車，形狀類似太平車，但比太平車要小；兩輪前有長木作轅，木梢橫一木，用一頭牛駕轅，牛項繫橫木；人站在一邊，用手牽牛鼻繩馭之。北宋東京的酒正店*常用此車載酒梢桶。③ 浪子車：為宋代北方地區盛行用於貨物運輸的兩輪車。孟元老《東京夢華錄》卷三〈般載雜賣〉載：「平盤兩輪，謂之浪子車，唯用人拽。」可見是一種類似於現在農村所見的人力板車。④ 癡車。癡車是當時人對無輪

▲宋張擇端〈清明上河圖〉的四匹騾子拉的雙轅大車

▲宋佚名〈雪溪行旅圖〉中的大車

載物車的稱呼。《東京夢華錄》卷三〈般載雜賣〉載：「又有載巨石大木，只有短梯盤而無輪，謂之癡車，皆省人力也。」⑤粗車。粗車以四牛牽引，用來運送行李物品。周煇在出使金國途中曾在淮北見過。⑥串車。是一種用驢牽拽、四人操縱的獨輪車，常用於載運竹木瓦石的貨物。《東京夢華錄》卷三〈般載雜賣〉載：「又有獨輪車，前後二人把駕，兩旁兩人扶枴，前有驢拽，謂之串車，以不用耳子轉輪也。般載竹木、瓦石，但無前轅，止一人或兩人推之。此車往往賣糕及糕麋之類人用，

＊酒正店，指規模較大的酒樓。較小的稱為「腳店」、「角店」。

▲宋張擇端〈清明上河圖〉中前後二人把駕的獨輪車

不中載物也。」〈清明上河圖〉有這種車的形象。⑦三人力小車。據《宋史》卷三二四〈張亢傳〉載，陝西遞鋪兵常用這種車搬運物品，「每三人挽小車，載二百五十斤至三百斤。」⑧四人力推車。流行於四川地區。《後山談叢》卷四載此車類似於「木牛流馬」，可載十石貨物。⑨江州車。江州車為一人力獨輪推車。曾敏行《獨醒雜志》卷九載其制：「江鄉有一等車，只輪兩臂，以一人推之，隨所欲運。別以竹為篰載兩傍，束之以繩，幾能勝三人之力。登高度險，亦覺穩便，雖羊腸之路可行。余謂兵家可仿其制而造之，行以運糧。」此車相傳由諸葛亮所創製，始行於四川江州，故名。宋時這種車子在全國頗為流行，如宋神宗熙寧九年（一〇七六），詔京西路、開封府界括民間江州車一千輛運送軍糧（《續資治通鑑長編》卷二七四，熙寧九年四月己丑）。柳開上京赴考時就曾使用這種車子，沈括《夢溪筆談》卷

▲宋佚名〈豳風圖〉中的人力獨輪車

▲宋佚名〈豳風圖〉中運貨的獨輪小車

▲宋佚名〈豳風圖〉中運貨的獨輪車

▲宋佚名〈文姬歸漢圖〉中的大型豪車

九〈人事一〉載：「柳開少好任氣，大言淩物，應舉時以文章投主司於簾前，凡千軸，載以獨輪車，引試日，衣襴，自擁車以入，欲以此駭眾取名。」⑩羊頭車。為兩人力的獨輪車。《蓉塘詩話》道：「自鎮江以東，有獨輪小車，凡百乘載皆用之。一人挽於前，一人推於後，謂之羊頭車。書籍未見載此名者。」（《宋詩紀事》卷二六〈輸麥行〉）⑪輦水小車。這是一種專門用於運送食用水的車子。據《續資治通鑑長編》卷七五載，大中祥符四年（一〇一一）二月乙巳，宋真宗在赴河中府途中，因「山路泉深，負汲者勞，上憫焉。」遂令知河南府薛映造輦水小車十輛，「俾運載以代其役」。⑫獨輪人力推車。陸游在入蜀為官時曾在常州一帶見過這種獨輪小車。

此外，宋人還對當時的乘車習俗作了較多的記載。如南宋陸游《老學庵筆記》卷一載：「京師承平時，宗室戚里歲時入禁中，婦女上犢車，皆用二小鬟持香毬在旁，而袖中又自持兩小香毬。車馳過，香雲如

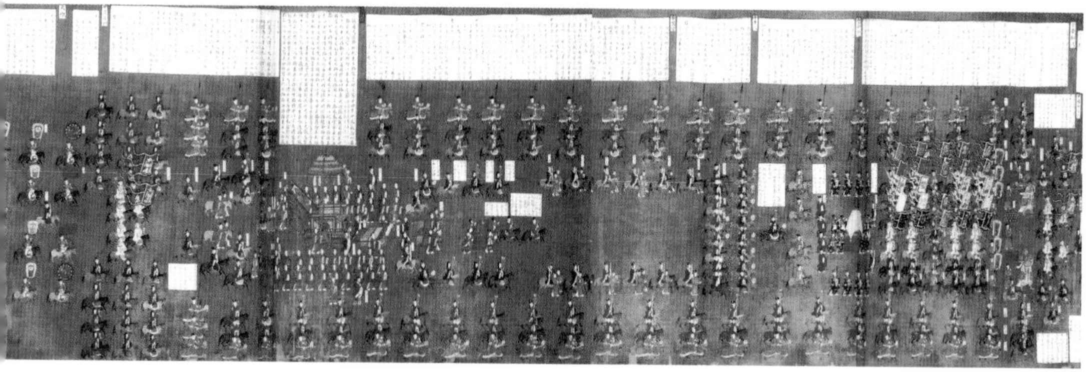

▲宋佚名〈大駕鹵簿圖〉（局部）

▲宋李公麟〈西嶽降靈圖〉中的大型轎子

▲宋佚名〈鹵簿玉輅圖卷〉(局部)

▲宋張擇端〈清明上河圖〉中的大車和轎子

▲（左）宋定窯黑白釉四抬花轎。轎身方形，下有削角四方形平托。轎頂六角攢尖式，上飾受花寶珠。六片弧形頂簷翹起，六角脊作繩繫紋，各坡塑一朵四瓣花。轎門上飾有花形繩結，門掛短竹簾，裸露半截，內跪坐一頭梳博鬢拋髻的少婦。後幃有鏤空垂葉紋窗，左右兩側上下飾有對齒紋幃子。四名轎夫扛著轎杆，其中一轎夫頭戴花冠，另外三名轎夫頭戴襆頭，繫寬腰帶，前後掛襠布，一手扶杆，一手叉腰
▲（右）宋張擇端〈清明上河圖〉中的雙人抬轎情景

煙，數里不絕，塵土皆香。」又周煇《清波別志》卷中載：「北地風埃，設凡貴遊出，令一二十人持鍍金水罐子前導，旋灑路過車，都人名曰水路。」按「水路」原是北宋京城貴族出行時的一種禮遇，如《東京夢華錄》卷四〈公主出降〉載：「步障水路，凡親王、公主出

▲宋綠釉陶肩輿。輿座為一把大椅，方形平座，四角方形直腿，前後腳分別有橫板。靠背豎直，扶手平直。兩側紮有竹杠。輿夫兩人，頭戴小帽，身穿交領窄袖袍，腰繫帶，下著小口褲，足穿靴

則有之。皆係街道司兵級數十人，各執掃具、鍍金銀水桶，前導灑之，名曰水路。」但不久民間也開始仿效，且極為盛行，故景祐三年詔有「民間毋得乘檐子及以銀骨朵、水罐引喝隨行。」之禁（《宋史・輿服志五》）。

除車子外，陸上交通工具之一的轎子也在宋代大行其道。從文獻記載來看，宋代的轎子又稱為「肩輿」或「肩舁」、「檐子」，民間俗稱為「籃輿」、「擔子」、「兜籠」。其形制甚多，從功用和外表形式來看，主要有以下幾種：

①花檐子。又稱花輿，即後人俗稱的花轎，因其具有各種彩色的裝飾，故名。《東京夢華錄》卷五〈娶婦〉載：「至迎娶日，兒家以車子，或花檐子發迎客，引至女家門，女家管待迎客，與之綵段，作樂催粧上車，檐從人未肯起，炒咬利市，謂之起檐子。」龐元英《談藪》載：「韓侂胄暮年以

▲（左）宋龔開〈中山出遊圖〉中的雙抬三板便轎
▲（右）宋龔開〈中山出遊圖〉中的雙抬三板便轎

冬月攜家遊西湖，畫船花輿，遍覽南北二山之勝。」

②暖轎。為一種四周垂帷的轎子，因坐在轎子中較暖，故名。《清平山堂話本・楊溫攔路虎傳》：「收拾擔仗，安排路費，擺佈那暖轎、馬匹，即時出京東門。」

③龍肩輿。據《宋史・輿服志二》載，又名棕檐子，一名龍檐子，「舁以二竿，故名檐子。」其形制為方形棕頂，用朱漆紅黃藤編製而成，百花龍紋為障，紅色門簾，看窗簾，朱漆藤座椅，下面設有踏子，內置紅羅裀褥，軟屏，夾幔。

④檐子。檐子是北宋都城東京盛行、非常豪華的大型轎子，供貴族婦

▲宋〈大駕鹵簿圖〉中的鑾車輿

▲宋佚名〈迎鑾圖〉中的鑾輿

女使用。《東京夢華錄》卷四〈公主出降〉載：「檐子約高五尺許，深八尺，闊四尺許，內容六人。四維垂繡額珠簾，白藤間花。匡箱之外，兩壁出欄檻，皆縷金花裝雕木人物神仙。出隊兩竿十二人。竿前後皆設綠絲條，金魚勾子勾定。」南宋方回《虛谷閑抄》載章惇初來京師，在御街中所見的「雕輿數乘」，可能就是指這種轎子。

⑤山輿。又名山轎，是形制比較簡單、專供攀行山路時所用的轎子。楊萬里〈再入城宿張氏莊早起〉詩：「山轎已十里，譙門才四更。」（《誠齋集》卷四一）王柏〈長嘯山遊記〉：「黎明假山輿，上丹山。」（《魯齋集》卷五）當時士大夫長途出行，如遇道路險阻時，往往採取乘轎的方式。但坐這種轎子過山勢比較陡峭的路段，常讓一些文人嚇得心驚肉跳，楊萬里〈過白沙竹枝歌〉：「絕壁臨江千尺餘，上頭一徑過肩輿。舟人仰看膽

俱破，為問行人知得無。」（《誠齋集》卷二六）范成大〈小扶舁〉詩：「懸崖破棧不可玩，輿丁挾我如騰狙。」（《石湖居士詩集》卷十八）。

⑥竹輿。是一種以竹為主要材料編製而成的轎子。葉寘《愛日齋叢鈔》卷一說：「竹輿之用，久著於江表，由東南馬少，故從土俗之便爾。」《宋史．輿服志二》載：「中興東征西伐，以道路險阻，詔許百官乘轎，王公以下通乘之。其制：正方，飾有黃、黑二等，凸蓋無梁，以篾席為障，左右設牖，前施簾，舁以長竿二，名曰竹轎子，亦曰竹輿。」從文獻記載來看，竹輿的使用並不局限於官僚，普通百姓也使用。如《夷堅支志庚》卷七〈李源會〉載：「李源會，京師人。所居坊曲頗寂靜，其外書室窗外有

▲宋張擇端〈清明上河圖〉中的雙人便轎

隙地以種花卉。兄自亳州教授罷歸，姻戚畢集，具酒。婦女所乘竹輿，皆置花蔭之下。」又稱籃輿，范成大《吳船錄》：「籃輿下行峽淺處以入寺。」其構造在范成大《驂鸞錄》一書中有所交代：「籃輿，以板為底，上起四柱，籃缺其前，以垂足於空虛。有雨雪，則以僧笠覆其上，兩夫荷之。」

⑦ 藤轎。是一種以樹藤編製而成的轎子。《夢粱錄》卷二十〈嫁娶〉載：「至迎親日，男家刻定時辰……引迎花檐子或粽檐子藤轎，前往女家，迎取新人。」

⑧ 梯轎。即今人所說的滑竿。范成大《吳船錄》卷上載：「余以健卒挾山轎強登，以山丁三十夫曳大繩行前挽之，同行則用山中梯轎。」

⑨ 腰輿。魏泰《東軒筆錄》卷三載：「一日，（錢）文僖率僚屬往遊，去其居一里外，即屏騎從，腰輿張蓋而訪之。」

⑩ 鑾輿。為皇帝所乘之轎。文瑩《玉壺清話》卷三載：「辛文悅，後周通經史里儒。太祖幼嘗從其學，顯德中為殿前都點檢，節制方面，兵紀繁劇，與文悅久不相見，上每亦念之。文悅一夕忽夢迎拜鑾輿於道側，黃屋之下，乃太祖也。」

⑪ 涼輿。《夷堅乙志》卷六〈榕樹鷺巢〉載：「福州儀門外夾植榕樹，每樹有白鷺千數巢其上，鳴噪往來，穢汙盈路，過之者皆掩鼻。薛直老（弼）為守，嘗乘涼輿出，為糞汙衣，以為不祥，欲盡伐其樹而未言。」

⑫鼠尾轎。王銍《默記》卷中：「二人肩鼠尾轎。」

⑬板輿。王楙《野客叢書》卷十六〈板輿〉載：「世率以板輿為奉母親事用。如樂天詩：『朱幡四從板輿行。』取潘安仁〈閒居賦〉。太夫人乃御板輿之意，不知當時三公告老，亦許以板輿上殿，如傳祇者是。則板輿事不可專為奉母也。梁韋睿以板輿自載，督厲眾軍，則知板輿不止一事。」

▲宋夏圭〈西湖柳艇圖〉中的輕便小轎

抬轎之人多少不一，一般多者六人，少者兩人。兩人抬轎的，如《夷堅乙志》卷一四〈魚陂癘鬼〉：「族人洪洋自樂平還所居，日已暮，二僕荷轎，一僕負擔，必欲以中夜至家。」四人抬轎的，如《清平山堂話本·西湖三塔記》載：「宣贊見門前一頂四人轎，抬著一個婆婆。」六人抬轎的，如《夷堅乙志》卷二十〈王祖德〉載：「成都人承信郎王祖德，紹興三十一年來臨安，得監邛州作院。……一卒抱胡床從外入，汗流徹體，曰：『作院受性太急，自秦州兼程歸，凡四晝夜抵此，將至矣。』俄而六人荷一轎至。」

抬轎之俗各地也不一樣，如「泉、福二州婦人轎子，則用金漆，雇婦人以荷。福州以為僧擎，至他男子則不肯肩也。」（莊綽《雞肋編》卷中）。

宋代轎子的流行經歷了一個發展過程。起初轎子僅限於皇家使用，是尊貴的象徵。程大昌《演繁露》卷七〈肩輿〉載：「祖宗時，臣僚雖在外，亦不許乘轎也。」後來為了照顧年老有疾的元老大臣，經皇帝批准後也特許他們使用，以示優禮。為此，文武大臣們將乘轎視為莫大的殊榮，如蒙皇上允准，則往往顯得受寵若驚，誠惶誠恐。王禹偁代趙普所作的〈謝許肩輿入內表〉便充分顯示了這一點，該表說：「准樞密院劄子，奉聖旨許臣過清明節選日朝辭，仍令乘擔子於崇政殿入見者。老病衰羸，聖慈憫惻，察其足疾，聽以肩輿，實君父之殊私，非人臣之常禮……有此寵榮，自知殺身無以報主，兢惶涕泗，不知所裁。」（王禹偁《小畜集》卷二三）又葉寘《愛日齋叢鈔》卷一載：「富鄭公乘小轎過天津，蓋中州尊者用之。而司馬公不喜肩輿，山中亦乘馬。元祐元年正月，有詔左僕射司馬光許乘轎子，三日一至都堂聚議或閤下尚書省治事。公嘗奏即日上下馬未得及，足上有瘡，深惡馬汗，乞如聖旨權許乘轎入內，至常時下馬處下轎。又言足疾未愈，乞遇假日或日晚執政出省後有合商量公事，許乘小竹轎往諸位商量，是公晚在相位固乘轎矣，然本優禮也。《塵史》記唐丞相乘馬，至五代乘檐子。近年唯文潞公落職致仕，以太師平章重事；司馬溫公始為門下侍郎，尋臥疾於家，就拜左相，不可以騎。二公並許乘檐子，皆異恩也。《文公語錄》云：記得京師全盛時，百官皆只乘馬，惟元勳大臣老而有疾，方賜乘轎，而宦者將命之類亦皆乘轎。《卻掃編》云：京城士大夫自宰臣至百執事皆乘馬出入。司馬溫公居相位，以病不能騎，乃詔許肩輿至內東門，蓋特恩也。」到北宋末年，隨著社會風氣的變化，乘轎之風迅速盛行，在都城開封尤為明顯。宋哲宗紹聖二年（一〇九五），侍御史翟思在給哲宗的奏書中說道：「京城士人與豪右大姓，出入率以轎自載，四人舁之。甚者飾以棕蓋，徹去簾蔽，翼其左右，旁午於通衢，甚為僭擬，乞行止絕。」哲宗雖然批准了這一奏議，但其風已無法禁止。政和七年（一一一七），又有官員向徽宗上言，說法律禁止平民百姓不得乘轎。但現在京城內的暖轎，非朝廷命官的，甚至富民、娼妓、伶人以及下賤之人，都往往使用暖轎。這種現象超越了國家的法律規定，希望朝廷馬上下令嚴禁。於是，皇帝再次詔令非品官不得乘暖轎。但最後又變成了一紙空文（參見《宋史・輿服志五》），

▲宋張擇端〈清明上河圖〉中的乘暖轎出行者

以致京城中還出現了「賃轎之家」，公開從事轎子的出租業務，宋丁特起《靖康紀聞》記載：「靖康二年正月二十九日，送戚里權貴女於金，搜求肩輿賃轎之家，悉取無遺。」南宋建炎初年，朝廷駐蹕揚州，因當地「通衢皆磚甃，霜滑不可以乘馬，特詔百官悉用肩輿出入。」（《愛日齋叢鈔》卷一引《朝野雜記》）。至定都臨安以後，乘轎之風更盛，《朱子語類》卷十八載：「南渡以前，士大夫不甚用轎，如王荊公、伊川皆云不以人代畜，朝士皆乘馬。或有老病，朝廷賜令乘轎，猶力辭後受。自南渡後至今，則無人不乘轎也。」陳叔方《潁川語小》卷下也載：「張安道之父年九十餘，一生不乘轎檐，云：『豈可以人代畜！』司馬溫公不喜肩輿，山中亦乘馬，路狹，策杖以行。王荊公辭相位，居鐘山，惟乘驢，或勸其令人肩輿，公正色曰：『自古王公雖不道，未嘗敢以人代畜。』今無貴賤盡肩輿矣，而武臣軍帥亦用之，何也？」特別是京城中的妓女，更是將轎子作為代步工具。周密《武林舊事》卷六〈歌館〉載：「或欲更招他妓，則雖對街，亦呼肩輿而至，謂之過街轎。」

七 馬、驢和駱駝

除乘車和轎子外，宋人還有馬、驢、駱駝、牛等出行的工具。

宋人騎馬出行的現象頗為普遍，如宋初貴主流行乘馬，錢世昭《錢氏私志》載：「賢穆有荊雍大長公主牌印，金鑄也。金鞍勒、瑪瑙鞭、金撮角紅藤下馬杌子。聞國初貴主猶乘馬，元祐以後不鑄印，亦無乘馬儀物。」而舉子乘馬更是風靡一時，《李學士家談》載：「先公嘗言，近日舉子，多衣紫皂衫，乘馬以虎豹皮裝飾鞍韂，謁

▲ 宋張擇端〈清明上河圖〉中的馬、驢和駱駝等出行工具

▲宋佚名〈天官圖〉中的騎馬出行情景

▲宋張擇端〈清明上河圖〉中的騎馬出行者

▲宋李唐〈雪江圖〉中的騎馬出行情景

▲宋劉松年《徵聘圖》中的騎馬出行者

▼宋梁楷〈雪景山水圖〉中的騎馬出遊者

▲山西長治故漳村宋墓壁畫中的騎馬奔喪場景

▲宋佚名〈騎驢圖〉

▲宋李成〈層岩叢樹圖〉中的騎驢出行者

見士大夫，並不以箋啟為先容，往往仍不具襴鞾，甚無謂也。」（《宋朝事實類苑》卷六一〈舉子投贄〉）宋人乘馬還盛行用狨坐。如葉夢得《石林燕語》卷三載：「狨坐不知始何時，唐以前猶未施用。太平興國中，詔工商庶人烏漆素鞍，不得用狨毛暖坐，則當時蓋通上下用之矣。天禧元年，始定兩省五品、宗室將軍以上，許乘狨毛暖坐，餘悉禁，遂為定制。今文臣自中書舍人以上，武臣節度使以上，方許用，而宗室將軍之制，亦不行矣。」又朱彧《萍洲可談》卷一載：「狨坐，文臣兩制、武臣節度使以上許用，每歲九月乘，至三月撤，無定日，視宰相乘則皆乘，撤亦如之。狨似大猴，生川中，其脊毛最長，色如黃金，取而縫之，數十片成一座，價直錢百千。背用紫綺，緣以簇四金雕法錦，其制度無殊別。」

與騎馬相比，騎騾、驢出行則要遜色得多。這不僅表現在騾、驢的行走速度和身價明顯不如馬，而且騎乘者的身分地位一般也不如騎馬者高貴。王得臣《麈史》卷下〈雜志〉載：「京師賃驢，途之人相逢無非驢也；熙寧以來，皆乘馬也。按古今之驛亦給驢，物之用舍亦有時。」如北宋都城開封的妓女，起初出行時普遍盛行騎驢，後因法律鬆弛，遂以

▲ 宋李成〈寒林策蹇圖〉中的騎驢出行者

▲ 宋佚名〈花塢醉歸圖〉的騎驢場景

▲宋佚名〈田畯醉歸圖〉中的田畯騎牛醉歸的場景

▲宋李迪〈雪中歸牧圖〉

▲宋晁補之〈老子騎牛圖〉（局部）

騎馬為時尚。《東京夢華錄》卷七〈駕回儀衛〉載：「妓女舊日多乘驢，宣政間惟乘馬。」又《夢粱錄》卷二十〈嫁娶〉載：「至迎親日，男家刻定時辰……顧借官私妓女乘馬。」這種現象在士大夫中也可見到，如《宋史．鄭起傳》載：鄭起家貧，常騎騾出行。有一天，他出近郊送客，有人揖請說：「請策馬令進。」鄭起回答說：「此騾也，不當過呼耳。」由此可見，呼騾為馬，具有明顯的虛美過實之辭。關於宋人騎驢出行，在當時文獻中多有記載，如《宋朝事實類苑》卷四一〈魏野〉載：「魏野字仲先，陝府人，不喜巾幘，無貴賤，皆紗帽白衣以見之，跨白驢。」又同書卷四五〈張客省〉載：「張客省退夫自言，應舉時，因醉，乘驢過市，誤觸倒雜賣擔子。」邵伯溫《邵氏見聞錄》卷十六載：「國初，隱士石砒居洛陽之北邙山，馮拯侍中為留守。砒每騎驢直造侍中，見必拜之，飲酒至醉乃去。」此外，一些大臣致仕後也往往以驢或騾為出行工具。如《邵氏見聞錄》卷十一載：「王荊公辭相位，居鐘山，惟乘驢。」又朱彧《萍洲可談》卷三載：「富鄭公致政歸西都，嘗著布直裰，跨驢出郊。」周密《齊東野語》卷一九〈清涼居士詞〉：「韓忠武王以元樞就第，絕口不言兵，自號清涼居士。時乘小騾，放浪西湖泉石間。」

駱駝則是沙漠上行走的最佳交通工具。如《宋史》卷四九〇〈外國列傳六〉載：「瀚海沙深三尺，馬不能行，行者皆乘橐駝。」

此外，宋人還有騎牛出行的。如楊朴「每乘牛往來郭店，自稱東里遺民。」（江少虞《宋朝事實類苑》卷四二〈韓丕薦三處士〉）。北宋著名理學家邵雍（一〇一一—一〇七七），以春秋天色溫涼之時，乘安車，駕黃牛，出遊於諸公家（馬永卿《嬾真子錄》卷三〈安樂窩〉）。

八　地圖、指南針和拄杖

宋代是地圖大發展的時期，舉凡山川、水利、河流、交通、郵驛、城市、都會，莫不有圖。其中著名的全國性地圖，有《淳化天下圖》、西安碑林《華夷圖》、蘇州文廟《地理圖》、樂史《掌上華夷圖》、王曾修《九域圖》、陸九韶

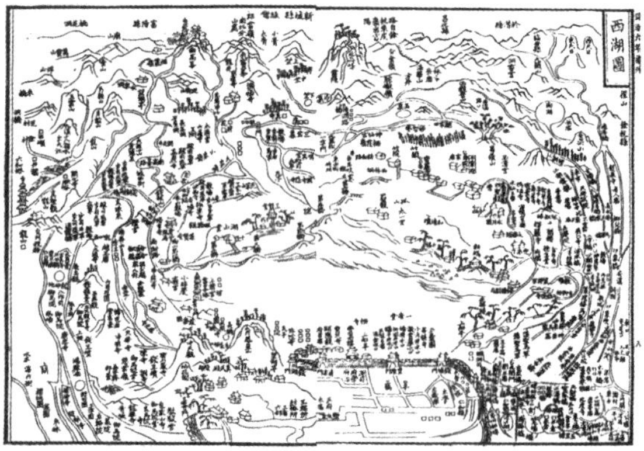

▲南宋《咸淳臨安志》中的西湖圖

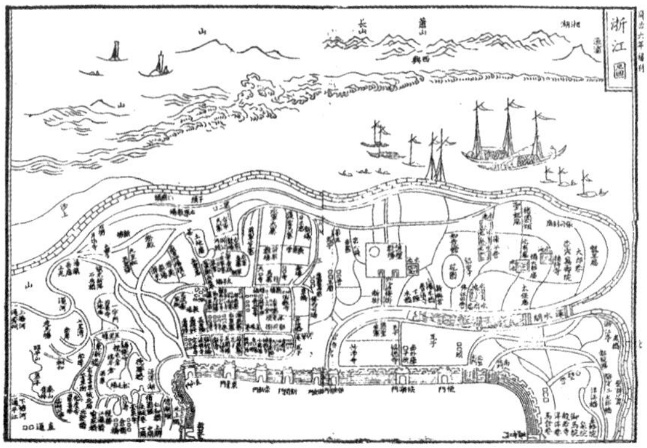

▲南宋《咸淳臨安志》中的浙江圖

《州郡圖》；地方性的地圖，有晏殊繪製的《十八路州軍圖》、趙彥若《十八路圖》、沈括《守令圖》；外域和邊疆邊防地圖，有沈括《使遼圖鈔》、《靈州圖》、盛度《西域圖》、《河西隴右圖》、《交廣圖》、《海外諸域圖》、《嶺表花木圖》、《海外諸蕃地理圖》等。

特別需要指出的是，當時廣泛流行的城市地圖為人們的外出提供了極大的方便。《朝京里程圖》的出現便是一個典型的事例，元李有《古杭雜記》載：「驛路有白塔

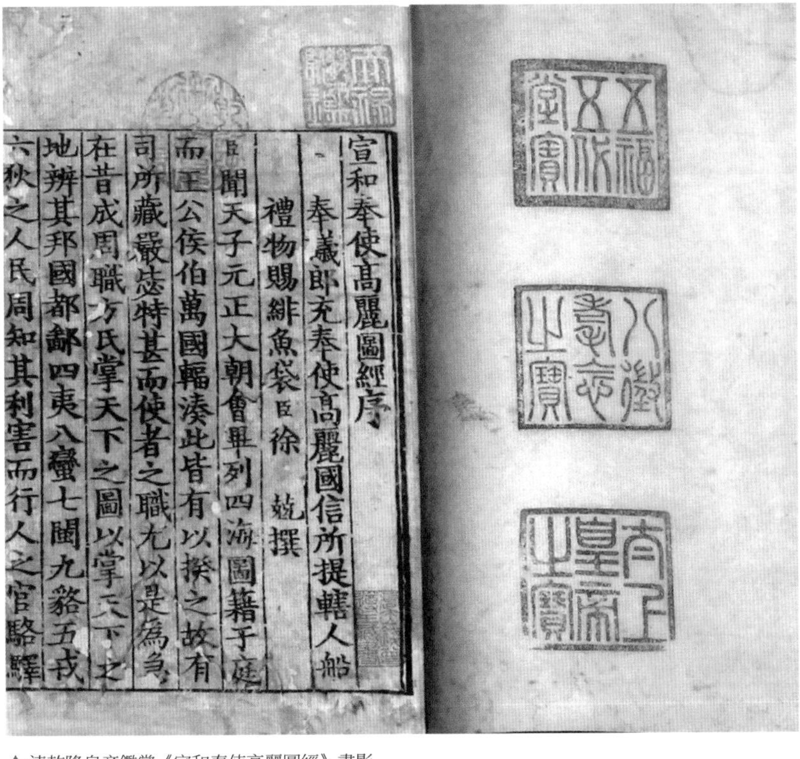
宣和奉使高麗圖經序
奉議郎充奉使高麗國信所提轄人船
禮物賜緋魚袋臣徐兢撰
臣聞天子元正大朝會畢列四海圖籍于庭
而王公侯伯萬國輻湊此皆有以擬之故有
司所藏最悉特甚而使者之職尤以是為急
在昔成周職方氏掌天下之圖以掌天下之
地辨其邦國都鄙四夷八蠻七閩九貉五戎
六狄之人民周知其利害而行人之官駱驛

▲清乾隆皇帝鑑賞《宣和奉使高麗圖經》書影

▲宋〈大駕鹵簿圖〉中的記里鼓車

▲宋〈大駕鹵簿圖〉中的指南車

▲手拿拄杖的蘇東坡

橋，印賣《朝京里程圖》，士大夫往臨安，必買以披閱。有人題於壁曰：『白塔橋邊賣地經，長亭短驛甚分明。如何只說臨安路，不較中原有幾程。』」

指南針在宋代正式開始出現。據沈括《夢溪筆談》卷二四《雜誌一》載：「方家以磁石磨針鋒，則能指南。」大約至北宋中後期，指南針已在航海中得到應用。朱彧《萍洲可談》卷二載其父於北宋元符、崇寧年間（一〇九八—一一〇六）在廣州時的見聞：「舟師識地理，夜

▲宋佚名〈溪橋策杖圖〉

則觀星，晝則觀日，陰晦觀指南針。」此外，徐兢在宣和五年（一一二三）所著的《宣和奉使高麗圖經》卷三四〈半洋焦〉中也有「惟視星斗前邁，若晦冥則用指南浮針以揆南北。」的記載。至南宋時，其使用更為普遍了，趙汝適《諸蕃志》卷下〈海南〉載：「舟船來往，惟從指南針為則，晝夜守視唯謹，毫釐之差，生死繫矣。」又吳自牧《夢粱錄》卷十二〈江海船艦〉載：「風雨晦冥時，惟憑針盤而行，乃火長掌之，毫釐不差。」

拄杖與地圖一樣，也是宋人（特別是老人或病弱者）出行時比較常見的輔助用具。如朱彧《萍洲可談》卷三載：「王荊公退居金陵，結茅鐘山下，策杖入村落。」拄杖又稱拐，為手杖。如惠洪《冷齋夜話》卷八載：「劉跛子，青州人，拄一拐，每歲必一至洛中看花。」從製作材料來看，拄杖在宋代又有藤、竹、鐵等之分，其中又以藤拄杖最為常見。如《清波雜志》卷三載林靈素死時，「棺中止置所賜萬歲藤拄杖」。當時以四川所產的笻杖最為著名，司馬光「平日遊園，常策笻杖。」（《司馬溫公文集》卷十二）。鐵拄杖也有記載，如羅大經《鶴林玉露．甲編》卷一〈鐵拄杖〉載：「壽皇在宮中，常攜一漆拄杖，宦官宮妾莫得睨視。嘗遊後苑，偶忘攜焉，特命小黃門取之。二人竭力曳以來，蓋精鐵也。上方有意中原，故陰自習勞苦如此。」

九　船

宋代的水上交通頗為發達，其中以北宋都城開封和南宋都城臨安最為典型。周邦彥《汴都賦》描述道：「於是自淮而南，邦國之所仰，百姓之所輸，金谷財帛，歲時常調，舳艫相銜，千里不絕。越舲吳艚，官艘賈舶，閩謳楚語，風帆雨楫，聯翩方載，鉦鼓鏜鎝，人安以舒，國賦應節。」

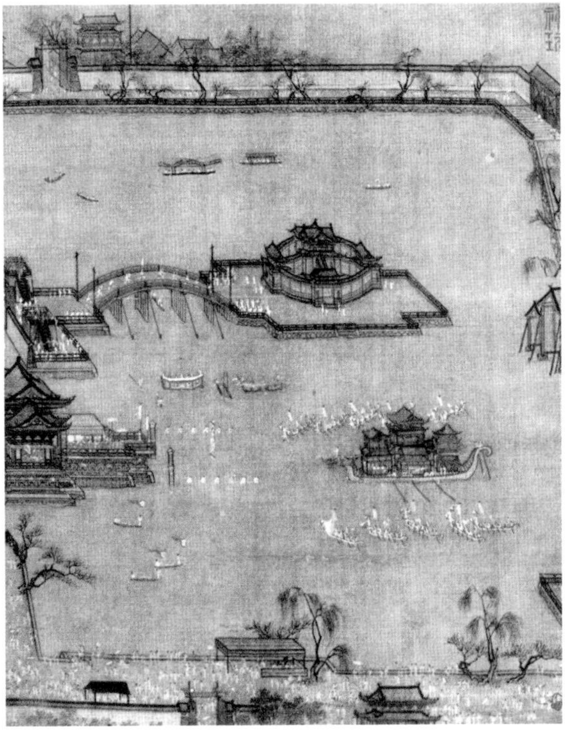

▲宋張擇端〈金明池爭標圖〉中的戰船

▲宋夏圭〈長江萬里圖〉中急流中行進的江船

（宋呂祖謙編《宋文鑑》卷七）南宋臨安的水上交通更加發達了，嘉定六年（一二一三）有官員說：「國家駐蹕錢塘，綱運糧餉，仰給諸道，所繫不輕。水運之程，自大江而下至鎮江則入閘，如履平地，川、廣巨艦，直抵都城，蓋甚便也。」（《宋史·河渠志》）此外，岳州、鄂州等地的水上交通也比過去發展迅速，范致明《岳陽風土記》在描述岳州便捷的水上交通時說：「大抵湖上舟行，雖溯流而遇順風，加之人力，自旦及暮，可行二百里。岳陽西到華容，過大穴漠、汴湖，一日程；又西到澧江口、鼎州江口，皆通大穴漠、赤沙，三日程；南至沅江，過赤鼻山湖，四日程；又東至湘江，過磊石、青草湖，兩日程。夏秋水漲，其道如此。」新興的長江中遊巨鎮鄂州同樣如此，「蓋川、廣、荊、襄、淮、浙貿遷之會，貨物之至者無不售，且不問多少，一日可盡。」（范成大《吳船錄》卷下）。

自古道：「南船北馬。」船對南方地區來說，自然

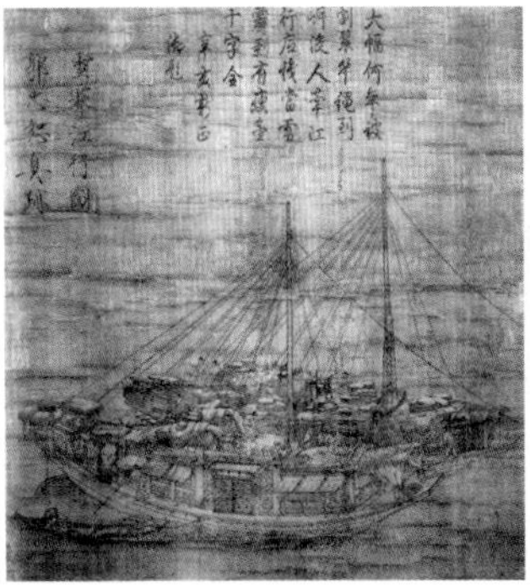

▲宋郭忠恕〈雪霽江行圖〉的行船

▲宋王希孟〈千里江山圖〉中的江船

▲宋李唐〈江山小景圖卷〉中兩艘張帆而行的客船

具有舉足輕重的地位。以南宋都城臨安為例，徽猷閣待制、知臨安府張澄說：「臨安古都會，引江為河，支流於城之內外，交錯而相通，舟楫往來，為利甚溥。」（李心傳《建炎以來繫年要錄》卷一二三，紹興八年十一月癸巳條）吳自牧《夢粱錄》卷十二〈河舟〉也載：「杭城輻輳之地，下塘、官塘、中塘三處船隻，及航船、魚舟、釣艇之類，每日往返，曾無虛日。緣此是行都士貴官員往來，商賈買賣駢集，公私船隻，泊於城北者夥矣。」

宋代的水上交通工具以船為主，形制甚多，但從主要的活動範圍來講，可分為海船、江河船、湖船三大類。

海船又可分遠洋船和淺海船兩種。遠洋船是載重量極大的海船，據徐兢《宣和奉使高麗圖記》卷三四〈神舟〉等載，北宋神宗時，明州所造的「神舟」（或稱「萬斛船」），其規模之宏大在當時世界上無船能與其匹敵。元豐元年（一〇七八），安燾、陳睦兩學士出使高麗，朝廷敕明州造萬斛船兩艘，一艘賜號為「凌虛致遠安濟神舟」，

▲宋海船銅鏡

▲宋李唐〈秋江待渡圖〉中的江船

▲宋佚名〈江天樓閣圖〉的大型江船

另一艘賜號為「靈飛順濟神舟」。當這兩艘規模壯觀的海船到達高麗國時，高麗人驚歎不已，「傾國聳觀，而歡呼嘉歎。」徽宗時，朝廷又派徐兢出使高麗，再詔明州造了兩艘規模更大的船，一艘稱「鼎新利涉懷遠康濟神舟」，另一艘叫「循流安逸通濟神舟」，兩艘船「巍如山嶽，浮動波上，錦帆鷁首，屈服蛟螭。」雖然文獻中沒有記載這些神舟的載重量，但我們可從與其同行的「顧募客舟」來推算，其載重量當在兩萬斛以上，合今一千一百噸左右（參見王曾瑜〈談宋代的造船業〉，載《文物》一九七五年第十期）。此外，南宋周去非《嶺外代答》卷六《器用門・木蘭舟》記載從南海出發的遠洋巨舶，「浮南海而南，舟如巨室，帆若垂天之雲，舵長數丈，一舟數百人，中積一年糧。」甚至還有比木蘭舟更大的，「一舟容千人，舟上有機杼市井。」當然，普通的遠洋船沒有這麼大，《夢粱錄》卷十二〈江海船艦〉記載南宋都城臨安出海的遠洋船：「大小不等，大者五千料，可載五六百人；中等二千料至一千料，亦可載二三百人；餘者謂之鑽風，大小八櫓或六櫓，每船可載百餘人。」一料等於一石，載重五千料就是五千石，約為三百噸左右。載重兩千料（石）的船，則約重一百二十噸左右。「其長十餘丈，深三丈，闊二丈五尺。」，「每舟篙師、水手可六十八人。」（徐兢《宣和奉使高麗圖記》卷三四〈客舟〉）這種遠洋海船的性能也極好，具有快速、抗沉、平穩等特性。為了讓長期航行在茫茫大海的中外客商和海員過比較舒適的生活，船上還設有裝飾比較豪華、可以攜帶家屬的幽靜船艙。摩洛哥旅行家

▲宋王希孟〈千里江山圖〉中的客船

▲宋王希孟〈千里江山圖〉中的航船

▲ 宋張先〈十詠圖〉中的江船

▲ 宋末元初錢選〈歸去來辭圖〉

伊本·白圖泰《異域奇遊勝覽》載廣州建造的遠洋海船，「船上造有甲板四層，內有房艙、官艙和商人艙。官艙內的住室附有廁所，並有門鎖，旅客可以攜帶婦女、女婢閉門居住。有時旅客在官艙內，不知同舟者為何許人，直至抵達某地相見時為止。水手們則攜帶眷屬子女，並在木槽內種植蔬菜、鮮薑。」從《宣和奉使高麗圖經》卷三四〈客舟〉的記載來看，全船中部分為三艙，前艙在頭桅至大桅之間，其中上層作為儲存水和炊事用艙，下層為隨行水手的住艙。中艙分為四室，主要用於裝貨；後艙為𢋈屋，四壁開窗，彩繪華麗，裝飾富麗堂皇。𢋈屋上有竹篷，平時疊積待用，陰雨天時以遮風雨。經過精心裝修的這兩個艙室，由隨從官員按品級分居。

▲（上）宋張擇端〈清明上河圖〉中長途航行的載人沙船
▲（下）宋張擇端〈清明上河圖〉中長途航行的載人沙船

除遠洋海船外，航行於大陸近海的船隻有釣魚船、三板船等。李心傳《建炎以來繫年要錄》卷七載：「浙江民間有釣魚船，謂之釣漕。其船尾闊可分水，面敞可容兵，底狹尖可以破浪，糧儲器仗，置之簧板下，標牌矢石，分之兩傍；可容五十卒者。面廣丈有二尺，長五丈，率直四百緡。」三板船又稱作「舢板」或「舢舨」，也是一種內河或沿海地區使用最普通的船隻，主要用來打魚或載人。

江河船隻從其所載運的貨物及所屬關係來看，可以分為客貨混雜船、貨船、客船、綱船、家船、販米船、寺觀庵舍船隻、糞船、漁船、紅座船、撩河船等，這些江河船隻在南宋著名畫家李嵩〈巴船下峽圖〉和〈長江萬里圖〉中有生動的描繪。客貨混雜船專載往來士賈諸色人等，及搬載香貨雜色物件等，裝載量一般在二百五十石至一千石之間，時有「落腳頭船」等稱呼。貨船專門用來搬載米、鹽及柴炭、磚瓦等物，大小不一，大者上萬石，時稱萬石船。北宋張舜民《畫墁集》卷八

▲宋佚名〈江天樓閣圖〉中的客船

〈彬州錄〉就記載了他親眼所見的萬石船實況：「丙戌，觀萬石船，船形制圓短，如三間大屋，戶出其背，中甚華飾，登降以梯級，非甚大風不行。錢載二千萬貫，米載一萬二千石。」按今度量制折算，萬石船的載重量約為五百－五五〇噸之間。但宋代這種大型的貨船甚少，一般都是數百千斛的中型貨船，「輕檻華麗，率用撐駕。」〈清明上河圖〉上的汴河船便大多屬於這一類型。《夢粱錄》卷十二〈河舟〉說：「杭州裏河船隻，皆是落腳頭船，為載往來士賈諸色等人，及搬載香貨雜色物件等。……若士庶欲往蘇、湖、常、秀、

▲宋夏圭〈西湖柳艇圖〉

江、淮等州，多雇舸船、舫船、航船、飛篷船等。」舸船為一種小型客船，舫船和航船是載重兩三百石的大中型客船。周煇《清波雜志》卷九〈野艇〉載：「航是大舟……今所謂航船者，俗名輕舠。」趙彥衛《雲麓漫鈔》卷六說：「今浙西臨流州縣，凡載行旅之舟，謂之航船。」如南宋陸游入蜀時乘坐的官船，就是一艘載重兩千斛的江船（約今一五〇噸），桅高五丈六尺，帆二十六幅。其後來「所乘千六百斛舟，凡用櫓六枝，百丈兩車。」（陸游《入蜀記》第一、第五）。南宋畫家所繪的〈江天樓閣圖〉就繪有大型長江客船的具體形象。從〈清明上河圖〉來看，宋代江河中運行的客船頗具特色，除了遍設客艙之外，船的兩舷設舷伸甲板作走廊用。客艙兩舷設有許多面積相當大的窗子，使客艙內的通風採

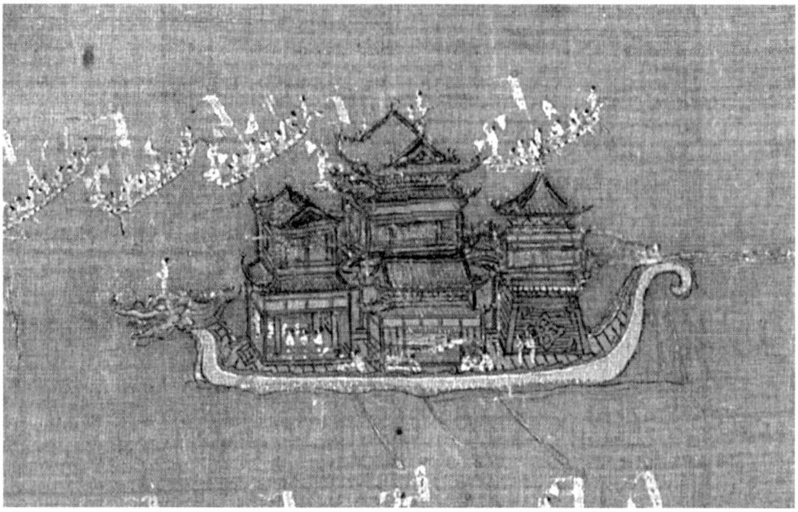

▲宋張擇端〈金明池爭標圖〉大龍船

光都很充足。此外，遇風雨氣候還可用木板窗將大窗子關閉起來，這時頂棚的兩列氣窗既可供採光又可用於通風（席龍飛、楊熹《中國造船發展史》，頁二十一，武漢水運工程學院一九八五年印行）。客艙的頂篷用輕便的葦席製成，上供船員走動或存放一些輕便的物品，如蓑衣、繩索之類，以利於船的穩定性。家船是指私家擁有的船隻。如南宋時的臨安城，街道都是石板路，非泥沙可比，車輪難以運行，所以市民一般用船或人力搬運貨物。一些富貴人家則往往自造船隻，以便撐駕往來，又無官府捉拿差拔之苦。

湖船指湖上活動的船隻。如在北宋都城東京，湖船主要集中在金明池中，有數百隻之多。這些供統治者遊玩的湖船，大多來自江南，僅北宋開國至吳越國納土稱臣的短短九年時間裡，吳越國就向宋王朝進貢了銀裝花舫、畫舫、龍舟二百隻。這些湖船的建造都非常精緻，沈括《夢溪筆談・補筆談》卷二〈權智〉載：「國初，兩浙獻龍船，長二十餘丈，上為宮室層樓，設御榻，以備遊幸。」孟元老《東京夢華錄》卷七〈駕幸臨水殿觀爭標錫宴〉，更是對金明池內的大龍船作了生動的描述：「大龍船約長三四十丈，闊三四丈，頭尾鱗鬣，皆雕鏤金飾。楻版皆退光，兩邊列十閤子，充閤分歇泊中，設御座龍水屏風。楻板到底深數尺，底上密排鐵鑄大銀樣，如桌面大者壓重，庶不劗側也。上有層樓臺觀，檻曲安設御座。」皇帝常在此閱習水戰或觀賞水戲，並置酒招待文武大臣。南宋都城臨安西湖，湖船主要為遊船，其中最豪華的當推皇帝乘坐的御舟了。據周密《武林舊事》卷四

▲宋夏圭〈西湖柳艇圖〉中的遊船

〈故都宮殿〉所載，安頓於小湖園水次的御舟共有三隻，分別名蘭橈、荃橈、旱船。宋理宗時又造有御舟「梅槎」，停泊在翠芳園內，「御舟之華，則非外間可比。」這些御舟都是用香楠木精心雕刻製造出來的，御舟四邊垂掛有珠簾錦幕，懸掛七寶珠翠、龍船、梭子、鬧杆、花蘭等物。除御舟外，湖上尚有許多供遊人租賃的大小遊船上千隻，其中僅名叫頭船、樓船、大舫（或稱畫舫）的大船就有數百隻。這些大型遊船大小不一，「有一千料，約長五十餘丈，中可容百餘客；五百料，約長二三十丈，可容三五十客。」「皆精巧創造，雕欄畫拱，行如平地。各有其名，曰百花、十樣錦、七寶、戧金、金獅子、何船、劣馬兒、羅船、金勝、黃船、董船、劉船，其名甚多，姑言一二。」（《都城紀勝．舟船》；《夢粱錄》卷十二〈湖船〉；《武林舊事》卷三〈西湖遊幸〉）。這些大型遊船，按其載重量大小，又可劃分為頭船、第二船、第三船、第四船、第五船、檻船、搖船等。頭船自然是這些大船中最大的一種，其名稱也甚多，《武林舊事》卷三〈西湖遊幸〉載：「承平時，頭船如大綠、間綠、十樣錦、百花、寶勝、明玉之類，何啻百餘。其次則不計其數，皆華麗雅靚，誇奇競好。」大型遊船的服務也十分周到，「舟中所須器物，一一畢備，但朝出登舟而飲，暮則徑歸，不勞餘力，惟支費錢耳。」（《都城紀勝．舟船》）毫無疑義，這些裝飾豪華的大型遊船主要是供貴家所用，特別是在節日期間，「大船多是王侯節相府第及朝士賃了，餘船方賃市戶。」（《西湖老人繁勝錄》）當然大型遊船中有貴家自造的，其製造更加精緻。至於湖中的中小型船隻，則數以千計。中型船隻一般為「二三百料者，亦長數丈，可容三二十人。」如搖船、小腳船便屬於這類。小型船隻有「瓜皮船」，船因其形狀如切開的西瓜，兩頭小、中間大，故名。此外，還有別具風格的採蓮船，《夢粱錄》卷十二〈湖船〉載：「更有豪家富宅，自造船隻遊嬉，及貴官內侍，多造採蓮船，用青布幕撐起，容一二客坐，裝飾尤為精緻。」

值得注意的是，車船也已在宋代大行於世。據文獻所載，車船雖出現於唐代，但其獲得實際使用和發展卻在南宋時期。楊么起義時，曾以車船大敗官軍。當時義軍所用的車船，大者達三四十車（李綱《梁溪全集》卷一〇三〈與宰相論捍賊劄子〉）。如楊么用的「和州載」大車船，長三十餘丈，寬四丈餘，五層樓，裝有二十四個車輪，每個車輪由十二個人踩踏。上層建築分為三層，高達十丈以上，可以載一千名士兵。這種以輪代槳的車船，是當時最先進的船型（參見《宋史·岳飛傳》；《建炎以來繫年要錄》卷六六，紹興三年六月條；《楊么事蹟》卷上）。此後，南宋水軍的木工高宣又對車船做了改進，建造了有八個輪槳的「八車船」。高宣被楊么義軍俘虜後，又在洞庭湖為義軍創製了一種高大新穎的戰船，長三十六丈，廣四丈一尺，高七丈二尺五寸。這種車船是將車輪安置在船的兩舷，左右對稱，也有的船尾再加一輪，每輪上裝八個葉片，輪與軸連，軸上裝踏腳板，只要一聲令下，猶如踏水車，水手一齊用力踩船，以輪激水，船行如飛。

除了船，宋代水上交通工具還有筏，流行於近海及江河湖泊中。陸游《入蜀記》第四記載了這種交通工具：「十四日……遇一木筏，廣十餘丈，長五十餘丈，上有三四十家，妻子雞犬臼碓皆具，中為阡陌相往來，亦有神祠，素所未睹也。舟人曰：『此尚其小者耳，大者於筏上鋪土作蔬圃，或作酒肆，皆不復能入夾，但行大江而已。』」

十　行旅飲食、歇息和住宿

宋代行旅者在旅途中做飯或用餐，俗稱打火。如《張協狀元》四十出：「（丑）行得氣喘。（合）肚中饑餒。（丑）都不見打火。（合）歇歇了去。」當時他們的飲食，大致有兩種解決方法：一是自帶乾糧和水；二是在外面飲食店或旅館中用餐。前一種方法多用於短途，後一種則見於長途旅行。但不管長途還是短途，水是首先必須解決的大問題，這在炎熱的夏季尤其重要。如果行人得不到飲用水，就會乾渴致死。有鑑於此，宋代地方官員對主要道路上的行人飲水問題非常重視。如丹徒縣令蔣圓便組織人力，在丹徒境內道路兩旁開鑿了九十三眼井泉，「人賴其惠，或號蔣公泉。」（張守《毗陵集》卷十二〈蔣公（圓）墓誌銘〉）。

為了發展交通、保障行人的飲食供應，宋朝政府還積極鼓勵居民到道路兩旁居住，並開設飲食店鋪。如南宋紹興末年，「凡居民去官道而遠者，說令徙家驛旁，具膳飲以利行者，且自利官司，百役悉蠲之。由潮而往，過客已無向日之憂已。」（《永樂大典》卷五三四三〈橋道〉引《三陽志》）設在路旁的飲食店肆無疑為行人的飲食提供了極大的方便，陸游〈十一月上七日蔬飯騾嶺小店〉一詩就記載了他旅行途中在山中小店吃飯時的情景：「新粳炊飯白勝玉，枯松作薪香出屋。冰蔬雪菌競登槃，瓦缽氈巾俱不俗。曉途微雨壓征塵，午店清泉帶脩竹。建谿小春初出碾，一碗細乳浮銀粟。老來畏酒厭芻豢，卻喜今朝食無肉。尚嫌車馬苦縻人，會入青雲騎白鹿。」（《劍南詩稿》卷

▲宋佚名〈盤車圖〉中的飲食店鋪

▼宋張擇端〈清明上河圖〉中的四眼水井

一三）可見山中小店出售的蔬菜食品還是比較好，且有茶、酒等供應。

宋人旅行時歇息，一般選擇路旁的亭舍和樹蔭。路旁的亭舍是行人小憩和躲避雨雪的主要場所，在宋代頗為常見，這在經濟發達的東南地區尤其如此。如兩浙衢州至江東信州之間的路上，就有許多建築非常講究的亭舍，故而「行者如織」，史稱其「華堂逆旅，高屋蓋道，憩車繫馬，不見晴雨。」而兩浙杭州至江西吉州的一千七百里道路上，也同樣是「長亭短堠如畫」（參見劉辰翁《須溪集》卷六〈送人入燕序〉）這種設在道路旁的亭舍，即使在

▼宋佚名〈閘口盤車圖〉中的大型酒樓

▲宋佚名〈山店風簾圖〉

人煙稀少的嶺南地區也是如此。如大庾嶺官道上，每隔數里便建有一個亭子「以憩客」。廣西同樣每隔二三十里置一亭舍（王鞏《聞見近錄》；《宋史・陳堯佐傳》）。

▲宋馬遠〈秋山投宿圖〉

宿息之處主要有驛館、旅館、寺廟等處。驛館主要為官方服務，設施頗為完備。京城的驛館，主要為各地赴京辦事的文武官員、上京赴考的士人及海外各國使者服務。如北宋東京僅接待外國使者和來賓的館驛，就有都亭驛、都亭西驛、來遠驛、懷遠驛、班荊館、禮賓院、同文館、瞻雲館，南宋臨安有班荊館、懷遠驛、都亭驛等。這些國家級賓館，不僅建築豪華，而且規模極大。如北宋東京專門接待遼國的都亭驛，有房五百二十五間，為當時最大的館驛（王應麟《玉海》卷一七二〈宋朝都亭驛〉）。而接待各地來的官員則有接待院等，如《夷堅甲志》卷一七〈夢藥方〉載：「虞並甫，紹興二十八年自渠州守被召至臨安，憩北郭外接待院。」

除了設在都城中的國賓館，各地州縣也都設有驛館。如熙寧十年（一〇七七），成都府路提刑司在給朝廷的報告中指出：「舊路自鳳州入，兩當至金牛驛十程，計四百九里，閣道平坦，驛舍馬鋪完備，道店稠密，行旅易得飲食，不為艱苦。……今茶綱見行舊路，商客皆由此出。」（《宋會要輯稿》方域十〈道路〉）又洪邁《夷堅支景志》卷一〈陽臺虎精〉載：「自鄂渚至襄陽七百里間，每二十里置流星馬鋪，七八十里則置驛舍，以為兵帥往來頓宿處，士大夫過之者亦寓託焉。」這些地方政府所置設的驛館，裝飾大多比較豪華，房間寬暢整潔。如嘉祐六年（一〇六一）蘇軾描述扶風鳳鳴驛時說：「視客之所居，與其凡所資用，如官府，如廟觀，如數世富人之宅。四方之至者，如歸其家，皆樂而忘去。將去，既駕，雖馬亦顧其皂而嘶。」（《蘇軾文集》卷十一〈鳳鳴驛記〉）紹興十七年（一一四七）毛幵《和風驛記》載衢州和風驛：「為屋四十三楹，廣袤五十七步。堂宇廬分，翼以兩廡，重垣四周，閈閎有閌，庖湢庫廄，各視其次。……門有守吏，裏有候人，賓至如歸，舉無乏事。」

▲ 宋佚名〈征人曉發圖〉中的客店

▲宋夏圭〈西湖柳艇圖〉中的飲食店鋪和大型遊船

（《全宋文》卷四九七一）驛舍內的設施也比較完備，如種世衡「知澠池縣，葺館舍，設什器，乃至砧臼匕箸，無不畢備，賓至如歸。」（司馬光《涑水記聞》卷九）驛館除接待官方外，也對外營業。如「侯元功自密州與三鄉人偕赴元豐八年省試，止道旁驛舍室中。四隅各有榻，四人行路甚疲，分憩其上，皆熟寢。」（《夷堅甲志》卷四〈驛舍怪〉）。

旅館的名稱甚多，有旅舍、旅邸、旅店、道店、逆旅、客店、客院、客舍、賓館、行館等，也有的單稱為邸、店、舍，還有的邸店合稱。宋人外出喜歡住客店，並稱旅途中的停駐休息為下程，行旅歇宿之處為下處，簡稱下。隨著商品經濟的發展，旅館業也得到了空前的繁榮。如在北宋都城開封城內，州橋東街巷迄東，「沿城皆客店，南方官員商賈兵級皆於此安泊。」（《東京夢華錄》卷三〈大內前州橋東街巷〉）此外，一些僻遠的地方也開辦有旅館，如徽州歙人汪致道，「崇寧五年初登第，得宣州教授，以冬月單車之官，投宿小村邸，唯有一室。」（《夷堅甲志》卷二十〈木先生〉）當時經營旅館業的贏利極大，故公私競相開設。這些星羅棋佈的旅店，為人們的行旅生活提供了極大的方便。

宋代的旅館業，從經營性質來說，可分為官營和私營兩種。北宋東京官營旅館業的機構，始名樓店務，太平興國初改為左右廂店宅務，端拱二年併為邸店宅務，咸平元年又改為都大店宅務兼修造司，大中祥符間修造司歸八作司，又恢復左右廂之名，到哲宗時再一次改為樓店務，「掌官邸店，計直出僦，及修造繕完。」（《宋會要輯稿．食貨》五十五之二）官邸店的收入，主要「供禁中脂澤之用，日百千。」（《續資治通鑑長編》卷三十，端拱二年十二月）其掌管的供人住宿的房間，最多時達二萬六千二百間，可見規模之大（《宋會要輯稿．食貨》五十五之六）。

私人也競相開設旅館，如北宋初年宰相趙普，派人到秦隴「販木規利」，「廣第宅，營邸店，奪民利。」（李燾《續資治通鑑長編》卷十二，開寶四年三月；又同書卷一四，開寶六年六月）滄州節度使來信，「京師龍和曲築大第，外營田園，內

▲ 宋張擇端〈清明上河圖〉中沿街的店鋪和旅店

造邸舍，日入計算，何啻千緡。」（上官融《友聚會談》卷上）北宋末年，御史中丞何執中「廣殖貲產，邸店之多，甲於京師。」（董逌《閑燕常談》）南宋臨安也是如此，如北關附近就有數十處由後宮、內侍及權貴創辦的高級榻房，吳自牧《夢粱錄》卷一九〈塌房〉載：「有水路周迴數里，自梅家橋至白洋湖、方家橋直到法物庫市舶前，有慈元殿及富豪內侍諸司等人家於水次起造塌房數十所，為屋數千間，專以假賃與市郭間鋪席宅舍及客旅寄藏貨物，并動具等物，四面皆水，不惟可避風燭，亦可免偷盜，極為利便。」

宋代客店接待客人投宿有一定的制度規定，《作邑自箴》卷七〈榜客店戶〉對此作了詳細的記載：

一，逐店常切灑掃頭房三兩處并新淨薦席之類，祗候官員、秀才安下。

一，官員、秀才到店安下，不得喧鬧無禮。

一，客旅安泊多日，頗涉疑慮，及非理使錢不著次第，或行止不明之人，仰密來告官，或就近報知捕盜官員。

一，客旅不安，不得起遣，仰立便告報耆壯，喚就近醫人看理，限當日內具病狀，申縣照會，如或耆壯於道路間抬舁病人於店內安泊，亦須如法照顧，不管失所，候較損日，同耆壯將領赴縣出頭，以憑支給錢物與店戶、醫人等。

一，客旅出賣物色，仰子細說諭，止可令係籍有牌子牙人交易，若或不曾說諭商旅，只令不係有牌子牙人交易，以致脫漏錢物，及拖延稽滯，其店戶，當行嚴斷。

一，說諭客旅，凡出賣係稅行貨，仰先赴務印稅訖，方得出賣，以防無圖之輩，恐嚇錢物，況本務饒潤所納稅錢。

一，說諭客旅，不得信憑牙人，說作高抬價錢，賒賣物色前去，拖墜不還，不若減價見錢交易，如是久例賒買者，立壯保，分明邀約。

同書卷七〈榜耆壯〉又記載：

店舍內有官員、秀才商旅宿泊，嚴切指揮鄰保，夜間巡喝，不管稍有疏虞。

▲宋張擇端〈清明上河圖〉中沿街的店鋪和客棧

由此可見，當時的店戶、客店對官府承擔了以下的義務：即住宿者中如有官員、舉人，需為其留出清潔的薦席和二、三間上等的房間。官員、舉人、商人住宿時需令鄰保夜間警戒；客商販賣貨物時，需代為介紹經官府登記並持有官府所發木牌的牙人，監視是否偷稅漏稅，在需被科物件買賣之前勸其納稅；要保護客商不遭惡劣牙人之害，以防牙人作騙，為避免賒賣交價而受損失，應動員進行現金買賣；發現住宿客人有可疑行為時要及時報告官府，如住宿客人或行路人生病也要報告官府並做好護理工作（參見斯波義信《宋代商業史研究》第五章〈商業組織的發達〉，日本風間書房一九六八年出版，一九七九年重版）。

除館驛和旅邸外，寺廟也是行人歇息的好去處。宋代寺廟往往設有供香客和外來旅客的客房。如洪邁《夷堅支志癸》卷四〈祖圓接待庵〉載：「二浙僧俗，多建接待庵，以供往來緇徒投宿，大抵若禪刹然。其託而為奸利者，固不少也。」因此，時人也多往這裡借宿。如范成大《吳船錄》卷上載：「乙亥……晚宿蜀州城外聖佛寺。」郭彖《睽車志》卷三載：「光州定城主簿富某，秩滿挈家還鄉，道經合肥，與其帥有舊，留連數日，館於佛寺。」

宋人出行時借宿民居的現象也頗為普遍。如《萍洲可談》卷三載：張昇杲卿致仕還家後，曾與左右十餘人遊嵩山、少林寺等處，「至山下，投宿民家。」《夷堅支志丁》卷一〈三趙失舟〉：「淳熙十二年，宗室中有叔侄三人，自臨安調選歸……日已暮，投宿村舍。」

十一　遊山玩水

宋人遊玩成風，《夢粱錄》卷四〈觀潮〉載南宋「臨安風俗，四時奢侈，賞玩殆無虛日。」而《宋史．地理志五》則載四川人「所獲多為遨遊之費，踏青、藥市之集尤盛焉，動至連月。」莊綽《雞肋編》卷上詳細記載了成都人的遊玩活動：「成都自上元至四月十八日，遊賞幾無虛辰。使宅後圃名西園，春時縱人行樂。初開園日，酒坊兩戶各求優人之善者，較藝於府會。以骰子置於合子中撼之，視數多者得先，謂之『撼雷』。自旦至暮，唯雜戲一色。坐於閱武場，環庭皆府官宅看棚。棚外始作高凳，庶民男左女右，立於其上如山。每諢一笑，須筵中鬨堂，眾庶皆噱者，始以青紅小旗各插於墊上為記。至晚，較旗多者為勝。若上下不同笑者，不以為數也。浣花自城去僧寺凡十八里，太守乘綵舟泛江而下。兩岸皆民家絞洛水閣，飾以錦繡。每綵舟到，有歌舞者，則鈎簾以觀，賞以金帛。以大艦載公庫酒，應遊人之家，計口給酒，人支一升。至暮遵陸而歸。有騎兵善於馳射，每守出城，必奔驟於前。夾道作棚為五七層，人立其上以觀，但見其首，謂之『人頭山』，亦分男左女右。至重九藥市，於譙門外至玉局化五門，設肆以貨百藥，犀麝之類皆堆積。府尹、監司，皆步行以閱。又於五門之下設大尊，容數十斛，置杯勺，凡名道人者，皆恣飲。如是者五日。云亦間有異人奇詭之事。方太平盛時，公私富貴，上下佚樂，不可一一載也。」蘇州也是這樣，范成大《吳郡志》卷二〈風俗〉載：「吳中自昔號繁盛……以故俗多奢少儉，競節物，好遊遨。」

而達官貴人在一年四季中均要舉行各種遊玩活動，宋代湧現出了許多知名的旅遊家，如司馬光、沈括、歐陽修、邵雍、蘇軾、范成大、陸游、朱熹等。關於司馬光旅遊之事，江少虞《宋朝事實類苑》卷四一〈司馬溫公〉中詳細記載了他一次遍訪洛陽名勝古蹟之事：「司馬溫公優遊洛中，不屑世務，齊物我，一窮通，自稱曰齊物子。元豐中秋，與樂全子訪親洛汭，並轡過韓城，抵登封，憩峻極下院。趨嵩陽，造崇福宮、紫極觀，至紫虛谷，尋會善寺，過軒轅道，遽達西洛。少留廣度寺，歷龍門，至伊川，以訪奉先寺。登華

▲ 宋佚名〈春遊晚歸圖〉

嚴閣，觀千佛岩。躡山徑，瞻高公真堂。步潛溪，還寶應，觀文富二公庵。之廣化寺，拜汾陽祠。下涉伊水，登香山，到白公影堂。詣黃龕院，倚石樓，臨八節灘，還伊口。凡所經遊，發為詠歌，歸，序之以為《洛遊錄》，士大夫爭傳之。」而北宋大科學家沈括則早在二十一歲之前，就曾隨父親沈周歷經大江南北，有一段儉樸的旅遊生涯。在他二十四歲踏上仕途以後，更是宦遊各地。如熙寧六年（一〇七三），他以集賢校理身分相度兩浙時，曾初探雁蕩山，至今雁蕩山龍鼻洞壁間還遺留有他的親筆題名。次年，他又奉使河北，順路遊覽了太行山等地。此後，他無論是出使遼國，還是出知延州，都對沿途的地理名勝、風物特產及其相關的自然現象等作了深入細緻的考察。北宋大文學家歐陽修同樣喜好旅遊，他任西京留守推官時，「凡洛中山水園庭、塔廟佳處，莫不遊覽。」（王辟之《澠水燕

▲南宋李嵩〈觀燈圖〉

談錄》卷四〈才識〉）又曾與尹魯、梅堯臣等友人同遊嵩山（王銍《默記》卷下；《邵氏聞見錄》卷八）。慶曆中，歐陽修謫守滁州，當地「有琅玡幽谷，山川奇麗，鳴泉飛瀑，聲若環佩，公臨聽忘歸。」（《澠水燕談錄》卷七〈歌詠〉）此外，他還在著名的散文〈有美堂記〉中闡述了自己獨特的旅遊觀：「夫舉天下之至美與其樂，有不得而兼焉者多矣。故窮山水登臨之美者，必與乎寬閑之野、寂寞之鄉，而後得焉。覽人物之盛麗，夸都邑之雄富者，必據乎四達之衝、舟車之會，而後足焉。蓋彼放心於物外，而此娛意於繁華，二者各有適焉。然其為樂，不得而兼也。今夫所謂羅浮、天臺、衡岳、廬阜、洞庭之廣，三峽之險，號為東南奇偉秀絕者，乃皆在乎下州小邑，僻陋之邦，此幽潛之士、窮愁放逐之臣之所樂也。若乃四方之所聚，百貨之所交，物盛人眾，為一都

▲宋夏圭〈觀瀑圖〉

▲宋馬遠〈山徑春行圖〉

會，而又能兼有山水之美，以資富貴之娛者，惟金陵、錢塘。」（《宋文鑑》卷七八）蘇軾雖在政治上屢遭貶謫，但他卻利用宦遊各地的機會，遍遊名山大川，其平生足跡所至，北至河北定縣，南至海南昌化，東至江蘇吳江，西至陝西鳳翔，幾乎走遍了大半個宋室江山。周敦頤「雅有高趣，尤樂佳山水，遇適意處，或徜徉終日。」（朱熹《朱子文集》卷十〈濂溪先生事實記〉）朱熹同樣喜好旅遊，嗜山水，史載其「每經行處，聞有佳山水，雖迂途數十里，必往遊焉。攜樽酒，一古銀杯，大幾容半升，時引一杯。登覽竟日，未嘗厭倦。又嘗欲以木作〈華夷圖〉，刻山水凹凸之勢，合木八片為之，以雌雄筍相入，可以折，度一人之力，足以負之，每出則以自隨。後竟未能成。」（羅大經《鶴林玉露．丙編》卷三〈觀山水〉）。

▲宋馬遠〈觀瀑圖頁〉

在眾多的旅遊活動中，遊山玩水更受宋人喜愛，時人郭熙在《林泉高致．山水訓》中論其原因：「君子之所以愛夫山水者，其旨安在？丘園養素，所常處也；泉石嘯傲，所常樂也；漁樵隱逸，所常適也；猿鶴飛鳴，所常親也。塵囂韁鎖，此人情所常厭也；煙霞仙聖，此人情所常願而不得見也。直以太平盛日，君親之心兩隆，苟潔一身，出處節義斯係。豈仁人高蹈遠引，為離世絕俗之行，而必與箕、潁、埒素、黃綺同芳哉？」不僅如此，一些文人士大夫還認為，通過旅遊可以擴大知識面。如胡瑗曾對滕宗諒說：「學者只守一鄉，則滯於一曲，則隘吝卑陋。必遊四方，盡見人情物態，南北風俗，山川氣象，以廣其聞見，則為有益於學者矣。」他曾親自從湖州帶自己的數名學生遊覽關中，至潼關，因道路險峻狹窄，遂下車步行而走。既上至關門，與滕宗諒諸人坐門塾少憩。回顧黃河抱潼關，委蛇洶湧，而太華、中條環擁其前，一覽數萬里，形勢雄張。慨然對滕宗諒說：「此可以言山川矣，學者其可不見之哉！」羅大經也有同感，認為「大抵登山臨水，足以觸發道機，開豁心志，為益不少。」（羅大經《鶴林玉露．丙編》卷三〈觀山水〉）而蘇轍在〈上樞密韓太尉書〉中，更是對這一理論進行了詳細闡述，他說：「太史公行天下，周覽四海名山大

▲宋李嵩〈西湖圖〉

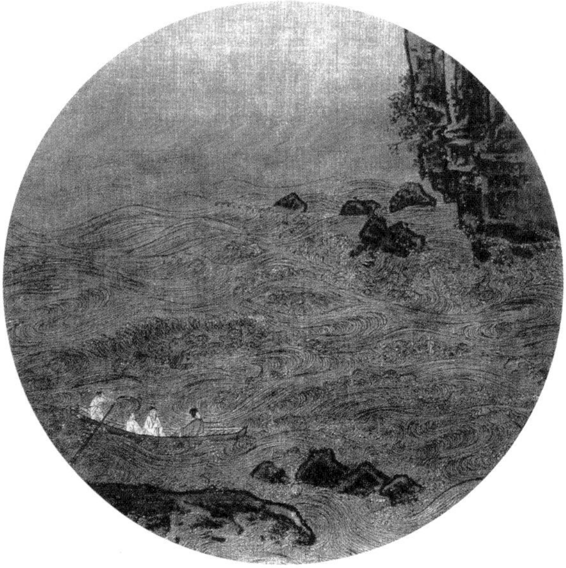

▲宋李嵩〈赤壁圖〉

▲宋李嵩〈月夜觀潮圖〉

▲宋陳清波〈湖山春曉圖〉

川，與燕、趙間豪俊交遊，故其文疏蕩，頗有奇氣。……轍生十九年矣，其居家所與遊者，不過其鄰里鄉黨之人；所見不過數百里之間，無高山大野可登覽以自廣；百氏之書雖無所不讀，然皆古人之陳迹，不足以激發其志氣；恐遂汩沒，故決然舍去，求天下奇聞壯觀，以知天地之廣大。過秦漢之故都，恣觀終南、嵩、華之高，北顧黃河之奔流，慨然想見古之豪傑。至京師，仰觀天子宮闕之壯，與倉廩、府庫、城池、苑囿之富且大也，而後知天下之巨麗。見翰林歐陽公，聽其議論之宏辯，觀其容貌之秀偉，與其門人賢士大夫遊，而後知天下之文章聚乎此也。」（《宋文鑑》卷一一八）。

後記

炎炎七月，在杭州長達半個多月四十二度的火爐中，這部帶著一身汗水的書稿終於可以交稿了。本書稿早在數年前，就承蒙中華書局相關編輯的厚愛，向我約稿。遺憾的是，我因為雜務纏身，加上要參加數部大型書稿的主編和撰稿任務，如《中國婦女通史》、《中國殯葬史》（宋代卷）、《浙江文化通史》（南宋卷）、《南宋全史》（文化卷）、《錢塘江通史》等等，一直抽不出身來寫。去年中華書局編審陳虎先生再次向我約稿，使我深為感動，遂答應了下來。好在我過去協助陳高華等先生主編過《中國風俗通史》、《中國服飾通史》、《中國飲食史》等書，自己也主撰過《中國風俗通史》（宋代卷）、《南宋臨安社會生活》、《南宋全史》（文化卷）等書，在資料上有點積累，所以順利完成了這部書稿。在本書的編寫過程中，得到中華書局編審陳虎先生的大力說明，並補配了上百幅圖片，使本書增色不少，特此致謝。

由於本人學識有限，在寫作或配圖上可能有錯誤或不妥當之處，歡迎讀者批評指正。

歷史大講堂

宋朝大觀：圖說宋朝三百年衣食住行盛世生活

2020年1月初版　　定價：新臺幣630元

著者	徐吉軍
叢書主編	林芳瑜
特約編輯	林銘遠
內文排版	立全電腦排版
封面設計	許瑞玲
編輯主任	陳逸華
總編輯	胡金倫
總經理	陳芝宇
社長	羅國俊
發行人	林載爵

出版者	聯經出版事業股份有限公司
地址	新北市汐止區大同路一段369號1樓
編輯部地址	新北市汐止區大同路一段369號1樓
叢書主編電話	(02)86925588轉5318
台北聯經書房	台北市新生南路三段94號
電話	(02)23620308
台中分公司	台中市北區崇德路一段198號
暨門市電話	(04)22312023
台中電子信箱	linking2@ms42.hinet.net
郵政劃撥帳戶第	0100559-3號
郵撥電話	(02)23620308
印刷者	文聯彩色製版印刷有限公司
總經銷	聯合發行股份有限公司
發行所	新北市新店區寶橋路235巷6弄6號2樓
電話	(02)29178022

行政院新聞局出版事業登記證局版臺業字第0130號

本書如有缺頁，破損，倒裝請寄回台北聯經書房更換。　　ISBN　978-957-08-5450-3 (平裝)
聯經網址：www.linkingbooks.com.tw
電子信箱：linking@udngroup.com

本書中文繁體字版由中華書局（北京）授權出版

國家圖書館出版品預行編目資料

宋朝大觀：圖說宋朝三百年衣食住行盛世生活/徐吉軍著．
初版．新北市．聯經．2020年1月．464面．17×22公分（歷史大講堂）
ISBN　978-957-08-5450-3（平裝）

1.社會生活　2.生活史　3.宋代

635　　108021095